서울의 전통음식

서울의 전통음식

북촌 맹현孟峴음식을 중심으로

이귀주

고려대학교출판부
KOREA UNIVERSITY PRESS

머리말

의식주 생활풍속의 한 축을 이루는 음식은 사람들의 삶과 생각이 그 안에 담겨 있기에 문화이자 스토리가 된다. 필자의 개인사를 돌이켜 봐도 음식은 단순히 먹는 것만이 아니라 이야기이며 추억이었다. 어머니는 생전에 전통적인 식생활을 몸소 실천하셨다. 된장, 간장, 찹쌀고추장 같은 기본 장류는 물론이고 봄이 되면 녹두녹말가루를 손수 만드셨다. 녹두를 맷돌에 타서 불리고 갈아 무명주머니에 넣어 주무르고 녹말을 가라앉혀 녹두녹말가루를 만드는 모습이 어린 마음에 경이롭기도 했다. 나는 이 책을 쓰면서 그것이 조선시대에 이어져 내려온 녹말수비법(水飛法)이라는 것을 알았다. 진달래꽃에 녹두녹말가루를 입히고 데쳐서 오미자국에 띄워 화면(花麵)을 만들고 창면(暢麵)도 만들고 또한 어채·어만두와 같은 음식을 만드는데 쓰시곤 했다. 또한 정성을 들여 깨를 불려 맷돌에 갈고 체에 밭쳐 걸러서 깨죽을 쑤시던 어머니의 모습은 아직도 마음속 깊이 남아 있다. 깨죽은 수란과 함께 상에 오르면 아버지에게 훌륭한 조찬이 되었다. 나는 어머니가 몸소 행한 전통적인 식생활을 가까이에서 보며 살아왔다. 책 원고를 써 내려가면서 어린 시절 익숙했던 것들을 다시 꺼내 보는 정겨운 시간을 누릴 수 있었다.

이 책에 등장하는 음식의 무대가 된 '맹현(孟峴)'이라는 곳을 모르는 분이 많을 것이다. 고종의 사촌인 필자의 증조부와 조부·부친이 대대로 살던 집의 이름, 즉 택호(宅號)이다. 고조부는 고종의 부친 흥선대원군의 둘째 형님인 흥완군(興完君: 이정응李最應)이다. 맹현가는 옛 가회방(嘉會坊: 현 종로구 가회동)에 위치하였으며, 부모님은 가회동에 인접한 계동(桂洞)으로 분가하기 전까지 맹현의 대가족 내에서 살았다.

이 책에 소개할 맹현음식은 어머니가 생전에 맹현에서 13년 간 생활하면서 보고 만들고 드시던 음식을 기록한 자료를 기반으로 하였는데, 음식의 이름과 조리방법을 당신의 노트에 틈틈이 펜으로 적어놓은 것들이다. 이 밖에 맹현에서 태어나 성장하고 맹현음식을 먹어본 적이 있는 내 형제들과의 면담을 통해서 내용을 좀더 구체화했다.

조선시대 한성부는 사대문 안쪽으로 한정되었지만, 오늘날 서울은 총면적 약 627㎢에[1] 행정구역상 25개 구가 들어선 거대도시가 되었다.[2] 맹현음식은 이처럼 거대도시화되기 이전의 옛 서울의 전통음식을 이해하는 데 결정적인 단서를 제공한다. 맹현가가 조선시대 한성부 사대부촌인 북촌에 위치하였으며, 그리고 나의 조상이 왕실 종친으로서 궁중음식 등 궁중의 풍물과 밀접한 관련이 있었기 때문이다. 맹현음식은 왕족과 사대부, 혹은 반가(양반)와 교류를 유지했었기에 반가음식 본래의 모습을 엿볼 수 있다.

근래에 전통을 넘어서고 창의성을 더하여 개발한 이른바 퓨전 음식이 유행하고 있지만 이 책은 서울의 전통음식과 전통음식문화의 본래 모습을 이해할 수 있는 기회를 제공할 것으로 기대한다. 또한 옛 조리서 비교를 통해서 비빔밥·떡볶이·육개장 등 오늘날 우리가

---

1) 서울특별시사 편찬위원회, 《서울육백년사》 제1권, 서울특별시, 1977, 49쪽.
2) 서울특별시사 편찬위원회, 《시민을 위한 서울역사 2000년》, 서울특별시, 2009, 325쪽.

즐겨 먹는 서울 전통음식들의 변화 이전의 모습을 가늠해 보는 기회가 됐으면 좋겠다.

조선시대 궁중음식의 조리법은 1971년 '조선왕조 궁중음식'이 국가 중요 무형문화재 제38호로 지정되면서 기능보유자인 한희순, 황혜성에게서 전수받은 이들에 의해 재현되어 전승되고 있다. 맹현음식은 궁궐 밖의 일상생활 속에서 전수되어 온 궁중음식이라 할 수 있다. 따라서 맹현음식이 기존의 조선왕조 궁중음식에 더하여 또 다른 측면에서 궁중음식의 외연(外延)을 넓힐 수 있지 않을까 기대해 본다.

음식에 이야기를 붙이면 그때 음식은 본격적으로 문화가 된다. 식품의 과학적이고 객관적인 측면을 주로 공부해 온 필자 입장에서 음식에다가 흥미롭고 정감 있는 스토리를 붙이려니까 마음같이 되지 않는다. 앞으로는 문화에 가까이 다가가 말을 걸고 친해지고 싶다.

이 책을 위한 연구는 2011학년도 고려대학교 사범대학 특별연구비 지원을 받아 수행하였다. 사범대학에 심심한 사의를 표한다. 생전에 내 삶의 버팀목이 되어 주신 어머니께 감사드린다. 맹현음식에 대한 조언을 해 준 언니 이옥주(작고)·이남주, 많은 조언과 함께 맹현음식을 재현하여 준 언니 이병주에게 감사드린다. 또한 이 책의 출간을 위해 오랫동안 관심과 도움을 준 조카 홍승일 중앙일보 에디터에게도 감사를 전한다. 자료를 찾아 주고 원고를 정리하는 등의 노고를 마다하지 않은 정경완 박사에게도 감사드린다.

끝으로 이 책이 출판되어 나올 수 있도록 힘써 준 고려대학교출판부 관계자들께도 사의를 표한다.

2012년 여름

지은이

차례

사진 차례

표 차례

서울의 전통음식

제1장. 서론

1. 서울 전통음식의 특징

서울은 조선왕조의 도읍지였으므로 서울의 전통음식은 조선왕조의 풍속과 무관치 않다. 조선시대 중기까지 한성부의 생활풍속은 지배이념인 유교적 생활양식을 강하게 반영해 대가족 제도를 중심으로 봉제사(奉祭祀), 접빈객(接賓客)의 예의범절과 관혼상제 등 통과의례를 엄격히 지켰다. 때문에 자연 의례음식이 발달했다. 그러나 조선 후기에 들어 한성부 인구가 증가하고 상공업이 발달함에 따라 경제활동의 중심이 농업에서 상업으로 점차 옮겨 갔다. 유교적 생활양식 또한 신분질서와 사회질서의 혼란을 겪으며 상업적 생활양식으로 이행하기 시작했다.[3)]

조선시대 한성부는 왕이 거처하는 궁궐의 소재지로, 한성부의 사대부와 반가의 음식은 궁중의 영향을 많이 받았다. 조선시대 궁중음식을 연구하는 사료 가운데 일상식에 관한 것으로 《원행을묘정리의궤》[4)]가 있다. 이는 정조 19년(1795) 정조가 비운의 아버지 사도세자

3) 장철수 외, 《서울의 사회풍속사》, 서울학 연구총서 3, 서울학연구소, 1995, 57-58쪽.
4) 김춘련, 〈18세기 궁중음식고－원행을묘정리의궤를 중심으로〉, 《대한가정학회지》 1984, 22(4): 82쪽.

의 능인 현륭원(顯隆園)에 행차했을 때의 기록으로, 궁중연회와 함께 궁중 일상식 상차림에 관한 기록을 포함한다. 의궤란 국가에 큰일이 있을 때 이를 후세에 남기기 위해 그 전말, 경과, 경비 등을 기록해 놓은 책이다.[5] 또한 고종과 순종 재위 당시 수라상차림은 구한말 궁중의 상궁들과 왕손들에 의해 구전되기도 했다.[6]

의궤에 기록하고 있는 궁중 경사가 있을 때 베풀었던 연회로는 진연(進宴), 진찬(進饌), 진작(進爵) 등이 있다. 규모나 절차 면에서 진찬은 진연보다 규모가 작고, 진작은 진찬보다 더 간략한 것이다. 그 밖에 조선왕조 때 궁중의 여러 소규모 접대식이나 제사식 등의 상차림을 적어 놓은 고문서를 통해서도 당시 궁중음식의 면모를 알 수 있다. 이를 궁중음식 발기라 한다. 발기는 한자로는 件記(건기) 혹은 單子(단자)로 표기한다. 이 가운데 접대식 발기는 접대상의 구성을 가리킨다. 관례·가례 시의 접대식, 탄일의 접대식, 수고한 사람에 내리는 접대식, 병 회복을 축하하는 접대식, 각종 경사에 내리는 접대식, 각종 행사 시의 접대식, 장례 시의 접대식 등에 관한 것이다.[7] 궁중음식은 왕조실록 등을 통해서도 의례의 상차림과 음식의 이름과 재료 등을 알 수 있다.[8] 궁중음식의 실제 조리방법에 관한 문헌으로는 한희순·황혜성·이혜경의 《이조궁정요리통고》와 황혜성의 《조선왕조 궁중음식》 등이 있다.

조선왕조의 신분체제는 지배 신분층인 양반, 피지배 신분층인 양인(良人: 양민)·천인(賤人), 양반사회 체제에서 파생된 중간계층, 즉 중인(中人)으로 구성되었다. 중인은 좁은 의미로 말할 때는 서울 중심지역에 거

---

5) 이성우, 《조선시대 조리서의 분석적 연구》, 한국정신문화연구원, 1982, 21쪽.
6) 한복려, 〈조선왕조 궁중음식〉, 《민족과 문화》 제6집(1997): 36쪽.
7) 이성우, 〈조선조의 궁중음식발기에 관한 연구〉, 《한국식문화학회지》 1988, 3(1): 29, 32쪽.
8) 한복려, 〈조선왕조 궁중음식〉, 29쪽.

주하던 기술관을 의미한다. 그러나 넓은 의미로는 기술관뿐 아니라 양반의 서얼이나 중앙과 지방의 서리, 군교와 토관까지 포함한다.[9)] 양반은 원래 고려시대에는 문무관료를 일컫는 것이었으나 조선시대에는 사대부(士大夫) 혹은 사군자(士君子)라는 관료와 관료예비군을 총칭하는 신분 명칭이었다.[10)]

이러한 조선 사회의 신분체제하에, 서울 반가의 음식은 궁중음식의 영향을 많이 받은 것으로 보인다. 궁중연회에 차려진 음식은 축하연이 끝나면 대궐 밖의 종친이나 고관대작 집으로 하사되기도 했다.[11)] 또한 조선시대에는 동성동본 간에 혼인을 하지 않는 관습에 따라 궁중에서의 혼인도 왕족끼리가 아닌 사대부가와 연분을 맺게 되었다. 따라서 사대부가에서도 궁에 진상을 하는 일이 잦아 궁중과 반가의 음식 교류가 빈번하게 되었다. 반가에 전해진 궁중음식은 대를 이어 전수·계승되어 우리의 전통음식이 계승·발전하는 데 큰 기여를 했다.[12)] 서선희 등[13)]은 반가음식을 "조선시대 사대부 혹은 양반이라 불리는 특정 계층의 식문화와 그들이 상용한 음식"으로 정의했다. 반가음식에 관한 자료로는 1815년 빙허각 이씨의 《규합총서》, 1800년대 말 《시의전서》, 1917년 방신영의 《조선요리제법》, 1938년 조선시대 반가 후손으로 알려진 조자호의 《조선요리법》 등을 들 수 있다.

조선시대 중인계층은 양반과 백성들 사이를 연결하는 특수한 처지를 견지함으로써 생활풍습뿐 아니라 식생활상에 있어서도 상하

---

9) 조광, 《조선 후기 사회의 이해》, 경인문화사, 2010, 187쪽.
10) 송찬식, 《조선 후기 사회경제사의 연구》, 일조각, 1996, 674쪽.
11) 한복려, 《궁중음식과 서울음식》, 대원사, 1996, 12쪽
12) 황혜성 외, 《한국의 전통음식》, 교문사, 2005, 142쪽.
13) 서선희·류경미, 〈반가음식에 대한 소비자 인식도〉, 《한국식생활문화학회지》 2007, 22(6): 784쪽.

간의 교류를 증진했을 뿐 아니라 자신들 또한 풍족한 생활을 누렸다. 이들 중인계층은 조선시대 식생활방식의 보편화와 발전에 역할이 컸다.[14)]

윤서석[15)]은 서울 사람들의 음식범절에 대해서 "가풍에 따라 달랐으며 반가와 중인 가풍의 차이가 가장 큰 것으로 보인다. 이것은 반가 음식이 그 집안의 전통을 고수함에 비해 중인 가풍에서는 외래문물의 수용이 컸음에 요인했다고 보이나 생활의 풍족함에도 기인하는 것 같다"고 했다. 정혜경 등[16)]은 서울 음식문화에 대한 조사에서 "중인층 가정의 음식은 반가음식에 비해 다양하고 화려했다"고 했다.

서울 전통음식의 특징은 위에 언급된 한성부의 사회환경 이외에도 사회경제적 변화와 자연환경, 즉 공간·기후·물산(物産)에 의해서도 영향을 받았을 것이다.[17)] 특히 조선시대 서울은 도읍지였으므로 각 지역에서 나는 물산이 몰려들고 소비되었다.[18)] 다양한 음식이 발달할 수 있는 여건이 충분했던 것이다.

정혜경은 《서울의 음식문화》[19)]에서 서울의 전통음식은 "서울의 역사와 사람들의 삶의 모습을 드러내 보여 주는 서울 사람들이 향유해 온 고유의 음식"이라고 정의한 바 있다. 잠시 '서울 사람이 누구인가'에 대해 짚어 보면, 서울 사람은 "서울이라는 바다로 흘러들어와 그 바다에서 살고 있는 우리 모두가 서울 사람"이라고 한다.[20)] 2002년 서

---

14) 강인희, 《한국 식생활사》(제2판), 삼영사, 1990, 286쪽.
15) 윤서석, 《한국민속종합조사보고서 제10집—서울편》, 문화공보부 문화재관리국, 1978, 277쪽.
16) 정혜경 외, 〈서울 음식문화에 대한 연구—심층면접에 의한 사례연구〉, 《한국식생활문화학회지》 1996, 11(2): 155-167쪽.
17) 장철수 외, 《서울의 사회풍속사》, 55쪽.
18) 최완기, 《조선시대 서울의 경제생활》, 서울학 연구총서 1, 서울학연구소, 1994, 16쪽.
19) 정혜경·안정혜, 《서울의 음식문화—영양학과 인류학의 만남》, 서울학 교양총서 5, 서울학연구소. 1996, 16쪽.
20) 장태동, 《서울사람들》, 생각의나무, 2008, 101쪽.

울 시민의 서울 고향의식 여론조사에서는 서울에서 태어난 시민들은 99.2%가 서울을 자신의 고향으로 여기고 있었다. 서울에서 태어나지 않았더라도 현재 서울이 고향이라고 여기는지에 대해서도 질문한 결과, 서울 출신이 아닌 시민의 절반 이상(58.9%)이 서울을 자신의 고향으로 여긴다고 응답했다.[21] 참고로 서울의 생활문화사를 공부하는 쪽에서는 서울 4대문 안에서 여러 대째 살아온 사람을 서울 토박이로 규정한다.[22] 이처럼 오늘날 '서울 사람' 범주에는 서울 토박이 이외의 다양한 구성원이 속해 있다. 서울이라는 동일 공간 안에서도 구성원의 변화로 말미암아 서울 전통음식의 특징은 계속 변모해 나갈 것이다.

이 책에서는 우선 맹현음식을 일상음식과 의례음식으로 나누어 그 종류와 조리방법을 알아보고자 한다. 맹현음식은 기본적으로 서울 전통음식이므로 조선시대 고 조리서와 일제강점기의 조리서를 통하여 그 재료와 조리방법을 비교해 보고자 한다. 맹현음식에는 또한 다양한 궁중음식이 녹아 있으므로 한희순 등의 《이조궁정요리통고》,[23] 황혜성의 《조선왕조 궁중음식》,[24] 강인희의 《한국의 맛》[25] 등과도 비교해 가며 읽을 수 있을 것이다. 일부 맹현음식과 식재료의 영양성·생리활성 등도 함께 고찰하고자 한다. 두 번째로 맹현의 일상식 상차림, 혼례·제례와 관련된 의례상차림을 통해 맹현의 음식문화와 기타 식생활문화를 살펴보고자 한다. 마지막으로 40여 종의 맹현음식을 재현하여 그 조리방법과 실제 음식의 모습을 사진으로 제

21) 서울특별시장, 《서울사람 서울생각》, 서울특별시, 2002, 88쪽.
22) 서울특별시편찬위원회, 《다시, 서울문화를 이야기하다》, 서울특별시편찬위원회, 2011, 32쪽.
23) 한희순 외, 《이조궁정요리통고》, 학총사, 1957.
24) 황혜성, 《조선왕조 궁중음식》, 궁중음식연구원, 1998.
25) 강인희, 《한국의 맛》, 대한교과서, 1998.

시하고자 한다.

이 책에 나오는 맹현음식 자료는 다음과 같은 과정을 통해 얻었다.

맹현음식

맹현음식은 어머니가 생전에 남긴 자료를 기본 토대로 삼았다. 어머니가 노트에 맹현음식의 이름과 조리방법을 틈틈이 메모해 놓은 것이다. 음식은 고기·닭 등 식품군에 따라 써 내려가기도 하고 떡·탕 등 음식 종류에 따라 쓰기도 했다. 자료 가운데 일부는 재현되어 제6장 '맹현음식 따라하기'에 제시하였는데, 오이선, 어채, 어만두, 신선로, 구절판, 석이단자, 대추단자, 영계찜, 준치만두, 어회, 새우무침, 민어산적, 송이산적, 떡볶이, 도미찜, 초계탕, 창면 등이다. 재현하지 않은 나머지 자료들은 제3장 '맹현음식'에서 다루었다. 원미, 백숙, 닭찜, 삼육전골, 우설탕, 어선, 육회, 갖은전골, 전복초, 홍합초, 전복탕, 새우찜, 오이장선, 생치만두, 두골탕, 해삼탕, 전유어, 화양적, 잡누름적, 누름적, 파산적, 떡산적, 약과, 밤단자, 생편, 두견화채, 보리수단, 장김치, 잣박산, 두부전골, 전유어, 얼갈이초채, 겨자채, 미역냉국, 갈비찜, 너비아니구이 등이 그것이다. 어머니의 자료는 맹현음식의 일부이지만 상당히 많은 의례음식을 포함한다.

이 책에 나오는 기타 맹현음식에 관한 정보나 조리방법은 맹현에서 태어나 성장한 언니 이옥주·이병주·이남주와 장시간 이야기를 나눠 모았다. 필자 또한 어머니 생전에 직접 보고 먹어 본 음식을 맹현음식에 추가했다. 이들 음식은 일부는 재현하고 일부는 본문에서 언급했다.

어머니 신계완(申癸完, 1913-1991)

어머니는 서울 진명보통학교 3학년 때 당신 부친의 전근으로 강원도 간성, 동해 푸른 바다 저 멀리 수평선이 보이는 어촌의 간성공립보통학교로 전학했다. 어머니는 어려서부터 재능이 남달라 외조부께서는 어머니를 장차 신사임당으로 키운다고 좋은 한시를 읽히고 붓글씨를 쓰게 했다고 한다. 외할아버지의 남다른 기대와 사랑을 흠뻑 받고 유년 시절을 보낸 것이다. 여고 시절은 서울에서 보냈다. 서울의 경성공립여자고등보통학교(현 경기여고)에 입학한 후 4년 간 역시 선생님들의 칭찬을 한 몸에 받는 우수하고 성실한 모범생이었다. 공부에 대한 열의와 능력이 대단했던 어머니는 여학교 졸업 후 일본 유학을 가서 문학 등을 공부하고자 하는 꿈을 키웠다.

하지만 당시 성사된 혼사는 어머니의 인생 행로를 180도 바꾸고 만다. 20세에 엄격한 법도의 맹현 가(家)로 출가해 왕가의 법도에 따라 상봉하솔(上奉下率)하고 봉제사(奉祭祀)·접빈객(接賓客)의 숨돌릴 틈 없는 생활에 접어들었다. 더욱이 큰 동서가 일찍 돌아가고, 둘째 시아주버니도 양자로 나가서 셋째 며느리인 어머니가 사실상 대가의 크고 작은 일들을 시어머니의 분부에 따라 도맡아야 하는 막중한 책임을 지게 되었다. 맹현의 별당 아씨로서 별당에서 안채로, 반빗간으로, 새벽부터 밤늦게 잠자리에 들 때까지 종종걸음이 쉴 새가 없는 나날의 연속이었다.

젊었을 때 어머니는 물질적 부족 없는 맹현의 삶에 감사하면서도, 한편으로는 주어진 것이 아니라 스스로 노력하고 개척하는 삶, 무언가에 심취하고 몰두해 성취하는 삶을 늘 갈망했다. 부족함 없는 안정된 삶은 마침내 사라져 버렸다. 1950년 6·25전쟁 발발 후 어머니는 생활인으로서 굴곡 많은 삶을 살아야 했다. 그 시기 어머니의 가슴 깊숙이에는 억척스러운 주부의 심성과 시련에 꺾이지 않는 강인한 모성이 깃들여 있었던 것 같다. 어머니를 가까이에서 바라본 주변 친지들은 어머니가 소망대로 일본 유학을 떠나 문학·예술 분야의 고등교육과 앞선 문물을 흡수했더라면 그 분야에서 일가를 이루었을 것이라며 다들 안타까워했다.

어머니의 글재주는 고단한 삶을 살면서도 틈틈이 쓴 에세이에서 잘 드러난다. 수십 년 쓴 어머니의 글들은 금혼(金婚)과 고희 기념집 《인종의 계단》으로 출간되었다. 이 책에는 삶의 가파른 계단을 천천히 묵묵히 오른 삶의 행적이 역력히 드러나 있다. 여고 시절 어머니의 고결한 품성과 꿈, 딸들에 대한 지극한 모성, 아버지에 대한 공경과 사랑, 평생을 이어 간 여학교 친구와의 우정, 외상 주고 가서 다시 오지 않은 오이 장수에 대한 미안함, 이른 새벽 연탄 불씨를 얻으러 온 이웃집 일하는 아이에 대한 연민 등 가족과 이웃에 대한 세심하고 가없는 사랑과 관심이 담겨 있다. 인생을 되돌아보면서 회한이나 원망은 없었다. 어머니는 이 책으로 모교 경기여고에서 주는 영매상(英梅賞)을 받기도 했다. 나는 살아가면서 이 책을 틈틈이 꺼내 보면서 위로와 힘을 얻곤 한다.

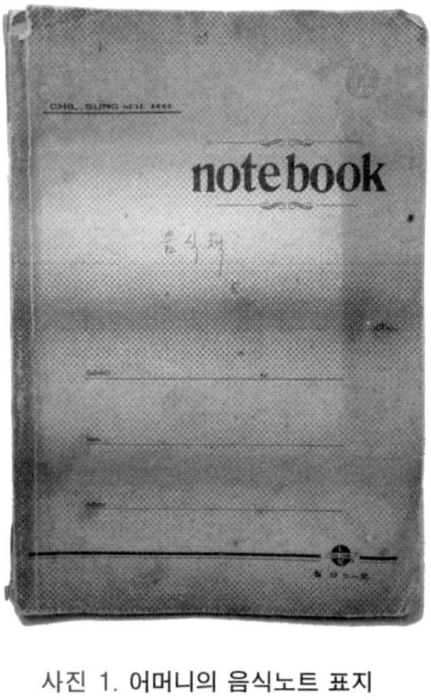

사진 1. 어머니의 음식노트 표지

어머니가 가신 뒤 보자기에 싸여 남겨진 물건에는 하얀 종이 위에 묵을 갈아 써 내려간 붓글씨, 일기, 단편적인 시와 수필 등이 있었다. 자칫 흘려보내기 쉬운 노년의 시간을 소홀히 놔두지 않고 정성스럽게 살았음을 알 수 있었다. 노년의 끝자락에 어머니의 일기에는 먼저 간 아버지에 대한 그리움과 어려서 부모에게 사랑받고 출가해서 시부모에게 귀여움과 칭송을 받던 일, 여학교 시절 선생님에게 칭찬받던 회상으로 가득했다. 인생의 큰 어른들을 다시 보고픈 마음, 그리고 '이제 그 아이들(딸들)은 잘 살 것'이라는 자식에 대한 믿음도 절절히 배어 있었다.

어머니는 칠순 전후의 상당히 연로해진 때에도 "좋은 강사의 명강의가 듣고 싶다"는 말씀을 종종 했다. "나에게 다소라도 우성(優性)이 있다면 모든 딸들에게 물려주고 활짝 핀 꽃밭에서 현기증이 날만큼 황홀경에 빠지고 싶다"고 했던 어머니, 그래서 자식들도 자신들의 생을 함부로 살 수 없다고 다짐하게 된다. 저세상 어머니의 이 목소리가 늘 귀에 맴돌기 때문이다.

내가 맹현음식에 대한 책을 쓸 용기를 낸 건, 아무리 사소한 것이라도 주변에 대한 관심의 끈을 놓지 않은 감수성 뛰어난 문학소녀, 모범적인 여학생 기질을 평생 잃지 않았던 어머니 덕분이다.

〈사진 1〉-〈사진 12〉는 어머니가 남긴 맹현음식 자료의 일부이다. 노트 표지에는 '음식책'이라고 썼다.

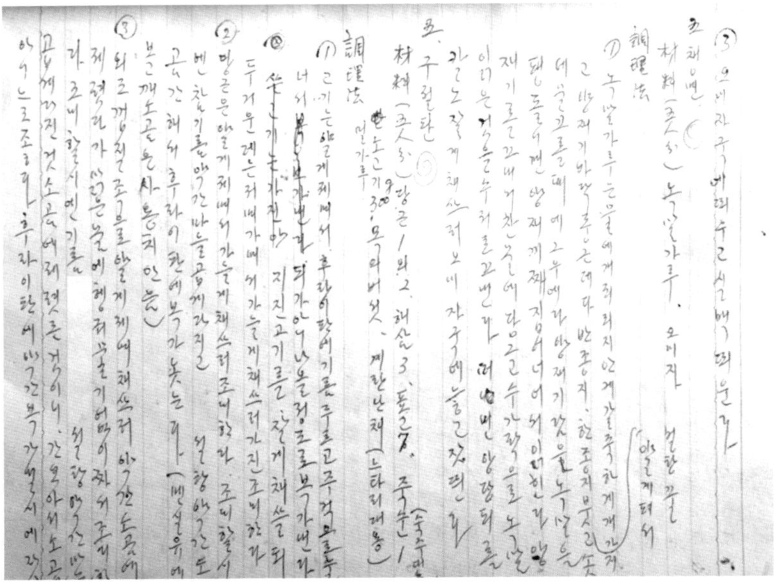

사진 2. 어머니의 음식노트: 창면·구절판

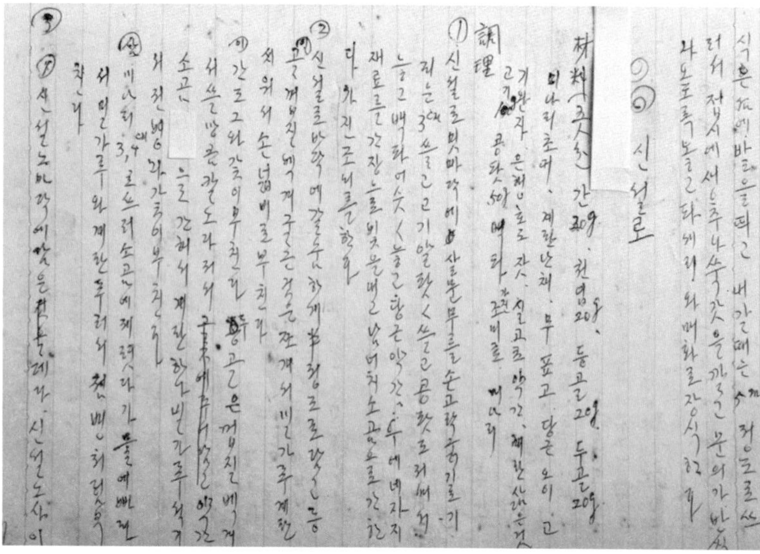

사진 3. 어머니의 음식노트: 신선로

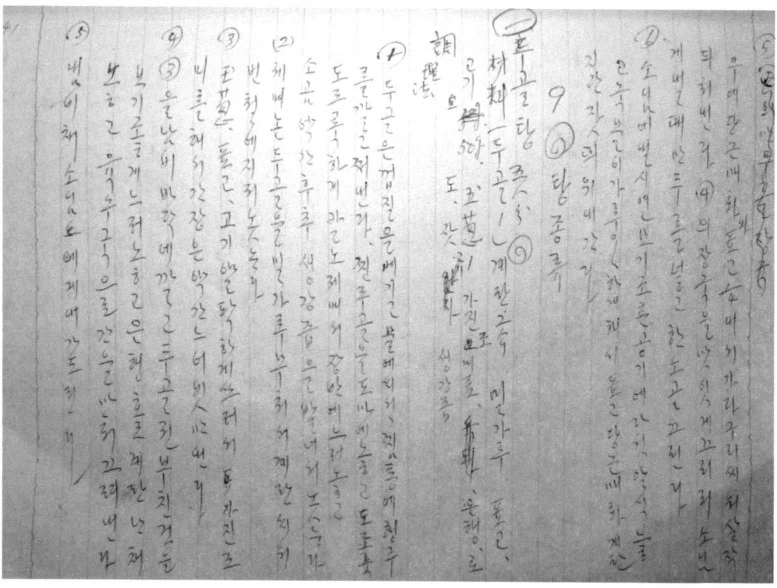

사진 4. 어머니의 음식노트: 두골탕

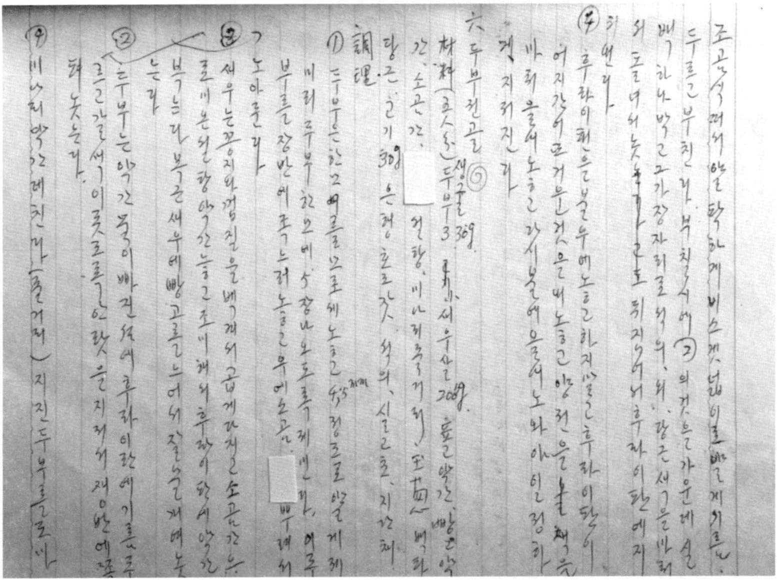

사진 5. 어머니의 음식노트: 두부전골

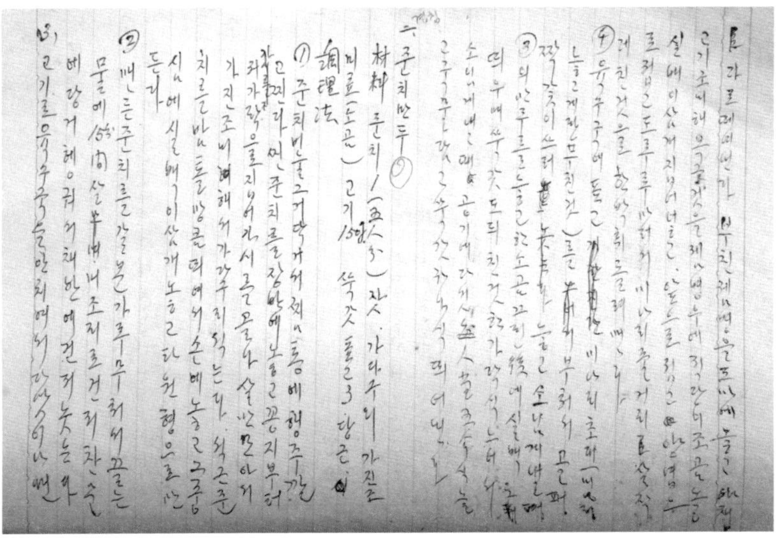

사진 6. 어머니의 음식노트: 준치만두

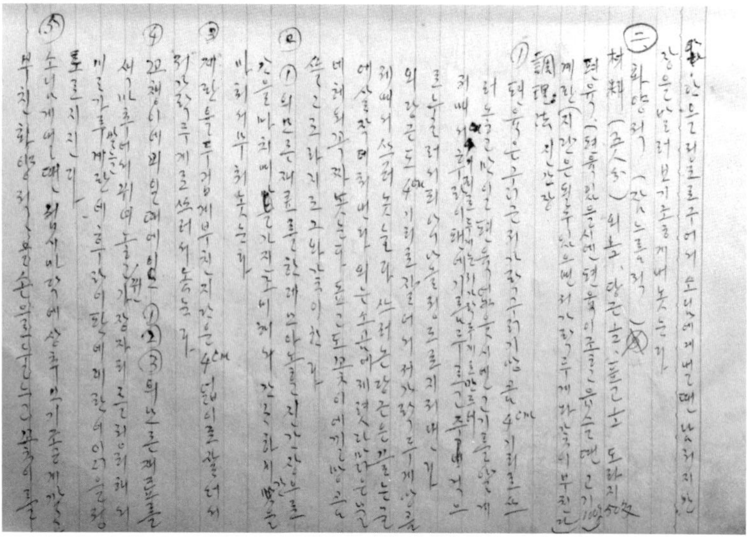

사진 7. 어머니의 음식노트: 화양적

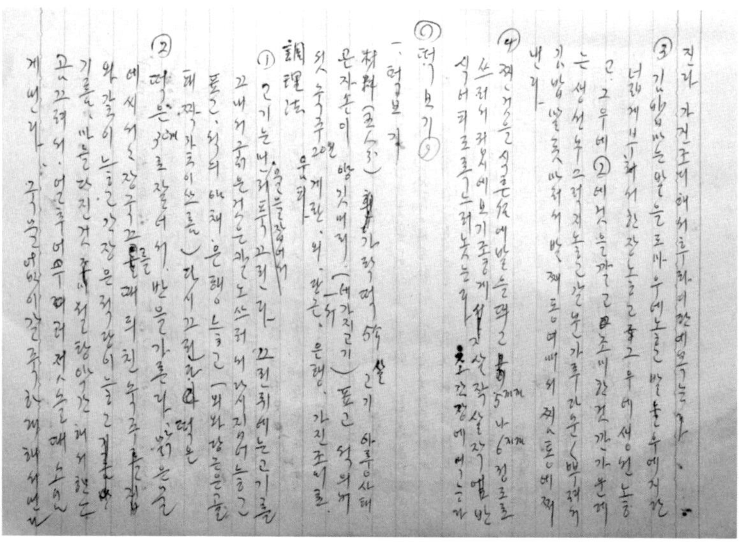

사진 8. 어머니의 음식노트: 떡볶이

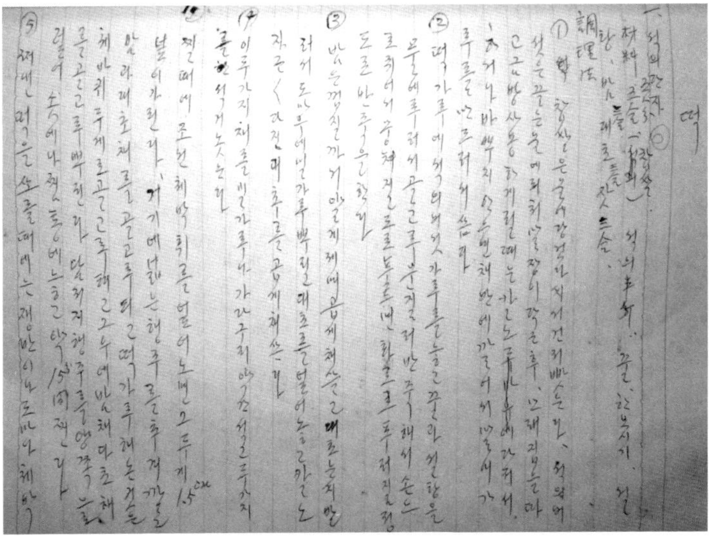

사진 9. 어머니의 음식노트: 석이단자

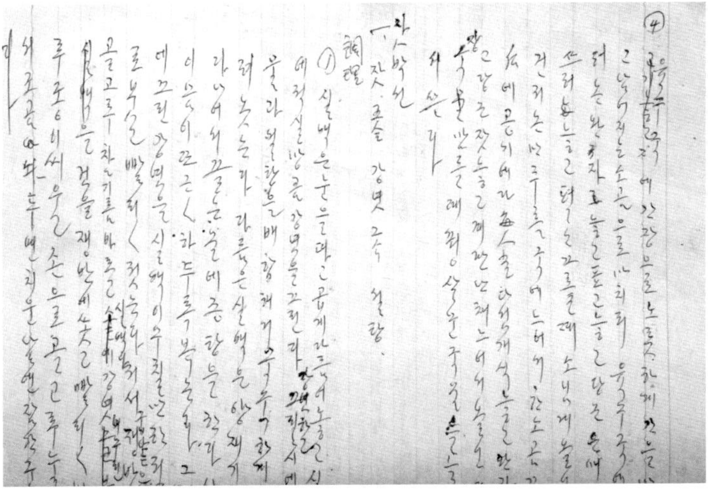

사진 10. 어머니의 음식노트: 잣박산

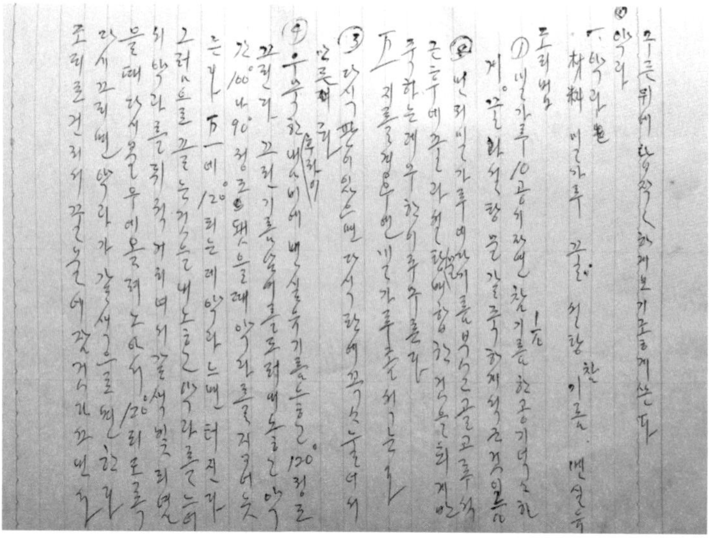

사진 11. 어머니의 음식노트: 약과

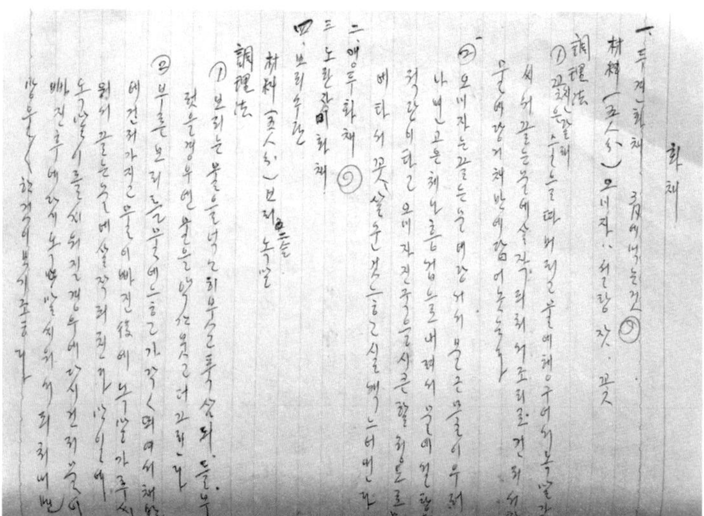

사진 12. 어머니의 음식노트: 두견화채·보리수단

2. 조선시대 서울

조선시대 서울은 어느 정도 크기였을까. 서울은 고려시대에는 소경(小京)인 남경(南京) 혹은 한양부(漢陽府)에 해당되지만 도시의 외연(外延)을 이루는 성곽은 조선왕조에서 기원한다.[26] 먼저 조선시대 서울의 공간조직의 모습을 살펴보면 다음과 같다. 이성계는 1392년 조선왕조를 창건한 뒤 태조 3년(1394) 한양(漢陽)으로 천도하여 도읍으로 삼았다. 태조 4년(1395)에는 수도의 행정구역을 한성부(漢城府)로 승격해 동·서·남·북·중의 5부로 나누고 그 밑에 52방을 두었다. 또한 북쪽의 백악(白岳, 또는 북악北岳), 동쪽의 낙산(駱山), 서쪽의 인왕(仁旺), 도성의 남쪽인 목멱산(木覓山)을 잇는 길이 17km, 면적 16.5km^2에 달하는 도성(都城)을 축조하였다.[27] 따라서 14세기의 서울이라 하면 도성 안의 성중5부(城中五部) 구역만을 포함하며 문안·한양이라 하였다. 특히 유생(儒生)들은 한양을 일컬어 장안(長安)·낙양(洛陽)이라 불렀다. 동양 역사상 가장 이상적인 문화를 꽃피웠다고 믿어졌던 주(周)나라와 한·당(漢·唐)의 수도를 동방에 다시 세웠다는 자부심 때문이었다고 한다.[28] 한양은 한성부로 개칭된 후에도 오랫동안 서울을 나타내는 명칭으로 남아 있었다.

조선시대 서울은 넓은 의미로는 도성 주변 10리까지의 구역인 성저(城底, 성외 연접지, 성밖)10리를 한성부의 관할구역으로 하였다. 성저10리라 할지라도 정확한 실측 거리로서 성벽에서 10리의 범위가 아니었고 자연 지형에 따라 하천이나 능선으로서 그 범위를 잡았으므로 굴곡이 있었다.[29] 성저10리는 북(北)으로는 북한산·도봉, 남(南)으

26) 이병훈, 〈한양성곽고〉, 《향토서울》 1966, 제29호: 4쪽.
27) 이병훈, 〈서울의 도시화 과정과 사회경제적 배경〉, 《향토서울》 1982, 제40호: 199쪽.
28) 한영우, 〈한양정도(漢陽定都)의 민족사적 의의〉, 《향토서울》 1988, 제45호: 234쪽.
29) 손정목, 《조선시대 도시사회 연구》, 일지사, 1977, 35쪽.

로는 한강, 동(東)으로는 우이천·중랑교, 서(西)로는 지금의 응암동에서 난지도까지의 선 내였다.[30] 성저10리에 거주하는 사람들은 도성 안의 사람들과 달리 주로 농업에 종사했다. 성저10리는 성중5부의 식량·채소 기지였던 것이다.[31]

조선시대 서울은 도성 안 한가운데를 서쪽에서 동쪽으로 흐르는 청계천을 경계로 하여 북쪽 지역을 북촌(北村) 또는 우대라 했다. 지금의 종로구 일대다. 청계천 남쪽 지역의 남산 북쪽 기슭을 남촌(南村)이라 했다. 오늘날 조선시대 북촌에 해당되는 지역에는 종로구 삼청동·안국동·가회동·계동·화동·원서동 등이 포함된다.

조선왕조는 북쪽 지역에 궁궐·종묘·사직·관아·시전 등 주요 국가 기반시설을 구축했다. 특히 조선왕조의 다섯 궁궐 중 경복궁·창덕궁·창경궁·경희궁 네 궁궐이 종로구에 위치해[32] 정치·경제·사회·문화 등 다방면에서 수도의 중심부를 이루었다. 또한 궁궐을 중심으로 동쪽에는 종묘(宗廟)를 세우고, 서쪽에는 사직단(社稷壇)을 세웠다. 종묘대제(宗廟大祭)는 역대 임금의 신위를 모시고 돌아가신 임금께 올리는 제의다. 사(社)는 토지의 신을, 직(稷)은 곡식의 신을 가리키는데, 두 신께 제사드리는 단을 만들어 모신 곳이 사직단이다.[33] 종묘·사직이라는 말이 곧 조정을 가리키는 대명사로 쓰이듯, 두 제단은 국가를 상징하는 가장 중요한 숭배의 터전이었다. 이 가운데 사직에 대한 제사는 곧 농업국가로서 국가경제의 기초를 지켜 주는 신에 대한 제사라는 의미를 지녔다.[34]

---

30) 이춘녕, 〈서울의 농업지대 소고〉, 《향토서울》 1989, 제47호: 8쪽.
31) 최완기, 《조선시대 서울의 경제생활》, 222쪽.
32) 위의 책, 11-12쪽.
33) 김동욱, 《종묘와 사직》, 대원사, 2002, 6-7쪽.
34) 조성윤, 〈정치와 종교—조선시대의 유교 의례〉, 《사회와 역사》 1998, 제53집: 16쪽.

3. 한성부의 자연물산

조선시대 한성부의 자연물산으로는 채소와 과일·어류·육류 등을 들 수 있다.[35] 도성 안에서는 원칙적으로 농경이 금지되었지만, 채소나 과일 같은 밭작물은 집집마다 텃밭에서 길렀다.[36] 그러나 그 생산량은 미미해 조선시대 한양 사람들이 먹을 채소류는 거의 다 근교인 성저10리에서 조달했다.[37] 조선시대 서울의 지리지인 《동국여지비고》〈한성부 전야〉[38]에는 "동대문 밖에서는 무·배추·미나리가, 서대문 밖에서는 가지·오이·파·마늘·고추·호박이, 남대문 밖에서는 호박·수박·토란이, 그리고 한강 남쪽 송파·탄천·양재 일대에서는 오이·호박·무·배추·파·가지 등이, 구파발 부근에서는 시금치·쑥갓·상치 등이 재배되고 있었다"고 적었다. 《용재총화》[39]에서는 "채소와 과일은 알맞은 흙에 따라서 심어야 그 이익을 거둘 수 있다. 지금의 동대문 밖 왕십리는 무·순무·배추 따위를 심고 있으며, 청파·노원 두 역은 토란이 잘 되고, 남산의 남쪽 이태원 사람들은 다료(茶蓼)를 잘 심어 홍아(紅芽)를 만든다"고 했다.

대궐에서 쓰는 채소는 도성 안의 내농포·외농포에서 공급했다. 창덕궁·창경궁에서 소비하는 채소는 돈화문 앞 동쪽 마을인 농포동(속칭 농파니)에서 재배하였고 이곳을 내농포라 했다. 경복궁에서 쓰는 채소는 오늘날의 통의동에 사포서를 두었는데 이곳을 외농포

---

35) 장철수 외, 《서울의 사회풍속사》, 37쪽.
36) 최완기, 《조선시대 서울의 경제생활》, 30쪽.
37) 위의 책, 159쪽.
38) 작자 미상, 《동국여지비고》[1864년 이후], 〈한성부〉, 2권 '전야(田野)', 서울사료총서 1, 서울특별시사 편찬위원회 편, 서울특별시, 2000, 116-117쪽(이하 《동국여지비고》).
39) 성현, 《용재총화》[1500년대], 〈제7권〉, 민족문화추진회 역, 솔출판사, 1997, 208쪽(이하 《용재총화》).

라 했다. 후에 수송동으로 옮겼는데 이곳에서는 궁중에서 쓰는 무·배추·파·마늘 등을 재배하여 진상했다.[40] 경희궁은 지금의 신문로 2가 소재 농원에서 가꾼 채소를 공급받았는데, 농파니처럼 내관들이 관리했다.[41]

서울은 한강을 끼고 있는데, 한강은 조수(潮水)와 담수(淡水)가 교차하는 곳이어서 어종이 다양했다. 기록에 의하면 잉어, 붕어, 숭어, 웅어, 뱅어, 은어, 누치, 게, 쏘가리, 뱀장어, 끄치, 바가사리, 모래무지, 피라미, 메기, 동자개 등의 물고기가 풍부했다. 우렁이, 다슬기, 달팽이, 말조개, 칼조개, 대칭이, 펄조개, 재첩 등의 조개류도 널리 서식했다고 한다.[42]

조선시대 서울의 풍속을 기록한 1700년대 말《경도잡지》〈권1 풍속〉[43]에는 "온 장안의 수요품 중에 동부(東部)[44]에서는 채소가, 칠패[45]에서는 생선이 가장 풍성하다"고 했다. 1849년《동국세시기》'6월'조[46]에서는 "동부의 채소·과일과 칠패의 생선은 6월에 가장 번성한다"고 했다. 또한 조선 후기《한양가》[47]에서는 서울 거리 점포에서 파는 식료품을 다음과 같이 묘사했다. "칠패의 생선전에, 각색 생선 다 있구나/민어 석어 석수어와/도미 준치 고도어며/낙지 소라 오적어며/조개 새우 전어로다". 채소와 생선은 이렇듯 오래전부터 서울음식의

---

40) 이춘녕, 〈서울의 농업지대 소고〉, 19쪽.
41) 최완기, 《조선시대 서울의 경제생활》, 32쪽.
42) 최기철, 〈한강의 기후와 생태〉, 《한강사》, 서울특별시사 편찬위원회, 1985, 75쪽.
43) 유득공, 《경도잡지》[1700년대 말], 이석호 역주, 《조선세시기》, 동문선, 1991, 193쪽(이하 《경도잡지》).
44) 동부(東部)는 조선시대 한성부의 행정구역인 동·서·남·북·중부의 하나다. 왕십리 등 조선시대 서울의 동쪽.
45) 칠패는 조선시대 남대문 밖의 시장 이름이다. 배오개(이현梨峴: 현재의 동대문시장), 종루(현재의 종로 네거리)와 함께 서울의 3대 시장으로 유명했다.
46) 홍석모, 《동국세시기》[1849], 이석호 역주, 《조선세시기》, 동문선, 1991, 106쪽(이하 《동국세시기》).
47) 한산거사, 《한양가》[1844], 이성우 역, 《한국식경대전》, 향문사, 1981, 652쪽.

주재료이었다.

《목민심서》 '제6조 권농'[48]에서는 "권농의 정사는 곡식을 심고 거두는 일만 권할 것이 아니라 원예, 목축, 양잠, 길쌈 등도 권장하지 않으면 안 된다"고 했다. 이로부터 조선시대에 국가적으로 사육한 주요 가축을 6축(畜) 혹은 8축이라 했다. 6축은 소·말·양·돼지·닭·개였고, 여기에 염소와 오리를 더하여 8축이라 했다. 이들 가축은 주로 식용이었으나 소와 말은 다른 용도로도 쓰였다. 소는 농경과 운송용으로, 말 역시 군사적 교통수단이나 운송용으로 쓰였다.[49] 《신증 동국여지승람》 '팔영(八詠)'조[50]에 조선시대 도읍지인 한성부를 찬양한 권우의 시에는, "사방을 나라 터도 먼 것이/ 〔…〕 /범이 걸터앉고 용이 서린 그 고장에/닭의 울음, 개 짖는 소리 들리누나"고 했다. 닭과 개를 길렀음을 알 수 있다.

4. 조선 후기의 사회경제적 변화

조선시대는 농정을 국가경제의 기본 시책으로 삼았다. 세종 26년(1444) 〈권농교서(勸農敎書)〉에는 "나라는 백성을 근본으로 삼고 백성은 식(食)을 하늘로 삼는다. 농사는 의식(衣食)의 근원이며 왕정에서 앞서는 일이다"고 하여 농업의 중요성을 강조했다.[51]

조선시대 역대 임금은 농사를 권장하기 위해 선농단(先農壇)에서 적전제(籍田祭)를 지내고 몸소 밭갈이를 시범하는 친경의(親耕儀)를 행했다. 선농단은 중국 고대에 농업을 진흥한 인물로 알려진 신농씨와

48) 정약용, 《목민심서》[1818], 이인철 역, 고려원북스, 2006, 393쪽.
49) 최완기, 《조선시대 서울의 경제생활》, 195쪽.
50) 이행 외 편, 《신증 동국여지승람 1》, 민족문화문고간행회, 1969, 334쪽.
51) 이춘녕, 《한국농학사》, 민음사, 1994, 71-72쪽.

후직씨를 기리는 곳으로 풍년을 기원하는 제례를 거행했다.[52] 적전(籍田)이란 국왕이 농사짓기를 장려하는 뜻에서 몸소 밭을 갈고 씨를 뿌리는 의식을 행한 곳이다. 우리나라에서 적전의 본격적인 모습은 고려시대 6대 임금인 성종 대(代)에 이르러 보이기 시작했으며 성종2년(983) 적전 선농단을 설치하고 국왕이 적전에서 친경하였다.[53] 적전 친경은 조선시대 건국 직후부터 중시되었는데, 정도전은《삼봉집》〈조선경국전〉'예전'[54]에서 "농사는 모든 일의 근본이고, 적(籍: 임금이 손수 농사를 짓는 일)은 권농하는 근본입니다. 임금이 몸소 적전을 경작하여 농사에 솔선수범하면 백성들이 모두 임금처럼 높으신 분도 몸소 밭을 가는데, 하물며 우리같이 천한 자들이 편안히 앉아 경작하지 않는 것이 옳겠는가? 하고, 이에 사람들은 모두 밭으로 나가게 되고 농사는 흥하게 될 것입니다. 그러므로 경적(耕籍)은 농사의 근본이라 합니다"고 하였다. 조선시대에 적전이 설치된 것은 태조 1년(1392) 때이지만 성종 6년(1475)에 처음으로 선농단에 나아가 적전제를 올리고 친경하였다. 제사에 참여하는 제관은 초헌관인 국왕을 비롯해 아헌관·종헌관 등이 있어 순서에 따라 해 뜨기 전에 제향을 마쳤다.[55] 적전에서 생산되는 곡류는 나라에서 거행하는 제사에 쓰는 것을 원칙으로 하되, 그 종류에는 벼·수수·기장·피·당서(옥수수)·팥·콩·보리·밀의 9가지로 '9곡(九穀)'이라 했다.[56] 선농단의 유적지는 서울 제기2동에 남아 유형문화재 제15호로 지정되어 있다.[57]

---

52) 서울특별시사편찬위원회,《서울육백년사》제1권, 235쪽.

53) 장지연,〈고려-조선 초 적전 선농단의 변화와 그 특징〉,《서울학연구》2011, 44: 43쪽.

54) 정도전,《삼봉집》[1397],〈권7. 조선경국전(朝鮮經國典) 上〉, '예전(禮田) 적전(耤田)'. 박진훈 역,지식을만드는지식, 2009, 166-167쪽.

55) 최완기,《조선시대 서울의 경제생활》, 155-157쪽.

56) 홍봉한 외,《국역 증보문헌비고》[1770],〈제62권 예고 9〉, '선농, 제단 2', 세종대왕기념사업회 편역, 세종대왕기념사업회, 1981, 65쪽(이하《국역 증보문헌비고》).

57) 최상수,《한국의 의식주와 민구의 연구》, 성문각, 1988, 52쪽.

조선 후기 사회에서는 정치·경제·사회·문화 전반에 걸쳐서 일련의 큰 변화가 일어났는데 이들은 상호 유기적 연관성을 갖고 있었다.[58] 농민들은 지주제 확대 및 군역(軍役)을 비롯한 부세(賦稅) 수탈이 가중되면서 몰락하여 농촌에서 이탈하고 있었다. 몰락 농민들은 살길을 찾아 도성으로 몰려들어 도성의 인구가 급증하였으며 물가가 상승하였다. 물가상승 배경에는 도성으로 몰려든 농민들은 수공업, 상업에 종사하거나 혹은 생활에 필요한 일용품을 구입해서 살아야 하는 소비자이기도 했기 때문이다.[59] 17세기 후반 이후 서울의 인구가 늘어나면서 종루(鐘樓) 시전(市廛)을 중심으로 한 상권이 도성 밖 이현(梨峴: 지금의 동대문 밖)·칠패(七牌: 남대문 밖)의 난전(亂廛)시장으로 확대되었다. 이현은 동대문 밖 왕십리 등지에서 재배된 미나리, 무, 배추 등 채소가 주로 매매되었다. 남대문 밖 칠패는 어물 유통의 중심지였다. 시전 중심의 상업체계가 붕괴되면서 이현과 칠패는 서울의 가장 중요한 상업 중심지로 발전해 나갔다. 한편 18세기 이후 서울이 상업도시로 발달하는 데는 경강지역(京江地域: 서울을 끼고 도는 한강지역)의 비중이 매우 컸다. 경강은 세곡(稅穀)을 하역하던 조운(漕運)의 집결지, 삼남과 연결되는 교통의 요충지, 어물의 생산·유통지로서 상업이 발달했다. 경강변을 근거로 활동했던 상인들을 경강상인이라 한다. 경강상인은 가장 대표적인 도고(都賈)상인이었다.[60] 도고란 상품을 매점 혹은 독점하는 상행위 또는 상행위를 하는 조직을 뜻한다.[61] 이들 중 일부가 부(富)를 축적하여 대상인으로 성장하였는데, 이들이 소위 부상대고(富商大賈) 혹은 경중(京中)부상대고

58) 조광, 《조선 후기 사회의 이해》, 경인문화사, 2010, 3쪽.
59) 백승철, 《조선 후기 상업사연구》, 혜안, 2000, 26-27쪽.
60) 한국고문서학회 엮음, 〈서울상업〉, 《조선시대 생활사》, 역사비평사, 2000, 457-459쪽.
61) 최완기, 《조선시대 서울의 경제생활》, 63쪽.

라 지칭되는 자들이다.[62] 이처럼 조선 후기에는 시전을 정점으로 하는 상품유통체계가 무너지고 새로운 도고상업을 중심으로 하는 상품유통체계가 성립되어 갔다.[63] 이와 함께 서울은 조선 후기에 이르러 행정도시에서 상업도시로 변모하면서 화폐경제가 경제활동을 지배하게 되었다.[64]

17세기 후반 이후 급속히 상업도시로 성장함에 따라 서울에서는 상업적 농업도 성행하기 시작했다. 대표적인 것이 채소·과수 농업과 약초재배업이었다.[65] 채소 농업을 보면 동대문·서대문 밖의 미나리밭, 독립문 주변의 무·배추, 왕십리의 무, 살곶이다리의 순무, 서대문 밖 석교의 가지·오이·수박, 연희궁(지금의 연희동에 있었음) 주변의 고추·마늘·부추·파·염교, 청파지역의 미나리, 이태원의 토란 등이 유명했다.[66] 조선 후기에 이르러 감자·호박·고구마·수박·참외·고추·토마토 등 새로운 작물의 재배는 농업에서 생산의 다각화와 전문화를 촉진시킴으로서 농업생산력을 증대시켰으며 따라서 농업에서의 상품생산 발전에 크게 이바지했다.[67] 이 가운데 고구마는 영조 39년(1763)에 통신사로 일본에 갔던 조엄이 대마도에서 씨고구마를 부산에 보낸 것이 그 시초라고 한다.[68] 고구마란 이름은 조엄이 대마도에서 들은 이름을 적은 것, 즉 고귀위마(古貴爲麻)가 어원이라고 한다.[69] 감자는 순조 24-25년(1824-1825)에 북저(北藷) 또는 북감저(北甘藷)라는

62) 백승철, 《조선 후기 상업사연구》, 48쪽.
63) 한국고문서학회 엮음, 《조선시대 생활사》, 469쪽.
64) 최완기, 《조선시대 서울의 경제생활》, 8쪽.
65) 고동환, 〈조선 후기 서울의 생업과 경제활동〉, 《조선 후기 서울의 사회와 생활》, 서울학연구소, 1998, 235쪽.
66) 이춘녕, 〈서울의 농업지대 소고〉, 21쪽.
67) 최완기, 《조선시대 서울의 경제생활》, 264쪽.
68) 박용구, 《한국식료품사》, 정음사, 1979, 151쪽.
69) 이춘녕, 《이조농업기술사》, 한국연구원, 1964, 85-86쪽.

이름으로 두만강을 건너 북쪽 변경에 들어왔다.[70] 고추는 1614년에[71] '남만 후추[南蠻椒]'라고 소개되는데, "큰 독이 있다. 처음에 왜국에서 들어왔기 때문에 세속에서는 이것을 왜개자(倭芥子)라고 한다"고 했다. 1740년대《성호사설》[72]에는 "일본 사람은 이를 번초(番椒)라 하고 우리나라에서는 왜초(倭椒)라 하는데, 맛이 몹시 맵기 때문에 채소만 먹는 야인의 비위에 가장 알맞다"고 썼다.

한편 1800년대 이규경의《오주연문장전산고》[73]에서는 "우리나라는 광해 무오년(1618) 일본에서 도입되었다"고 기록되었다. 이규경은 또한 "번초(蕃椒)는 우리말로 고초, 남과(南瓜)는 호박이라 한다. 둘 다 남만에서 왔으므로 번초 혹은 남만초, 호박 역시 남과라 한다. 우리나라에는 선조 임진 후에 연초와 같이 일본에서 들어왔다"고 했다.[74] 한편 고추와 함께 우리나라에 전래된 호박은 1740년대의《성호사설》(289쪽)에도 나오는데, "채소 중에 호과(胡瓜)란 것이 있는데 빛은 푸르고 생긴 모양은 둥글며 무르익으면 빛이 누르게 된다. 큰 것은 길이가 한 자쯤 되고 잎은 박과 같으며 꽃은 누르고 맛은 약간 달콤하다. 요즈음 사대부들에도 이 호과를 심는 이가 많은데, 어떤 이는 이르기를《본초강목》에 남과(南瓜)라고 했다"고 썼다.

조선 후기에 우리나라에 전래된 고구마, 감자, 호박 등은 오늘날까지 이어져 우리의 식생활에 없어서는 안 될 식재료가 되고 있다. 특

70) 이규경,《오주연문장전산고 上》, 권3 〈기후월령변증설(辨證說)〉, '북저변증설', 동국문화사, 1959, 65쪽(이하《오주연문장전산고 上》).
71) 이수광,《지봉유설 下》[1614], 권20 〈훼목부〉, 남만성 역, 을유문화사, 1998, 465쪽(이하《지봉유설 下》).
72) 이익,《국역 성호사설 2》[1740년대], 〈제4권 만물문〉, '번초', 민족문화추진회 역, 민족문화추진회, 1976, 12쪽(이하《국역 성호사설 2》).
73)《오주연문장전산고 上》, 권1 〈십이중천변증설(十二中天辨證說)〉, '흑맥(黑麥) 변증설', 20쪽.
74)《오주연문장전산고 上》, 권10 〈석면화변증설(石棉花辨證說)〉, '번초남과(蕃椒南瓜) 변증설', 329쪽.

히 17세기에 전래된 고추는 김치, 고추장의 주요 재료가 되면서 조선 후기의 식생활에 커다란 변화를 가져다주었다.

제2장. 서울의 전통 의례음식

조선사회에서 유교는 통치이념이자 생활윤리로 깊이 뿌리 내렸다. 유교적 생활풍속의 가장 두드러진 특징 중 하나는 의례(儀禮)를 중시하는 것이다. 의례란 일상생활과 달리 일정한 날에 특별한 의미를 부여하고 이를 실현하기 위하여 특별한 행사를 하거나 특별한 음식을 먹거나 특별한 의상을 입어 그 의미를 되새기는 것이다. 의례에는 통과의례와 세시의례가 있다.[75] 의례의 일차적 의미는 의례를 통해 집단구성원들을 강력하게 묶어 놓는 데 있다. 따라서 의례는 규범수준은 물론 행위수준에서도 사회 통합의 효과를 생산한다. 결국 같은 의례상징을 공유하는 구성원들은 일정한 정도의 사회 통합 속에 놓이게 된다.[76]

통과의례는 출생에서 사망에 이르기까지 모든 사람이 반드시 통과해야 하는 문화, 모든 사회에 빠짐없이 존재하는 인류의 보편적인 의례이다. 우리나라의 통과의례는 관혼상제를 들 수 있다. 관혼상제

---

75) 이규광, 《한국전통문화의 구조적 이해》, 대학교양총서 49, 서울대학교출판부, 1993, 61쪽.
76) 조성윤, 〈정치와 종교—조선시대의 유교의례〉, 11-12쪽.

란 관·혼·상·제례의 4가지를 포함하며 4례 혹은 가례(家禮)라고도 한다.[77] 여기에 우리의 관습 범위 안에서 전래되어 온 출산의례를 포함시키기도 한다.[78] 한편 통과의례가 개개인의 일생을 통해서 시기적으로 한 번씩 통과하는 의례라고 한다면, 세시풍속은 해마다 주기적으로 반복되는 것으로서 구성원의 공감과 보편성을 바탕으로 한 생활행위이다.[79]

조선시대 서울의 세시풍속과 세시음식, 통과의례와 의례음식을 살펴보면 다음과 같다.

1. 세시풍속과 세시음식

1년은 춘하추동 4시(四時)인데 각각은 맹·중·계(孟·仲·季)의 구분이 있으며 1년은 12개월, 1달은 30일로 나누어진다. 또 15일을 1기(氣), 1달을 2기로 보면 1년은 24절기인데, 5일을 1후(候), 3후를 1기, 6후를 1개월로 잡아 1년은 24기 72후로 구분한다. 농경사회에서는 계절의 변화에 따른 24절기를 농사에 이용했다. 이처럼 1년은 여러 개의 월일과 시절의 구성인데 이를 세시(歲時)라 한다. 세시의 세(歲)는 한 해를 의미하며 시(時)는 4계절을 의미한다. 세시의 주된 의미는 절일(節日) 즉, 명절(名節)이라는 뜻으로 통용되고, 이 같은 절일의 풍속을 세시풍속이라 한다.[80] 각 명절날에는 음식을 해 먹었는데 이를 절식(節食)이라 한다. 4계절에 따라 나는 식품으로 음식을 만들었으므로 이

---

77) 이광규, 〈우리나라의 혼례문화〉, 《한국식생활문화학회지》 1997, 12(2): 203-206쪽.
78) 조후종·윤숙자, 《통과의례와 우리 음식》, 한림출판사, 2007, 9쪽.
79) 조후종, 《세시의례와 우리 음식》, 한림출판사, 2002, 7쪽.
80) 김명자, 《한국세시풍속의 사적검토》, 동계 성병희 박사 회갑기념 민속학논총, 형설출판사, 1990, 357쪽.

를 시식이라 하며 합하여 시절음식 혹은 세시음식이라 한다. 세시풍속의 유래는 예로부터 우리나라가 농경국가로서 농경사회가 지속되면서 기풍·기복·액막이 등의 풍속과 절기에 따른 놀이·음식 등이 이어져 온 것으로, 우리 전통문화의 본질을 이루고 있다.

시대적으로 한강 유역을 중심으로 형성된 서울의 풍속은 고문화시대를 거쳐 고려의 불교문화와 조선 500년의 유교문화 영향을 받았으며, 중국과 일본 등 인접 국가들의 문화 교섭에 따른 고유성과 외래성의 혼재, 왕권 중심의 궁중 풍속과 일반서민들이 형성해 온 민간 풍속의 이중구조를 형성해 왔다고 볼 수 있다. 이는 서울지방의 세시풍속이 갖고 있는 특징으로 외국 문물의 이행에 수반한 문화의 교섭과 수용·동화 및 궁중·상층 사회에 형성된 생활문화의 하향·전파·이동의 제반 행위에 따른 결과이다.[81)]

서울의 세시풍속과 세시음식에 대한 기록은 17세기 이전에는 농가월령가, 고시조, 민요 등에서 단편적으로 찾을 수 있다. 그러나 본격적인 한양의 세시풍속은 정조 때인 18세기 말의 《경도잡지》,[82)] 순조 19년의 《열양세시기》,[83)] 19세기 중엽 헌종 15년의 《동국세시기》[84)]에 주로 기록되어 있다. 《동국세시기》는 편찬년대로 보아서 《경도잡지》와 《열양세시기》의 내용을 기반으로 쓰여진 것이라 생각된다. 《열양세시기》의 열양은 한양을 뜻한다. 또한 근래에는 《서울육백년사(제1권)》,[85)] 《한국민속종합조사보고서(서울편)》,[86)] 《한국민속대관 4

81) 서울특별시사편찬위원회, 《서울육백년사—민속편》, 서울특별시, 1990, 415쪽.
82) 유득공, 《경도잡지》[1700년대 말], 이석호 역주, 《조선세시기》, 동문선, 1991(이하 《경도잡지》).
83) 김매순, 《열양세시기》[1819], 이석호 역주, 《조선세시기 》, 동문선, 1991(이하 《열양세시기》).
84) 홍석모, 《동국세시기》[1849], 이석호 역주, 《조선세시기 》, 동문선, 1991(이하 《동국세시기》).
85) 서울특별시사편찬위원회, 《서울육백년사》 제1권, 서울특별시, 1977.
86) 윤서석, 《한국민속종합조사보고서 제10집—서울편》, 문화공보부 문화재관리국,

—세시풍속》,[87] 《서울의 사회풍속사》 〈조선시대 서울의 세시풍속과 놀이〉[88]에도 잘 정리되어 있다. 이들 문헌을 중심으로 서울의 시절음식의 내용을 살펴보면 다음과 같다.

1) 정월(正月)

세시풍속에는 1년 동안 한 해의 풍년과 안녕을 기원하는 것이 주 내용이므로 주로 새해의 출발인 정월에 많다.

(1) 원일(元日)

정조차례(正朝茶禮)

서울 풍속에 이 날 사당에 제사 지내는 것을 차례(茶禮)라 한다. 남녀 어린이들이 모두 새 옷을 입는 것을 세장(歲粧: 설빔)이라 하고 집안 어른들을 찾아뵙는 것을 세배(歲拜)라 한다. 이 날 시절음식으로 대접하는 것을 세찬(歲饌)이라 하고, 이 때의 술을 세주(歲酒)라 한다.

정월음식

정초에 멥쌀가루를 쪄서 안반 위에 놓고 자루 달린 떡메로 무수히 쳐서 길게 만든 떡을 흰떡이라 한다. 이것을 얄팍하게 돈같이 썰어 장국에다 넣고 쇠고기나 꿩고기를 넣고 끓인 다음 고춧가루를 친 것을 떡국이라 한다. 끈적끈적하지도 않고 부서지지도 않는 것이 잘 된 것이다. 또한 쇠고기·꿩고기 이외에 돼지고기·닭고기 등을 섞기도 한다. 이것은 제사에도 쓰고 손님 대접에도 사용하므로 세찬에 없어서는 안 될 음식이다. 시장에서는 시절음식으로 이것을 판다. 속담에

1978.

87) 고려대학교 민족문화연구소, 《한국민속대관 4—세시풍속·전승놀이》, 고려대학교 민족문화연구소, 1982.

88) 장철수 외, 《서울의 사회풍속사》, 서울학연구총서 3, 서울학연구소, 1995.

나이 먹는 것을 떡국을 몇 그릇째 먹었느냐고 한다.

또한 멥쌀가루를 시루 안에 깔고 삶은 팥을 겹겹으로 펴는데 쌀가루를 더 두툼하게 깐다. 이것을 증병(甑餠: 시루떡)이라 한다. 시루의 대소에 따라 혹 찹쌀가루를 몇 겹 더 넣어 찌기도 한다. 이것으로 새해에 신에게 빌기도 하고, 또 삭망전(朔望奠)에 올리기도 하며, 아무 때나 신에게 빌 때에도 그것을 올린다.

(2) 상원(上元)

상원은 정월 대보름으로 음력 정월 15일을 말한다. 찹쌀을 잠깐 쪄서 밥을 만들어 기름, 꿀, 진간장을 섞고 대추의 씨를 빼고 밤도 까서 잘게 썰어 섞는다. 비율은 그 밥을 대중 삼는다. 이것을 다시 푹 쪄서 조상에게 제사도 올리고 손님도 대접하며 이웃에 보내기도 한다. 이것을 약밥[藥飯]이라고 한다. 우리나라 풍속에 꿀을 약이라 하므로 꿀밥이라 하고 밀과(蜜果)를 약과(藥果)라고 한다. 상원날의 약식 먹는 풍속은 신라 때부터 전해 내려온 것이다.

정월 보름 전에 붉은 팥으로 죽을 쑤어서 먹는다. 생각건대 《형초세시기》에 "마을의 풍속에 정월 보름날 문에 제사를 지내는데 먼저 버들가지를 문에 꽂은 뒤 팥죽을 숟갈로 떠서 끼얹고 제사 지낸다"고 했다. 지금 풍속에 팥죽을 먹는 것이 여기에서 연유한 것이다. 상원의 이른 새벽에 날밤·호두·은행·무 등속을 깨물며 "1년 열두 달 동안 무사태평하고 종기나 부스럼이 나지 않게 해 주십시오" 하고 축수한다. 이를 작절(嚼癤: 부럼)이라 하기도 하고 또는 고치지방(이를 단단하게 하는 방법)이라고도 한다. 오늘날까지 이어지는 명절 풍습이다.

박나물·버섯 등의 말린 것과 대두황권·순무·무 등을 묵혀 둔다. 이것을 진채(陣菜: 묵은 나물)라 한다. 이것들을 반드시 이 날 나물로 무쳐 먹는다. 대체로 외꼭지, 가지고지, 시래기 등도 모두 버리지 않고 말려 두었다가 삶아서 먹는다. 이것들을 먹으면 더위를 먹지 않는다고 한다. 따라서 각 가정에서는 상원의 진채식을 위해서 나물을 햇볕에 말려서 저장해 둔다.

김과 참취나물 등속에도 밥을 싸 먹는데 많이 먹어야 좋다고 한다. 이것을 복쌈이라고 한다. 풍년이 들기를 바라는 뜻이다. 오곡으로 밥을 지어먹는다. 오곡밥은 찹쌀·차수수·팥·차조·콩 등 다섯 가지 이상의 곡식으로 지은 밥이다.

설날과 정월 보름에 인가에서는 선조의 제사를 지내는데 강정을 으뜸음식으로 삼는다. 강정이란 물을 조금도 타지 않은 순수한 술에다 찹쌀가루를 반죽하여 떡같이 만들어 가늘고 얄팍하게 잘라 말린 다음, 기름을 끓이다가 그 속에 집어넣으면 푸 하고 일어나 둥둥 뜬다. 그때 그 둥글고 크게 된 모양이 마치 누에고치 같다. 거기에다 엿을 바르고 볶은 흰참깨를 묻힌다. 혹은 볶은 콩가루를 묻히기도 한다.

또한 어린이 중 봄을 타 살빛이 검어지고 야위어 마르는 아이들은 정월 보름날 일백 집의 밥을 빌어다가 절구를 타고 개와 마주 앉아 먹으면 다시는 그런 병을 앓지 않는다.

2) 2월(二月)

중화절

중화절(中和節)은 음력 2월 초하루이며 농사를 시작하는 날로 노비일·머슴날 등으로 불렀다. 중화절 음식으로는 정월 보름날 세워 두었던 화간(禾竿: 볏가릿대)에서 벼이삭을 내려다가 흰떡을 만든다. 크게는 손바닥만 하게 작게는 계란만 하게 만드는데 모두 반쪽의 둥근 옥 모양 같다. 콩을 불려서 소를 만들어 넣고 시루 안에 솔잎을 겹겹이 깔고 넣어서 찐다. 푹 익힌 다음 꺼내어 물로 닦고 참기름을 바른다. 이것을 송편[松餠]이라 하는데 노비송편이라고도 한다. 이것을 종들에게 나이 수대로 먹인다. 그래서 속칭 이 날을 노비일(奴婢日: 하리아드랫날)이라고 한다.

농사일이 이때부터 시작되므로 이를 노비에게 먹이는 것이라 한다. 떡집에서는 팥·까만콩·푸른 콩을 소로 넣거나 혹은 꿀을 섞어 싸기도 한다. 혹은 불린 대추와 삶은 미나리를 넣어 떡을 만들기도 한다. 이 날로부터 이것을 시절음식으로 치는 것이다.

3) 3월(三月)

(1) 3일(三日: 삼짇날)

삼짇날에는 진달래꽃을 따다가 찹쌀가루에 반죽을 하여 둥근 떡을 만들고 그것을 기름에 지진 것을 화전(花煎: 꽃전)이라고 한다. 이것이 곧 옛날의 오병(熬餠: 떡볶이)의 한구(閑具: 지금의 산자饊子)다.

또 녹두가루를 반죽하여 익힌 것을 가늘게 썰어 오미자 국에 띄우고 꿀을 섞고 잣을 곁들인 것을 화면(花麪)이라 한다. 혹 진달래꽃을 녹두가루에 반죽하여 만들기도 한다. 또 녹두로 국수를 만들기도 한다. 또 녹두로 국수를 만들어 혹 붉은색으로 물을 들이기도 하는데 이것을 꿀물에 띄운 것을 수면(水麪)이라 한다. 이것들을 아울러 시절음식으로 제사에 쓴다.

(2) 곡우(穀雨)

청명과 입하 사이의 마지막 봄 절기로 음력 3월 중순경이다. 농가에서는 못자리를 마련하는 등 본격적인 농사철이 시작된다. 곡우(穀雨)에 강물고기 중 아름다운 것에 공지(貢脂: 공미리)라는 생선이 있다. 큰 것은 한 자나 된다. 비늘이 잘고 살이 많이 쪄서 회로 만들어도 좋고 국을 끓여도 좋다. 이것이 매년 3월 초 한강을 거슬러 동쪽으로 올라가 미음(渼陰: 양주군 와부면 미음리)까지 가서야 멈춘다. 그런 현상은 곡우 전후 삼짇날을 전후하여 가장 성하다.

(3) 월내

서울 풍속에 산언덕 물굽이에 나가 노는 것을 화류(花柳: 꽃놀이)라 한다. 이것은 곧 삼짇날의 답청하는 데서 유래된 풍속이다. 필운대의 살구꽃, 북둔의 복사꽃, 흥인문 밖의 버들이 가장 좋은 곳이고 여기에 사람들이 많이 모인다.

3월에 녹두포(청포묵)를 만들어 잘게 썰고 돼지고기·미나리·김을 섞고 초장을 쳐서 무쳐 매우 서늘한 봄날 저녁에 먹을 수 있게 만든 음식을 탕평채(묵청포)라 한다. 계란을 깨뜨려 끓는 물에 넣어 반쯤 익혀서 초장을 친 것을 수란이라고 한다.

황저합(노랗고 작은 조개)과 석수어(조기)로써 국을 끓여 먹기도 한다. 복사꽃이 떨어지기 전에 하돈(복)에 파란 미나리와 기름과 간장을 섞어 국을 끓이면 그 맛은 참으로 진기하다. 노호에서 나오는 복이 제일 먼저 시장에 들어온다. 그 복을 꺼리는 사람은 독미어(禿尾魚: 참돔)로 대신 끓이는데 이 독미어 역시 시절 생선으로서 훌륭한 것이다.

소어(蘇魚: 밴댕이)는 안산 내양(內洋)에서 나고 제어(鮆魚: 웅어), 속명으로 위어(葦魚)는 한강 하류 고양·행주에서 나온다. 봄이 다 갈 무렵 사옹원의 관리가 그물을 던져 잡아다가 진상한다. 생선장수들도 거리로 돌아다니며 이것을 파느라 소리친다. 그것은 회(膾)의 재료로 이용된다.

서여증식(薯蕷蒸食)이라 하여 서여(마)를 캐다가 쪄서 먹기도 하고 혹은 꿀을 발라 조각조각 썰어 먹기도 한다.

술집에서는 과하주를 만들어 판다. 술의 이름으로는 소국주, 두견주, 도화주, 소운주 등이 있다. 모두 봄에 빚은 훌륭한 술들이다. 소주는 공덕(孔德: 현재의 공덕동) 옹막(甕幕: 현재의 마포구 일대 독을 굽던 마을)에서 삼해주를 빚어 내는 술독에서 빚어진 천백 독의 술이 가장 이름이 있다. 평안도 지방에 감홍로와 벽향주가 있고, 황해도 지방에는 이강주, 호남지방에는 죽력고·계당주, 충청도 지방에는 노산춘 등이 가장 좋은 술들이다. 또 이것들 중에는 선물로 오는 것도 있다.

떡집에서는 멥쌀로 희고 작은 떡을 만드는데 모양이 방울 같다. 그 속에 콩으로 소를 넣고 머리 쪽을 오므린다. 그 방울 같은 떡에 오색 물감을 들여 다섯 개를 죽 이은 것이 마치 연주(聯珠)와 같다. 혹 청·백색으로 반원같이 만들기도 한다. 작은 것은 다섯 개를 큰 것은 두세 개를 이어 붙인다. 이것들을 산병(꼽장떡)이라고 한다.

또 5색의 둥근 떡을 만드는데 송피(松皮: 소나무 속껍질)와 청호(菁蒿: 제비쑥)를 섞어 둥근 떡을 만들기도 한다. 이것을 환병(環餠)이라고 한다. 이 중에서 큰 것을 마제병(馬蹄餠)이라 한다. 또 찹쌀에 대추의 살을 섞어 증병(시루떡)을 만들기도 하는데 이것들이 봄철의 시절음식이다. 《세시잡기》에는 "두 사일(社日)에 떡 먹기를 좋아하는데 대추로 떡을 만든다"고 했다. 지금의 풍속 또한 그렇다. 남산 아래에서는 술을 잘 빚고 북부에서는 좋은 떡을 많이 만듦으로 서울 속담에 남주북병(南酒北餠)이란 말이 생겼다.

채소장수는 배추의 새싹을 짊어지고 떼를 이루어 다니면서 소리치며 판다. 이를 청근상(靑根商: 무장수)이라 한다. 만청(蔓靑: 순무)도 새로 나와 소리치며 파는데 시절음식으로 좋다.

4) 사월(四月)

(1) 파일[八日]

파일은 석가모니의 탄생일이다. 우리나라 풍속에 이 날 등불을 켜므로 등석(燈夕)이라 한다. 각 집에서는 집안 자녀들의 수대로 등을 매

달고 그 밝은 것을 길하게 여긴다. 연등의 풍속은 신라의 팔관회에서 시작되었다. 고려 초에는 정월 보름에 하다가 2월 15일로 옮겼고 지금은 4월 초파일로 고정되었다. 손님을 청해다가 음식을 대접하는데 느티떡·볶은 검은콩·삶은 미나리 등을 내놓는다. 이를 부처 생신 날 소밥(고기 반찬이 없는 밥)이라 한다.

(2) 월내

떡을 파는 집에서는 찹쌀가루를 반죽하여 한 조각씩 떼어서 술을 넣고 쪄서 부풀부풀 부풀어 오르게 하여 마치 방울같이 만든다. 그리고 삶은 콩을 소로 만들어 꿀을 섞어 그 방울 모양의 떡 속에 넣는다. 그 위에 대추의 살을 떼어 발라 찐 것을 증편이라 한다. 청·백 두 빛깔의 것이 있다. 청색의 것은 당귀의 잎가루를 섞었기 때문이다. 또 방울같이 부풀어 오르게 하지 않고 조각으로 만들어서 먹기도 한다. 노란 장미꽃을 따다 떡을 만들어 기름에 지져 먹기도 한다. 마치 삼짇날 화전과 같다.

생선을 잘게 썰어 익혀 줄나물·국화잎·파싹·석이버섯·익힌 전복·계란들을 섞은 것을 어채(魚菜)라 한다. 또 생선을 두껍고 넓게 잘라 조각을 만들고 그것으로 육소를 싼 것을 어만두라 하며, 그것을 초장에 찍어 먹는다. 삶은 미나리를 파에다 섞어 회를 만들고 후춧가루와 간장을 얹어 술안주로 먹는다. 이것들이 모두 첫여름의 시절음식이다.

5) 5월(五月)

(1) 단오(端午)

5월 초닷새로 양 수 두 개가 겹쳐지면 큰 명절로 삼는다. 이 날은 1년 중에서 가장 양기가 왕성한 날이라 한다. 고운 옷과 좋은 음식으로

서로 모여 즐기는 것이 설날과 대략 같다.

남녀 어린이들이 창포탕을 만들어 세수를 하고 홍색과 녹색의 새 옷을 입는다. 또 창포의 뿌리를 깎아 비녀를 만들되 혹 수·복(壽·福)자를 새기고 머리에 꽂는다. 그렇게 함으로써 재액을 물리친다. 이것을 단오장(端午粧)이라 한다. 항간에서는 젊은 여인들이 그네뛰기를 한다.

단오를 속된 이름으로 수릿날[戌衣日]이라 한다. 술의(戌衣)란 것은 우리나라 말의 수레[車]다. 이 날 쑥잎을 따다가 짓이겨 멥쌀가루 속에 넣고 녹색이 나도록 반죽을 하여 떡을 만든다. 수레바퀴 모양으로 만들어 먹는다. 그러므로 수렛날(술의날)이라고 한다. 떡을 파는 집에서는 시절음식으로 이것을 판다. 쑥잎 등의 흰 것을 볕에 쬐어 말려 화융(부싯깃)을 만든다. 이것을 수리치라 한다.

서울 풍속에 메주를 소금물에 넣어 항아리에 장을 담가 과동(過冬)의 계획을 세운다. 신일(辛日)은 장 담그는 데 맞지 않으므로 신일만은 피한다.

(2) 월내

보리, 밀, 고미(줄: 구황식물)를 종묘에 천신(薦新)한다. 경사대부의 집에서도 이를 행한다.

6) 6월(六月)

(1) 유두(流頭)

유두연(流頭宴)

음력 6월 보름을 우리나라 풍속에 유두일이라 한다. 유두란 말은 '동류두목욕(東流豆炑浴)'이란 말의 준말이다. 즉 "동쪽으로 흐르는 물에 머리를 감는다"는 뜻이다. 서울의 청계천이 동으로 흐르므로 유두(流頭)하는 장소로 적합하다.

멥쌀가루를 쪄서 긴 다리같이 만들어 둥근 떡을 만들고 잘게 썬 다음 구슬같이 만든다. 그것을 꿀물에 넣고 얼음에 재워서 먹고 제사에도 쓴다. 이것을 수단(水團)이라고 한다. 또 건단(乾團)이라는 것도 있는데, 그것은 물에 넣지 않은 것이다. 혹 찹쌀가루로 만들기도 한다.

또 밀가루를 반죽하여 콩이나 깨에 꿀을 섞은 소를 싸서 찐 것을 상화병이라 한다. 또 밀가루를 반죽하여 기름에 지지고 줄나물로 만든 소를 싸거나 콩과 깨에 꿀을 섞은 소를 싸서 각기 다른 모양으로 오므려 만든 것을 연병(蓮餠)이라 한다. 또 잎 모양으로 주름을 잡아 줄나물로 만든 소를 싸고 채롱에 쪄서 초장에 찍어 먹기도 한다. 이것들이 모두 유두날의 시절음식이요 제사에 쓰기도 한다. 밀가루로 구슬 같은 모양을 만들어 유두면(流頭麵)이라 한다. 유두 무렵에는 새로 나온 과일과 곡식을 천신하기도 한다.

(2) 삼복(三伏)

하지부터 셋째 경일을 초복, 넷째 경일을 중복, 입추부터 첫째 경일을 말복이라 하며, 이들을 통틀어 삼복이라 한다. 이때 더위를 삼복더위라 하며 1년 중 더위가 가장 심한 때이다.

개를 삶아 파를 넣고 푹 끓인 것을 개장이라 한다. 닭이나 죽순을 넣으면 더욱 좋다. 또 개국에 고춧가루를 타고 밥을 말아서 시절음식으로 먹는다. 그렇게 하여 땀을 흘리면 더위를 물리치고 허한 것을 보충할 수 있다. 그러므로 시장에서도 이것을 많이 판다.

붉은 팥으로 죽을 쑤어 초복·중복·말복에 모두 먹는다.

(3) 월내

피, 기장, 조, 벼를 종묘에 천신한다. 밀로 국수를 만들어 청채(靑菜)와 닭고기를 섞고 백마자탕(白麻子湯: 어저귀국)에 말아 먹는다. 또 미역국에다 닭고기를 섞고 국수를 넣고 물을 약간 쳐 익혀 먹는다. 또 호박과 돼지고기에다 흰떡을 썰어 넣어 볶기도 하고 또 굴비대가리를 섞어 볶아 먹기도 한다. 또 밀가루에다 호박을 썰어 넣고 반죽하여 기름에 부치기도 한다. 이것들이 모두 여름철의 시절음식으로 참되고 조촐한 별식이다. 참외와 수박은 더위를 씻는 음식이다.

7) 7월(七月)

중원(中元)

중원은 도가(道家)에서 천상(天上) 선관(仙官)이 1년에 세 차례 인간의 선악을 적는 시기를 원(元)이라 하고 정월 보름을 상원, 7월 보름을 중원, 9월 보름을 하원이라 한 데서 중원이란 명칭이 생겼다. 음력 7월 15일을 우리나라 풍속에서는 백중날[百衆日]이라 한다. 망혼일이라고도 한다. 대개 여염집 사람들은 이 날 저녁 달밤에 채소, 과일, 술, 밥 등을 차려 놓고 죽은 어버이의 혼을 부른다.

동악(東岳) 이안눌(李安訥)의 시에 "시장에 채소, 과일이 지천인 것을 생각하니 시민 모두가 도처에서 죽은 혼을 천신하는구나"라고 했다.

8) 8월(八月)

(1) 추석[中秋]

추석은 중국에서는 中秋節(중추절) 혹은 仲秋節(중추절)이라고도 하는데 음력 8월은 가을 석 달 가운데 중간이고, 8월 가운데 15일은 가을의 한가운데이므로 8월 15일은 중추절(中秋節)이다. 1년은 4계절이 있고 매 계절마다 맹(孟)·중(仲)·계(季) 세 부분으로 구성되어 있어 中秋(중추)는 仲秋(중추)라고 한다.[89]

음력 8월 15일을 우리나라 풍속에서 추석 또는 가위[嘉俳]라 한다.

---

89) 이해원, 《중국의 음식문화》, 고려대학교출판부, 2010, 161쪽 .

신라 풍속에서 비롯되었다. 이 달에는 만물이 다 성숙하고 중추는 또한 가절(佳節)이라 하므로 민간에서는 이 날을 가장 중요하게 여긴다. 농촌에서도 1년 중 가장 중요한 명절로 삼는다. 새 곡식이 이미 익고 추수가 멀지 않았기 때문이다. 아무리 벽촌의 가난한 집안일지라도 예에 따라 모두 쌀로 술을 빚고 닭을 잡아 찬도 만들며, 또 온갖 과일을 풍성하게 차려 놓는다. 그래서 말하기를 "더도 말고 덜도 말고 늘 한가위 같기만 바란다"고 한다 하였다.

(2) 월내

술집에서는 햅쌀로 술을 빚는다. 떡집에서는 햅쌀로 송편을 만들고 또 무와 호박을 섞어 시루떡도 만든다. 또 찹쌀가루를 쪄 쳐서 떡을 만들고, 볶은 콩가루나 누런 콩가루나 깨소금을 무친다. 이것을 인병(引餠: 인절미)이라 한다. 이것을 판다. 또 찹쌀가루를 쪄서 계란같이 둥근 떡을 만들고 삶은 밤을 꿀에 개어 붙인다. 이것을 율단자(栗團子)라 한다. 또 토련단자(土蓮團子)도 있는데 율단자 만드는 방법과 같다. 모두 가을철의 시절음식이다. 나물로는 숙주나물·박나물을, 국으로는 토란국을 시식으로 친다.

9) 구월(九月)

중양절(重陽節)

중구 또는 중양이라고 하며, 중구는 9가 겹쳤다는 뜻이며, 중양은 양수가 겹쳤다는 뜻이다. 단풍이 들고 국화가 만발할 때 남녀들이 이를 구경하는 것이 봄에 꽃과 버들을 구경하는 것과 같다. 서울 풍속에 남산과 북악산에서 이 날 마시고 먹으며 즐기는데, 이것은 등고의 옛 풍습을 답습한 것이다. 등고에 관한 유래는 화를 면하는 것과 관련이 있다고 한다. 그러나 사대부들은 대부분 9일 중양절에 높은 데

올라가 시를 짓는다.

중양절에는 빛이 누런 국화를 따다가 찹쌀떡을 만든다. 방법은 3월 삼짇날의 진달래떡을 만드는 방법과 같다. 이것을 화전이라 한다. 배와 유자와 석류를 잣을 잘게 썰어 꿀물에 탄 것을 화채라 한다. 이것도 시절음식으로 제사에 쓰기도 한다.

10) 10월(十月)

(1) 월내

내의원에서는 우유를 만들어 바친다. 10월 1일부터 다음 해 정월까지 한다. 또 기로소(耆老所)에서도 우유를 만들어 여러 기신(耆臣)들을 봉양한다. 정월 보름에 가서 그친다.

서울 풍속에 숯불을 화로 가운데 훨훨 피워 놓고 번철을 올려놓은 다음 쇠고기를 기름, 간장, 계란, 파, 마늘, 고춧가루에 조리하여 구우면서 화롯가에 둘러앉아 먹는 것이 있다. 이것을 난로회라 한다. 또 쇠고기나 돼지고기에 무 외 훈채 계란을 섞어 장탕(장국)을 만든다. 이를 열구자·신선로라 한다.

또한 메밀가루로 만두를 만드는데 채소·파·닭고기·돼지고기·쇠고기·두부로 소를 만들어 싸서 장국에 익혀 먹는다. 또 밀가루로 세모 모양을 만드는데 이를 변씨만두(卞氏饅頭)라 한다. 변 씨가 처음 만들었기 때문에 그런 명칭이 생겼을 것이다. 또 멥쌀떡만두·꿩고기만두·김치만두가 있으나 김치만두가 가장 조촐한 시절음식이다. 두부를 가늘게 잘라 꼬챙이에 꿰어 기름에 부치다가 닭고기를 섞어 국을 끓인 것을 연포국이라 한다.

어린 쑥을 뜯어다가 쇠고기와 계란을 넣고 섞어 끓인 것을 애탕(艾湯)이라 한다. 또 쑥을 찧어 찹쌀가루에 섞어 떡을 만들고 볶은 콩가루를 꿀에 섞어 바른 것을 애단자(艾團子)라고 한다. 또 찹쌀가루로 동그란 떡을 만들어 삶은 콩을 꿀에 섞어 바르되 붉은 빛이 나게 한 것을 밀단고(蜜團餻)라 한다. 이것들이 모두 초겨울의 시절음식이다.

찹쌀가루에 술을 뿌려 반죽하여 크고 작게 달리하여 햇볕에 말렸다가 기름에 튀기면 고치같이 부풀어 오르는데 속은 비어 있다. 그것에 물엿을 입혀 흰깨·검은깨·누런 콩가루·파란 콩가루를 붙인다. 이를 강정이라 한다. 또한 5색강정이 있고, 잣가루를 묻히거나 송홧가루를 묻힌 것을 송자강정(잣강정)이라 한다. 찹쌀을 불에 튀겨 꽃 모양을 만들고 엿으로 그것을 붙인 것을 매화강정이라 한다. 또 홍색과 백색의 강정이 있다. 이것들은 설날과 봄철에 인가의 제물로 실과 항렬에 들며 세찬으로 손님을 대접할 때도 없어서는 안 될 음식이다.

11) 11월(十一月)

(1) 동지(冬至)

11월을 가리켜 동짓달이라고 할 만큼 동지는 유명하다. 또한 동지를 아세(亞歲) 혹은 작은설이라 부르기도 한다. 이 날 팥죽을 쑤는데 찹쌀가루로 새알 모양의 떡을 만들어 그 죽 속에 넣어 새알심을 만들고 꿀을 타서 시절음식으로 삼는다. 제사에 쓴다. 그리고 팥죽 국물을 문짝에 뿌려 상서롭지 못한 것을 제거한다. 내의원에서는 관계(官桂)·후추·설탕·꿀을 쇠가죽에다 섞어 삶아 기름이 엉기도록 만든다. 이것을 전약이라 하는데 진상하기도 하고 각 관청에서도 만들어 나누어 가진다.

(2) 월내

청어를 종묘에 천신한다. 경사대부의 집에서도 이를 행한다. 청어의 출산지로는 통영과 해주가 가장 성황을 이룬다. 겨울과 봄에 진상하는데 어선이 경강(京江: 한강 일대)에 와 닿으면 온 시내의 생선장수들이 거리를 누비면서 청어 사라고 소리친다. 통영에서는 갑생복(전복)과 대구어도 진상한다.

제주목에서는 유자·감귤을 진상한다. 그러면 종묘에 진상하고 각 궁의 가까운 신하들에게 나누어준다. 메밀국수를 무김치·배추김치에 말아 돼지고기를 섞은 것을 냉면이라고 한다. 또 잡채와 배·밤·쇠고기·돼지고기 썬 것과 기름·간장을 메밀국수에다 섞은 것을 골동면(비빔국수)이라 한다. 평안도 냉면이 최고다. 무 뿌리가 비교적 작은 것으로 김치를 담근 것을 동치미[冬沈]라 한다.

곶감을 달인 물에다 생강과 잣을 넣은 것을 수정과라 한다. 모두 겨울철의 시절음식이다. 새우로 젓을 담가 곁이 삭은 뒤 무·배추·마늘·생강·고추·청각·전복·소라·굴조개·조기와 소금으로 막김치를 만들어 독에 넣어 오래 두었다가 겨울이 지나 꺼내어 먹으면 몹시 매운 것이 먹을 만하다. 또 무·배추·미나리·생강·고추로 장김치를 담갔다가 먹기도 한다.

12) 12월(十二月)

납일(臘日)

우리나라 달력에 동지 후 세째 미일(未日)을 납일이라 한다. 조선시대에는 종묘와 사직에 큰 제사를 지냈는데 납향(臘享)이라 했다. 납향에 쓰는 고기로는 산돼지와 산토끼를 사용했으며, 참새는 늙고 약한 사람에게 이롭다고 하므로 민가에서는 그물을 쳐서 참새를 잡는다. 납일에는 엿을 곤다. 밥에 엿기름과 물을 부어 삭힌 다음 밥을 묵같이 되도록 끓인다. 그것을 자루에 넣고 짜낸 후 다시 끓였다가 식히면 굳어져 엿이 된다. 또 이 날 엿을 고아 가지고 그 엿에다 볶은 콩을 먹기 좋게 묻힌 콩강정을 만든다. 또 단술을 만들어 정초에 세배오는 아이들에게 준다. 납일에 온 눈 녹은 물은 약용으로 쓰며, 그 물에 물건을 적셔 두면 구더기가 생기지 않는다.

이상으로 서울의 세시풍속을 월별로 나누어 살펴보았다. 한편 궁에서는 명절을 반가에서와 같이 중요하게 여기지는 않았다고 한다. 그러나 정초·정월 3일·정월 대보름, 3월 삼짇, 4월 파일, 5월 단오, 6월 유두, 7월 칠석, 삼복, 8월 한가위, 9월 중양절, 10월 무오일, 11월 동지, 선달그믐날 같은 때에는 평시보다 시식을 차린다.[90)]

2. 통과의례와 의례음식

《서울의 사회풍속사》,[91)] 《식생활문화의 역사》,[92)] 《통과의례와 우리음식》,[93)] 《한국민속제의와 음양오행》[94)]을 중심으로 혼례와 제례 등 통과의례와 의례음식과 관련된 내용을 살펴보면 다음과 같다.

1) 혼례

한말과 개화기를 맞으면서 서구 문화와 일본 통치의 영향으로 우리나라 혼례는 변화되어 신식 혼인 예식이 민간에 정착되기 시작했다. 신식 혼례에서는 예식장, 교회, 성당, 교외 등 다양한 장소에서 혼인 예식을 치른다. 그러나 혼인 절차는 전통혼례에서와 같은데 그 내용을 살펴보면 다음과 같다.

조선시대에는 혼례의 예를 반친영(半親迎)의 예로 변경했다. 이후 우리나라 혼례절차는 청혼, 사주, 택일, 납폐(納幣), 대례(또는 초례醮

90) 한희순 외, 《이조궁정요리통고》, 6쪽.
91) 장철수 외, 《서울의 사회풍속사》, 181-231쪽.
92) 윤서석, 《우리나라 식생활문화의 역사》, 신광출판사, 1999, 441-442쪽.
93) 조후종, 《통과의례와 우리음식》, 한림출판사, 2007, 14-71, 89-148, 184-215쪽.
94) 김의숙, 《한국민속제의와 음양오행》, 집문당, 1993, 75쪽.

禮), 신부우례(新婦于禮)의 육례이다. 반친영의 예는 신랑이 신부의 집으로 가서 혼례를 행하되 신부 집에서 3일을 머문 후에 신랑은 신부를 데리고 신랑의 집으로 가는 것이다. 조선시대에는 또한 혼례절차에 따라 그 절차의 의미를 함축한 의례음식이 규범화되었다.

혼인절차는 먼저 양가에서 혼담이 서로 오고 가고 서로 혼인할 의사를 타진한다. 허혼을 함으로써 혼인이 합의되거나 청혼을 불허하여 혼담이 없었던 것으로 하기도 한다. 양가의 합의에 따라 정혼을 하면 신랑 집에서 신부 집으로 사주와 함께 청혼서를 보내는 것을 납채(納采)라 한다. 사주는 신랑의 생년월일시를 붓으로 적은 것이다. 이를 사주단자(四柱單子) 보낸다고 한다. 납기(納期)는 사주를 받은 신부집에서 결혼 날짜를 택일하여 허혼서와 함께 신랑 측에 보내는 의식이다. 연길(涓吉)이라고도 한다.

신부 측에서 택일을 보내오면 혼인의 서약으로 신랑 집에서 신부집에 혼수와 예장, 물목을 넣은 혼수함을 보내는 절차를 납폐(納幣)라고 한다. 혼수함은 함(函)이라고도 하는데 그 안에 혼서와 채단으로 청단과 홍단을 넣어 보낸다. 이를 메고 가는 사람을 '함(函)진아비'라 한다. 납폐일에 신부 집에서는 혼수함을 받아 봉치시루 위에 얹어 놓는다. 봉치떡은 찹쌀가루와 붉은 팥고물로 두 켜의 떡을 안치고 그 중앙에다 대추를 얹어 찐 시루떡이다.

초례는 초례청에서 행하는데 혼례, 대례라고도 한다. 신랑이 전안청(奠雁廳)에 이르러 기럭아비로부터 목안(木雁: 나무 기러기)을 받아 전안상에 놓고 재배를 하는 전안례(奠雁禮)를 행한다. 전안례는 신랑 혼자 하는 의례로서 소례(小禮)라고도 한다. 교배례(交拜禮)는 신랑·신부의 상견례로 서로 맞절을 하는 절차이다. 교배례가 끝나고 합근례(合巹禮)를 행한다. 하나의 바가지를 두 개로 나누어 여기에 술을 부어 마시는데 시종이 옆에서 술을 따라 주면 신랑신부가 땅에 부어 쾌주를 하는 절차이다. 합근례는 함께 상 위의 희생[牢]을 나눈다는 의미로 '동뢰연(同牢宴)'이라고도 하였다. 대례를 치르기 위하여 신랑 신부 앞에 차리는 상을 대례상·친영상·동뢰상(大禮床·親迎床·同牢床)이라고도 한다. 동뢰상은 지방에 따라 다르지만 보통 밤·대추·쌀, 보에 싼 암탉과 수탉, 촛대 둘, 송죽이나 사철나무를 백자병에 꽂고 이것을 청·홍실로 묶어서 올려놓는다. 혼례는 이와 같이 전안례, 교배례, 합근례의 세 의례를 포함한다.

초례는 우리나라에서 전통 혼인예식을 지칭하는 말로 인식되어 왔다. 그러나 전통적 예제(禮制)에서 초례는 실상 혼례가 아닌 다른 의미를 지닌 것이었다. 대표적으로 유교 의례에서는 "아버지가 술을 내리는 절차"로서 《예기》와 《의례》의 관·혼례 기록에도 등장한다. 술을 받는 예(禮)라는 의미에서 '작주례(酌酒禮)'라는 용어를 사용했다. 또한 주자가례에서는 "신랑이 장가들어 떠나기 전 출발을 사당에 고하고 난 뒤, 아버지가 아들에게 술을 부어 주고 훈계하는 예"로 규정하고 있다. 한편 도교에서는 일월성신을 대상으로 지내는 제사 역시 초례라고 불린다. 그러나 초례는 점차 전통혼례에서의 혼례초례를 치른다는 의미로 한정되어 갔다. 일제 강점기에 반포된 의례준칙에서는 주자가례에서 친영의식에 속하는 모든 절차 즉, 전안례와 교배례, 합근례를 모두 초례라는 용어 속에 포함시키고 있다.[95] 김신연은 초례는 "신랑이 신부집에 가서 혼례를 치르고 신부를 맞아 오는 의식이다. 대례라고도 한다"[96]고 했다.

초례를 치른 다음 신부가 신랑과 함께 시댁으로 가는 절차를 신부우례(新婦于禮) 혹은 신부례라 한다. 시댁에 도착하면 현구고례(見舅姑

---

95) 박채린, 〈초례의 변화과정과 혼례초례의 성립과정〉, 《민속학연구》 2011, 제28호: 33-53쪽.
96) 김신연, 〈궁중과 사대부가의 혼례풍속 비교〉, 《문명연지》 2006, 제6호: 152쪽.

禮)의 폐백의식을 행하는데 신부가 처음으로 시부모를 뵙는 예이다. 현구고를 행할 때 폐백음식은 지방에 따라 다른데 고기와 대추는 반드시 들어간다. 서울지방은 육포나 편포를 올리며 혹은 통째로 찐 닭이나 색지로 만든 닭을 대신 올리기도 한다.[97] 폐백은 원래 시부모에게만 드리는 예를 의미하였다. 다음에는 촌수나 항렬(行列)의 순서에 따라 예를 올리는데, 신랑의 직계존속에게는 술잔을 올린 다음 4배하고 기타 친척들에게는 단배 하는 것이 원칙이었다.

새로 맞이한 며느리에게 폐백을 받은 시부모가 새며느리를 맞이하는 환영과 감사의 표시로 큰상을 괴어 신부 앞에 차려 주는 것을 구고예지(舅姑禮之)라 한다. 구고예지의 큰상 차림은 밤·대추·잣·호두·은행·사과·배·곶감·다식·약과·강정·산자·마른 전복이나 문어로 오린 화복(花腹)·떡·편육·전 등 여러 가지 음식을 높이 괴어 올려서 차린다.

큰상은 혼례·회갑이나 희년 또는 회혼을 맞이하는 어른께 축하의 뜻으로 차려 드리는 경사스럽고 화려한 상차림이다. 큰상은 음식을 높이 괴어서 담는데 이를 고배(高排)한다고 한다. 또한 의례가 끝날 때까지 헐지 않고 바라만 본다고 하여서 망상(望床)이라고도 한다. 즉 바라다보고 그 뜻을 받고 그 자리에서 먹지 않고 나중에 여러 사람에게 다복의 뜻으로 나누어 먹는다는 뜻이라 한다.

신랑과 신부에게는 따로 장국상을 차려서 앞에 놓아 주는데 이를 입매상이라 한다. 고배상 음식과 같은 것을 따로따로 담고 국수장국·온면을 말아서 놓는다.[98] 궁중에서는 미수지상(味數之床)이라 한다. 입매상은 신선로, 찜, 전, 편육, 회, 냉채, 잡채, 한과, 떡(편), 화채 등 여러 음식을 차린다.

---

97) 한복진, 《우리 음식의 맛을 만나다》, 서울대학교출판문화원, 2009, 174쪽.
98) 서울특별시사편찬위원회, 《서울육백년사》 제1권, 983-984쪽.

2) 제례

(1) 제사의 종류

유교적인 예서(禮書)에 의한 제례에는 사당제(祀當祭), 사시제(四時祭), 이제(禰祭: 음력 9월에 돌아가신 부모에게 올리는 계절 제사), 기일제(忌日祭), 묘제(墓祭) 등이 있다. 이처럼 다양한 종류의 제례들이 존속하여 온 것은 우리 민족에게 있어서 조상은 그만큼 살아 있는 후손과 밀접한 관계 속에 있다고 믿어 온 때문이다.

사당제(祀當祭)

사당제는 사당에서 지내는 제사로서 신알(晨謁), 출입(出入), 참례(參禮), 천신(薦新), 고사(告祀) 등 다섯 종류가 있다. 신알례는 주인이 아침 일찍 일어나 사당을 찾아뵙는 예이다. 출입례는 주인이나 주부가 외출할 때 반드시 사당에 고하는 예를 말한다. 참례는 설이나 동지와 초하루·보름날에 사당에 제사 지내는 것을 말한다. 천신례는 계절에 따라 새로운 음식 등이 있으면 사당에 올리는 것이다. 고사례는 언제든지 무슨 일이 일어나면 반드시 사당에 고하는 것을 말한다. 이때의 절차는 삭망 참례 때와 똑같이 하고 집안에 큰 경사나 무슨 변동이 있을 때마다 고한다.

사당은 조상의 신주를 모시지만 원래는 조상의 화상(畵像)을 모셨고, 따라서 영당(影堂)이라고 했다. 사당은 집에 조상이 살아 계신 것처럼 섬기기 위한 것이므로 집안에 어른이 계신 듯이 해야 한다.[99] 사당은 지손은 모시지 않고 장손이 모시는데 부모, 조부모, 증조부모, 고조부모까지 4대조의 신주를 모셔 둔다. 정초 차례 때에는 차례대로 제사하고, 보통 제사 때에는 해당되는 분에게만 제사하게 된

---

99) 한복려 외, 《다시 보고 배우는 음식디미방》, 궁중음식연구원, 1999, 169쪽.

다. 세배는 먼 곳에는 정월 15일까지 찾아가 세배하면 무방하며 사당을 모신 집이 있으면 먼저 사당에 절을 한 다음 세배를 드린다.[100)]

사시제(四時祭)

4계절에 지내는 제사로서 차례라고도 한다. 예서에 의하면 맹춘, 맹하, 맹추, 맹동의 하순 정일(丁日)과 해일(亥日)을 택하여 사시제를 거행한다고 했다. 그러나 가문에 따라서는 정초·한식·단오·추석에 거행하기도 하고, 2월·5월·8월·11월에 각각 택일하여 올리기도 한다. 근래에 와서는 사시제라 하더라도 연 4회를 거행하는 예는 극히 드물고 거의가 정초와 추석에만 차례를 지낸다.

기일제(忌日祭)

기일제는 대상(大祥)이 지난 다음 해의 기일로부터 매년 기일마다 방안에서(사당이 있으면 사당에서) 지내는 제사를 말한다. 기제는 4대봉사(四代奉祀)로 내외분 8위를 대상으로 한다.

묘제(墓祭·時祭)

4대조(四代祖)까지는 집안에서의 기제로 봉사하지만, 5대조(五代祖) 이상은 묘제로 봉사한다. 묘제를 지낼 때에는 먼저 묘지 위편에 주, 과, 포 등 간단한 음식으로 산신제를 올리고 나서 묘제를 거행한다. 지금은 이를 시제(時祭)·시정(時亭), 혹은 시사(時祀)라 하여 10월 중에 거행하는 것이 일반적이다.

---

100) 윤서석, 《한국민속종합조사보고서 제10집—서울편》, 400쪽.

(2) 제수의 진설

젯상에는 양인 메(밥), 음인 국, 그리고 중성인 술을 놓고 제수를 5행(五行)의 법도에 따라 진설한다. 영정을 바라보는 쪽을 북쪽으로 하고, 젯상의 첫 줄에는 과일류를 놓되 음양오행의 법도에 따라 홍동백서(紅東白西) 또는 조율이시(棗栗梨柿)라 하여 서편부터 대추·밤·감·배 등의 순으로 진설하며, 양수인 홀수로 놓는다. 둘째 줄에는 짝수로 좌포우혜(左脯右醯)라 하여 왼쪽에 포, 오른쪽에 식혜를 올리되 대체로 짝수인 여섯 그릇을 놓는다. 셋째 줄에는 홀수인 탕 줄로 5가지의 맛을 갖춘 오미탕(五味湯)을 놓는다. 그리고 넷째 줄은 짝수의 적과 전 줄로 어동육서(漁東肉西), 동두서미(東頭西尾)라 해서 어류는 동쪽에, 육류는 서쪽에다 놓고 생선의 머리는 동쪽, 꼬리는 서쪽을 향하도록 한다.

수저를 꽂을 때는 메(밥)의 한복판에 꽂되 패인 곳을 절하는 쪽에 둔다. 영정을 모실 때도 남좌여우(南左女右)라 해서 남자는 좌측, 여자는 우측에 모시는 등 제반 양식에 음양오행의 원리를 적용하여 제사를 모신다.

3. 서울 전통음식의 종류

서울 전통음식의 종류는 《한국민속종합조사보고서》와 이성우,[101] 한억,[102] 정혜경 등[103]에 의한 연구에서 찾아볼 수 있다. 그 가운데 《한국민속종합조사보고서》에 수록되어 있는 서울 전통음식의 종류는 다음과 같다.

101) 이성우, 《한국요리문화사》, 교문사, 1985, 335쪽.
102) 한억, 〈향토음식의 개발과 보급〉, 《식품과학과 산업》 1994, 27(2): 29쪽.
103) 정혜경 외, 〈서울 음식문화에 대한 연구—심층면접에 의한 사례연구〉, 155-167쪽.

1) 《한국민속종합조사보고서—서울편》(1978)[104)]

윤서석은 서울음식을 주식류, 부식류와 별식 및 시식으로 나누어 다음과 같이 분류하였다.

(1) 주식류

반류 : 흰밥, 팥밥, 굴밥, 비빔밥

죽류 : 흰죽, 잣죽, 콩죽, 팥죽, 깨죽

(2) 부식류

김치류 : 통김치, 섞박지, 비늘김치, 보김치, 채김치, 가지김치, 짠지, 알무깍두기, 오이깍두기

우육류 반찬 : 너비아니, 곰국, 장조림, 갈비찜

닭고기 반찬 : 영계백숙, 닭찜

어패류 반찬 : 조기조림, 북어구이, 북어국, 민어찌개

채소류 반찬 : 시금치나물, 콩나물국, 무장아찌, 오이장아찌, 도라지생채

해조류 반찬 : 미역국, 다시마튀각, 김구이

(3) 별식 및 시식

① 별식

약식잡과, 찰밥, 설농탕, 장국밥, 해장국, 구절판, 냉면, 잡채, 도미국수, 도미찜, 어만두, 비빔국수, 떡볶이, 빈자떡, 만두, 추어탕, 육개장, 순댓국, 신선로

② 시식

절기에 따른 시절음식은 다음과 같다.

---

104) 윤서석, 《한국민속종합조사보고서 제10집—서울편》, '제2장 4편 의식주'.

설날 : 흰떡국, 만두, 흰떡구이, 밤초 및 대추초

대보름날 : 약밥, 묵은 나물

2월 : 초하룻날의 송편

3월 : 두견화전, 진달래화채, 화면, 개피떡, 쑥떡, 뱅어전 등

한식 전후 : 조개탕, 애탕, 탕평채, 수란

4월 8일 : 느티떡, 도미국수

단오 : 수리취떡, 제호탕

초여름 : 장미화전, 어채, 어만두, 미나리강회, 연계찜

6월 유두 : 수단, 상화, 증편, 수교위 등

여름철의 기타 시절음식 : 육개장, 칼국수, 밀전병, 개장국, 계삼탕

추석 : 올여송편, 토란탕

가을철 : 무시루떡, 호박고지시루, 국화전

겨울철 시절음식 : 전골, 열구자탕, 순두부, 묵물죽, 냉면, 비빔국수, 참새구이

위 서울 민속조사의 조사경위에서 조사대상 지역의 범위는 서울에 관한 과거의 행정지를 토대로 하여 서울을 고향으로 대대로 이곳에 거주했던 사람들이 많이 사는 곳을 중심으로 했다. 서대문구 홍제동, 마포구 당인동, 관악구 노량진동, 관악구 서초동, 서대문구 아현동 등과 반촌으로 알려진 종로구 가회동이 표본지역이다. 식생활 조사에서는 일반적인 서울음식에 중점을 두었으며 궁중풍속의 언급은 생략하였다고 한다.

2) 《한국민속종합조사보고서—향토음식편》(1984)[105)]

황혜성은 서울음식을 주식류·찬류·떡류·조과류와 음청류로 분류하여 그 종류를 조사했다.

(1) 주식류

장국밥, 설렁탕, 흑임자죽, 잣죽, 떡국, 비빔국수, 국수장국, 메밀만두, 생치만두, 편수

(2) 찬류

신선로, 떡찜, 떡볶이, 갈비찜, 설렁탕, 호박선, 각색전골, 홍합초, 전복초, 너비아니, 갈랍, 우설편육, 양지머리편육, 갑회, 굴회, 어채, 육포, 구절판, 숙주나물, 묵은나물볶음, 김쌈, 장김치, 숙깍두기, 매듭자반, 수란, 족편

(3) 떡류

봉우리떡(두텁떡), 상치떡, 물호박떡, 각색편, 느티떡, 약식, 화전, 주악, 석이단자, 대추단자, 쑥구리단자, 밤단자, 유자단자, 은행단자, 건시단자, 율무단자, 솔방울떡

(4) 조과류

매작과, 만두과, 흑임자다식, 송화다식, 밤다식, 진말다식, 녹말다식, 쌀다식, 실깨엿강정, 콩엿강정, 백자편

(5) 음청류

오미자화채, 흰떡수단, 진달래화채, 원소병수단, 보리수단, 미삼차, 유자차, 대추차, 쌍감차, 곡차, 오미자차, 구기자차, 결명자차, 당귀차, 제호탕, 모과차, 오과차, 계피차

황혜성에 의한 보고서에는 많은 궁중음식이 포함되어 있음을 알 수 있다.

---

105) 황혜성, 《한국민속종합조사보고서 제15집—향토음식편》, 문화공보부 문화재관리국, 1984.

제3장. 맹현음식

1. 일상음식

우리의 일상음식은 주식과 부식으로 구성되어 있다. 주·부식 분리형의 일상식은 삼국시대부터 행해진 것으로 알려지고 있다.[106] 맹현의 일상음식을 주식과 부식으로 나누어 〈표 1〉(66쪽)에 나타냈다.

1) 주식

(1) 밥

삼국시대 《삼국사기》 '헌강왕6년(880)'조[107] 와 《삼국유사》 '제9 효선(孝善)'조[108]에 밥이라는 말이 나오는 것으로 보아 밥은 오래전부터 일상식의 기본을 이룬 것으로 생각된다.

맹현의 밥류에는 흰밥, 팥밥, 중등밥, 보리밥, 오곡밥, 비빔밥, 장국밥 등이 있다.

---

106) 황혜성 외, 《한국의 전통음식》, 13-14쪽.

107) 김부식, 《삼국사기 I》[1145], 〈신라본기 권 11〉, '헌강왕6년(880)', 이강래 역, 한길사, 1998, 281쪽(이하 《삼국사기 I》).

108) 일연, 《삼국유사》[1281], 〈권5〉, '제9효선(孝善)'조, 김원중 역, 을유문화사, 2002, 581-582쪽(이하 《삼국유사》).

흰밥

맹현에서는 흰밥이 밥류 가운데 주종을 이루었다. 잘 지은 밥이란 질거나 되지 않으며 또한 타지도 않고 낟알 본래 모양을 그대로 유지한 것이다. 그리하여 씹으면 씹을수록 고소하면서도 단맛이 느껴지는, 매일 먹어도 싫증이 나지 않으며 물리지 않는 밥이다. 특히 흰쌀밥은 고슬고슬하면서도 기름이 흐르는 듯 윤기가 돌며 눈처럼 하얀 색을 띠는 밥이다.[109] 조리과학적인 측면에서 질지도 되지도 않은 맛있는 쌀밥은 수분 함량이 14%인 쌀이 65% 정도의 수분을 가진 밥이 되었을 때다. 이러한 쌀밥은 물 첨가량이 쌀 무게의 1.4-1.6배, 부피의 1.1-1.2배가 적당하다고 한다.[110]

우리나라에서 생산되는 쌀의 품질이 우수하다는 것은 오래전부터 알려져 왔다. 고려시대 《고려도경》 〈제23권 잡속2〉[111]에는 "고려의 쌀은 알이 크고 맛이 달다"고 했다. 조선시대 한치윤의 《해동역사》 〈권26 곡류〉[112]에는 "조선의 쌀은 빛깔이 희고 맛이 향기롭다"고 했다. 한치윤은 또한 밥 짓는 기술에 대해서도 "조선 사람은 밥을 잘 짓는다. 그 밥은 낟알이 밝고 부드럽고 매끄러우며 향기가 가득하다"고 썼다.

우리나라는 밥 짓는 솜씨와 함께 밥솥이 발달했는데 가장 일반적인 것은 무쇠 제품이다.[113] 내가 살았던 종로구 계동의 부엌에는 부뚜막에 가마솥이 달려 있었다. 대가족을 위해 장작을 지펴 밥을 하던

---

109) 조선의 민속전통 출판위원회, 《조선의 민속전통 1—식생활풍습》, 통과학백과사전종합출판사, 1994, 41-42쪽.

110) 김기숙 외. 《조리과학》, 수학사, 2005, 87쪽.

111) 서긍, 《국역 고려도경》[1123], 〈제23권 잡속2〉, '종예', 김동욱 외 역, 민족문화추진회, 1977, 138쪽(이하 《국역 고려도경》).

112) 한치윤, 《국역 해동역사 Ⅲ》[1814], 〈권26 곡류〉, 정선용 역, 민족문화추진회, 1998, 95쪽(이하 《국역 해동역사 Ⅲ》).

113) 윤서석, 《우리나라 식생활문화의 역사》, 354쪽.

〈표1〉 맹현의 일상음식

	음식 분류	음식 종류
주식류	밥	흰밥, 팥중등밥, 팥밥, 보리밥, 오곡밥, 비빔밥, 장국밥
	죽	흰죽, 타락죽, 깨죽, 흑임자죽, 팥죽, 녹두죽, 굴죽, 잣죽, 원미
	미음, 즙, 수란	쌀미음, 좁쌀미음, 수란
	범벅	호박범벅
	국수, 떡국	콩국수, 메밀국수, 맑은장국수, 수제비, 제물국수, 떡국, 만둣국, 떡볶이
부식류	국	냉이국, 쑥국, 소루쟁이국, 조기국, 시금치국, 복국, 호박잎국, 근대국, 우거지국, 육개장, 토란국, 아욱국, 솎음배추국, 시래기국, 배추속대국, 내장국, 곰탕, 설렁탕, 무국, 북어국, 미역국, 콩나물국, 미역냉국, 오이냉국, 영계백숙, 토란국
	찌개	조기찌개, 게찌개, 복국, 도미매운탕, 농어찌개, 민어찌개, 민물생선찌개(메기·쏘가리), 강된장찌개, 동태찌개, 도미찌개, 대구찌개, 청국장찌개, 두부찌개, 된장찌개
	조림	배자반조림, 꽁치조림, 갈치조림, 동태조림, 도루묵조림, 양미리조림, 병어조림, 도미조림, 비웃(청어)조림, 콩조림, 풋고추조림, 멸치조림, 감자조림, 장똑똑이, 장조림, 장산적거
	나물	시금치나물, 콩나물, 무나물, 호박나물, 가지나물, 비듬나물, 머우나물, 취나물(생것), 숙주나물, 쑥갓나물, 고추잎나물, 취나물, 숙주나물, 보름나물(시래기·마른취나물·잡나물·가지고지·호박고지·우엉·고사리), 도라지, 마늘쫑무침
	생채	무생채, 얼갈이초채, 배추겉절이, 봄동, 노각생채, 겨자채
	쌈, 쌈장	상추, 쑥갓, 호박잎, 머우쌈, 곰취쌈, 두릅나물, 실파, 고수, 된장쌈장, 고추장쌈장
	장아찌	무말랭이장아찌, 오이지장아찌, 동치미장아찌, 지고추, 통마늘장아찌, 깻잎장아찌
	숙장아찌	무숙장아찌, 오이숙장아찌
	구이	너비아니구이, 염통구이, 콩팥구이, 닭구이, 북어구이, 민어구이, 도미구이, 뱅어포구이, 김구이
	묵	탕평채, 메밀묵, 도토리묵, 청포묵
	김치	통배추김치, 백김치, 장김치, 굴깍두기, 곤쟁이젓깍두기, 알타리김치, 섞박지, 동치미, 나박김치, 열무김치, 짠무김치, 오이소박이, 오이김치, 오이지
	젓갈류	김장용 : 새우젓, 조기젓, 황석어젓, 곤쟁이젓 반찬용 : 새우젓, 조개젓, 명란젓, 어리굴젓, 민물게장
	마른반찬류	굴비, 대구포, 새우보푸라기, 북어보푸라기, 튀각, 고추장볶음
	부침개	호박부침개, 빈대떡
	즙, 볶음	양즙, 육즙, 낙지볶음, 민어볶음

시절에 먹던 흰쌀밥과 누룽지 맛은 요즈음 전기밥솥으로 하는 밥맛과는 확연히 달랐다. 한편 《규합총서》[114]에는 "밥과 죽은 돌솥이 제일이고, 오지탕관이 그 다음"이라고 했다. 밥 짓는 데 돌솥 등 다른 도구도 쓰였음을 알 수 있다.

중등밥

중등밥은 보통 밥 지을 때보다 물의 양을 조금 더 넣어 끓여서 뜸을 푹 들여 진듯하게 지은 밥이다. 맹현의 팥으로 만든 중등밥은 팥을 맷돌에 드르르 타 삶아서 멥쌀을 넣고 끓인 다음 뜸을 잘 들여서 밥을 지었다. 무나물을 곁들여 먹었다. 한희순 등의 《이조궁정요리통고》(151쪽)에서는 '팥수라'라 하여 2가지 방법으로 밥을 지었다. 첫째는 "팥을 맷돌에 둘둘 타서 쌀과 함께 씻어 조리로 일어서 밥물을 먼저 끓이다가 일은 것을 넣어 끓인다. 거진 끓을 때 불을 약하게 하여 뜸을 들인다"고 했다. 다른 하나는 "통팥을 삶아 얻은 팥물로 밥물을 부어 밥을 짓기도 한다"고 하면서 "임금님 수라상에는 흰수라와 팥수라의 두 가지를 함께 올린다"고 했다.

팥중등밥은 홍반(紅飯)이라고도 한다. 홍반은 조선 정조19년(1795) 정조가 사도세자와 혜경궁 홍씨의 갑년(甲年: 회갑)을 맞아 혜경궁 홍씨를 모시고 사도세자의 능인 현륭원을 참배할 때의 행사기록인 《원행을묘정리의궤》의 반(飯)수라상에 나온다. 상차림을 보면 "반(飯)은 백반과 홍반(紅飯: 赤豆水和炊)이었는데 백반과 홍반을 함께 올리지는 않았다"고 했다.[115] 반면 《조선시대 궁중의 식생활문화》[116]에서는 조선시대 말 "고종과 순종 재위 당시 수라상에 백반과 홍반 두 가지를

114) 빙허각 이씨, 《규합총서》[1815년경], 정양완 역, 보진제, 2008, 61쪽(이하 《규합총서》).
115) 김춘련, 〈18세기 궁중음식고—원행을묘정리의궤를 중심으로〉, 82쪽.
116) 한복진, 《조선시대 궁중의 식생활문화》, 서울대학교출판부, 2005, 144쪽.

수라기에 담는다"고 했다. 정조 시대와 조선 후기 궁중 수라상차림의 변화를 알 수 있다.

팥중등밥은 대부분의 조리서에서는 팥을 삶아 낸 팥물로 지었다. 《규합총서》(61쪽)에서는 "좋은 붉은 팥을 왼이로 진하게 삶아 그 팥은 건지고 좋은 쌀로 밥을 지으면 맛이 별스럽게도 좋다"고 했다. 《조선무쌍신식요리제법》[117]에서도 "팥물에 일등 멥쌀을 씻어 넣고 물을 맞춘 후 밥을 짓는다. 뜸을 들여 퍼내면 밥알이 무르고 빛이 좋고 맛이 밥 중에서 제일이다"고 했다.

비빔밥·장국밥

맹현에서는 제사를 지낸 후 함지박에 밥과 나물·전·다시마튀각 등을 얹어 참기름을 듬뿍 넣고 진간장을 넣어서 큰 주걱으로 비벼 비빔밥을 만들었다. 함지박은 통나무 속을 파서 큰 바가지같이 전이 없게 만든 것이다. 운두가 조금 깊으며 밑은 좁고 위가 넓은 것이다.[118] 또 갱(국)에 전·산적과 전·나물을 얹어서 장국밥으로 해 음복하기도 했다. 젯상에 오르는 나물은 주로 삼색나물로 도라지·고사리·시금치로 만들었다.

장국밥은 1800년대 말엽 조리서인 《시의전서》[119]에서는 "무를 넣고 장국을 잘 끓이고 나물을 갖추 만들어 국을 만다. 밥을 훌훌하게 말아 나물을 갖추 얹고, 약산적하여 위에 얹고 후춧가루·고춧가루를 뿌린다"고 했다. 또한 "비빔밥은 위에 계란을 부쳐 골패짝만큼씩 썰어 얹고 완자를 만들어 얹는다. 비빔밥 상에 장국은 잡탕국으

---

117) 이용기, 《다시보고 배우는 조선무쌍신식요리제법》[1930], 옛음식연구회 역, 궁중음식연구원, 2001, 44쪽(이하 《다시보고 배우는 조선무쌍신식요리제법》).
118) 최상수, 《한국의 의식주와 민구의 연구》, 성문각, 1988, 104쪽.
119) 작자 미상, 《시의전서》[1800년대 말], 이효지 외 역, 신광출판사, 2004, 174쪽(이하 《시의전서》).

로 해서 쓴다"고 했다.

최근 일상적으로 섭취하는 식품에 함유되어 있는 생리활성물질의 조절기능에 대한 연구가 활발히 진행되고 있다. 쌀밥에서는 알파(α)-토코페롤과 α-토코트리에놀, 그리고 감마(γ)-트리에놀이 검출되었다.[120] 이들 성분들은 비타민 E에 속하는 물질들로, 식품 내의 비타민 E는 알파·베타·감마·델타-(α·β·γ·δ-) 네 종류의 토코페롤과 측쇄(분자 내 가지를 친 부분)가 불포화기(불포화 원자단)으로 된 토코트리에놀의 형태가 있다. 이 가운데 현재까지 α-토코페롤이 가장 생체활성이 큰 것으로 나타나 비타민 E의 대명사처럼 여겨지고 있다.[121]

토코페롤은 생체 내에서는 활성산소를 소거시켜 유리기와 과산화지질의 생성을 억제하는 항산화작용을 행한다.[122] 토코트리에놀은 암세포의 확산을 방지하거나 사멸시키는 작용, 세포기능의 약화 및 괴사 등을 억제하여 노화를 저지시키는 항산화작용을 한다.[123] 밥을 통한 토코페롤과 토코트리에놀의 섭취는 노인성 질환의 예방에 도움이 될 것이라고 한다.

(2) 죽·미음·수란

죽은 가장 먼저 발달한 곡물요리로서 초기 농경사회에서는 토기에 곡물과 물을 넣어 끓여서 만든 죽이 상용음식이었다. 시루와 솥을 사용함에 따라 떡과 밥을 만들어 먹게 되자 죽은 주식의 자리에서

---

120) 김양수 외, 〈밥의 종류에 따른 토코페롤 및 토코트리에놀 함량 분석〉, 《한국식품영양과학회지》 2005, 34(8): 1292쪽.

121) 이동진·이지영, 〈화곡류 종실의 토코페롤 및 토코트리에놀의 연구현황과 전망〉, 《한국작물학회지》 2003, 48(별호): 1-12쪽.

122) R. Ricciarelli, et al., "Vitamin E : protective role of a Janus molecule", *FASEB J* 2001, 15, pp.2314-2325.

123) S. Schaffer, et al., "Tocotrienols : constitutional effects in aging and disease", *J Nutr* 2005, 135, pp.151-154.

밀려나게 되었다.[124)]

죽은 조선시대 《국조오례의》에서 "상례 때는 슬픔에 지쳐서 밥을 먹을 수 없으니 죽을 먹어라"고 했다.[125)] 《국조보감》 '명종3년(1548)'조에는 "흉년이 들자 나라에서 동서에 진제장(賑濟場)을 설치하고, 상평창(常平倉)을 열어 굶주린 백성들에게 죽을 쑤어 먹였다"고 기록했다.[126)] 또한 《산림경제》[127)]에서는 "굶주려 죽게 된 사람에게는 먼저 장즙(醬汁: 간장)을 물에 타서 마시게 한 다음 식은 죽을 주고 그 다음에 점점 죽과 밥을 주어야 한다"고 했다. 이처럼 죽은 조선시대에는 구황식(救荒食) 혹은 구료식(救療食)으로도 쓰였다. 한편 궁중에서는 죽은 평상시에는 초조반상에 올려지기도 했으나 국상이 나면 왕비나 왕족은 죽으로 연명하기도 했다.[128)]

맹현의 죽에는 흰죽, 타락죽, 흑임자죽, 깨죽, 잣죽, 팥죽, 녹두죽, 굴죽, 아욱죽, 콩죽, 묵물죽 등이 있다. 흰죽은 흰쌀을 불려 참기름으로 볶다가 물을 부어 끓인 죽으로 그 맛이 고소하고 담백하여 죽 가운데 기본이다. 《증보산림경제》[129)]에 "흰쌀죽을 쑤는 데는 늦벼쌀이 으뜸이고 돌솥에 쑤는 것이 가장 맛있다"고 했다. 맹현에서는 또한 가까운 사람들의 상사(喪事)로 인해 문상을 갈 때에는 상주들을 위로하기 위해 녹두죽을 쑤어 가기도 했다.

---

124) 조혜정 외, 〈호박죽의 재료와 배합비 변화에 따른 기호도 연구〉, 《한국조리과학회지》 1996, 12(2): 146쪽.

125) 신혜승·조은자, 〈문헌 속에 나타난 죽의 분석적 고찰〉, 《한국식생활문화학회지》 1996, 11(5): 609쪽.

126) 〈이덕일의 古今通義—가난을 헤아림〉, 중앙일보 2011.12.9, 33면.

127) 홍만선, 《국역 산림경제 2》[1715년경], 민족문화추진회 역, 민족문화문고간행회, 1986, 107쪽(이하 《국역 산림경제 2》).

128) 한복진, 《조선시대 궁중의 식생활문화》, 153쪽.

129) 유중림, 《증보산림경제》[1766], 이강자 외 역, 신광출판사, 2003, 58쪽(이하 《증보산림경제》).

깨죽 · 흑임자죽

어머니는 생전에 아버지에게 깨죽을 만들어 드리곤 하였다. 맹현의 깨죽은 참깨와 멥쌀을 물에 불려 맷돌에 수저로 번갈아 가며 넣고 물도 넣어 주면서 갈아 체에 걸러서 끓였다. 흑임자죽도 이와 같이 만드는데 꿀과 함께 먹었다. 깨죽은 흰죽 · 잣죽 · 타락죽 · 흑임자죽 · 행인죽 등과 함께 궁중에서 초조반상에 오르던 음식이다.[130)]

깨죽은 조선시대 고 조리서 및 최근의 조리서에 잘 소개되어 있지 않다. 《조선요리제법》(71-72쪽)에 깨죽이 나오는데, "흑임자 두 보시기에 쌀은 한 보시기를 하나니 이것을 각각 씻어 물에 불려가지고 맷돌에 갈되 쌀 한 숟가락 넣고 갈다가 깨 한 숟가락 넣고 갈고 계속하여 번갈아 가며 넣어 갈아서 체에 밭쳐가지고 솥에 붓고 끓인다"고 했다. 흑임자죽을 '깨죽'이라 했다. 한편 《한국민속종합조사보고서》[131)]에 깨죽이 나오는데, "깨를 씻어 잠깐 볶은 것을 물과 함께 갈아서 체로 밭쳐서 펄펄 끓인다. 불린 쌀을 일어 갈아 밭인 것을 깨가 끓기 시작할 때 함께 넣어서 한소끔 끓인 후 소금을 넣어 식힌다"고 했다. 깨를 볶아서 갈은 뒤 끓이다가 쌀을 갈아 넣어서 끓였다.

깨죽 · 흑임자죽의 원료인 참깨 · 흑임자는 다음과 같은 다양한 생리활성을 갖는다.

참깨 · 흑임자

깨죽 · 흑임자죽의 원료인 참깨는 지마(芝麻) · 진임자(眞荏子)라고 한다. 참깨는 불포화지방산인 올레산 · 리놀레산(oleic acid · linoleic acid)과 필수아미노산인 루이신 · 글루타민산(leucine · glutamic acid)을 함유한다.[132)] 특히 필수지방산인 리놀레산 함량이 높은데 이는 생체 내에서

130) 한복진, 《조선시대 궁중의 식생활문화》, 153쪽.
131) 윤서석, 《한국민속종합조사보고서 제10집—서울편》, 279쪽.
132) 유수노 외, 〈참깨의 품질평가 현황과 전망〉, 《한국작물학회지》 2002, 47: 140-149쪽.

세포막의 주요 구성성분이기도 하다. 또한 콜레스테롤을 제거하여 혈관세포를 재생시키므로 혈관계질환의 환자에 좋은 것으로도 알려지고 있다.[133] 한편 참깨에 들어 있는 리그난(lignan) 성분의 일종인 세사몰린(sesamolin)은 가열되면 열분해되어 세사몰(sesamol)이 생성된다. 세사몰은 강력한 항산화 효과를 나타내는데, 참기름의 산화 안정성은 이 물질에 의한 것이다. 또한 세사몰린으로부터 유래한 세사미놀(sesaminol)은 활성산소에 대한 생체방어 작용, 동물의 노화억제 효과 등의 건강기능성을 가지므로 중요한 식재료로 각광받고 있다.[134]

흑임자의 주성분은 지질과 단백질이며 식물성 지방은 거의 올레산·리놀레산 등의 불포화지방산으로서 참깨와 같이 콜레스테롤 수치를 떨어뜨리고 동맥경화 방지에도 효과적이다. 비타민 B군과 항산화능이 강한 세사미놀이 함유되어 있어 혈액이나 세포막 등에 있는 지방의 산화억제력이 강하다.[135]

타락죽

타락죽은 멥쌀가루에 우유를 넣고 끓인 죽으로 낙죽(酪粥) 혹은 우유죽이라고도 한다. 조선시대에는 임금의 병에는 약방에서 낙죽을 올렸으며, 근신·대신의 병에 왕의 명으로 우유를 특사하여 죽용(粥用)에 쓰도록 했다.[136]

맹현의 타락죽(사진 14)은 먼저 멥쌀가루를 말린 다음 뜨숫에 기

---

133) 김형수, 《식품화학》, 수학사, 1985, 298쪽.

134) 최춘언, 〈참기름 및 들기름의 역사와 과학〉, 《한국조리과학회지》 1998, 14(3) 추계심포지움: 448, 450쪽.

135) 박정리 외, 〈쌀가루의 종류와 농도를 달리한 찐 흑임자 첨가 흑임자죽의 품질 특성〉, 《한국식품조리과학회지》 2007, 23(6): 919-929쪽.

136) 한국민족문화사편찬부, 《한국민족문화대백과사전 7》, 한국정신문화연구원, 1991, 324-325쪽.

왓장을 얹고 가마솥 뚜껑을 엎어 놓고 한지를 깐 뒤 그 위에서 멥쌀가루를 약간 노르스름하게 볶는다. 볶은 멥쌀가루에 우유를 넣고 끓여서 타락죽을 만든다. 타락죽은 멥쌀가루를 볶는 과정에서 쌀에 들어 있는 당류와 아미노산 및 단백질 사이의 상호반응으로 인하여 소위 갈색화반응이 일어나 색깔이 노르스름하게 변하고 좋은 냄새를 낸다. 필자는 타락죽에 대한 일련의 연구를 수행한 바 있는데 타락죽의 고소한 맛은 이처럼 멥쌀가루를 볶는 데서 유래한 것임을 알 수 있었다.[137)]

타락죽은 대부분의 조리서에서는 멥쌀가루를 볶지 않았다. 《규합총서》(62쪽)의 우유죽은 "쌀을 담갔다가 무리를 정하게 갈아 밭치고, 생우유가 한 사발이면 무리는 다소 적게 섞는다. 묽고 되기는 잣죽 무리심만치 하여 먼저 쑤다가 반쯤 익으면 우유를 부어 섞어 쑨다. 이것이 내의원의 우유죽 쑤는 법이다"라고 했다. 《조선왕조 궁중음식》(황혜성, 66쪽)에서도 쌀을 불려 갈아 체에 밭쳐 물을 붓고 끓이다가 우유를 조금씩 넣어 끓였다. 반면 《한국의 맛》(64쪽)에서는 "물에 불린 쌀을 그늘에 말려 가루로 만들어 볶은 다음, 물에 개어 끓이다가 우유를 넣고 끓인 죽이다"고 했다. 쌀을 그늘에 말린 뒤 쌀가루로 만들어 볶았으며 물에 개어 끓이다가 우유를 넣었다. 또한 타락죽 만드는 데 찹쌀가루를 쓰기도 했다.

우유는 고려시대에는 우유소(乳牛所)에서 만들어졌으며 조선시대에 계승되어 그 이름을 타락색(駝酪色)이라 했다. 이는 그 위치가 동대문에 걸치는 동산(東山) 일대로 타락산 또는 낙산이라 하였던 데서 비롯되었다. 또 충무로 일대에는 낙동이라 부르는 동네가 있었는데

---

137) 이귀주 외, 〈볶음조건에 따른 멥쌀가루의 이화학적 특성 및 타락죽의 품질특성〉, 《한국식품과학회지》 2003, 35(5): 905-913쪽.

타락골·타락동으로도 불려졌으며 우유를 파는 집들이 있었다.[138]

한편 궁중에서는 내의원에서 음력 10월 1일부터 정월까지 우유를 만들어 궁중에 진상했는데, 《영조실록》 영조25년(1749)[139]에 "임금은 암소 뒤를 송아지가 따라가는 것을 보고 가엽게 여겨서 우유를 바치지 말라"고 했다. 영조44년(1768)[140]에는 "밭갈이가 가까우니 우유를 바치는 것을 중지하고 그 소를 원 고장으로 보내어 농사를 돕게 하라"고 기록되었다.

팥죽

맹현의 팥죽은 붉은 팥에 물을 넉넉하게 넣고 삶아 체에 밭쳐 가라앉힌다. 웃물만 따라내고 불린 쌀을 넣고 끓이다가 가라앉은 앙금을 넣고 다시 끓인다. 찹쌀가루를 끓는 물로 익반죽하여 옹심이를 만들어 죽이 끓을 때 넣어 끓인다. 새알심이라고도 했다.

팥죽은 아세(亞歲: 작은 설)인 동지(冬至)에 먹거나 정월 보름이나 복날에 먹기도 했다. 고려시대 시인 이색은 '팥죽'이라는 다음과 같은 시조를 남겼다.[141]

동지에 시골풍속/팥죽을 되게 끓여
차름차름 담으면/빛깔도 고을시고
집집마다 서로서로/팥죽을 보내니
백발의 늙은이도/흐뭇이 기뻐하네

---

138) 서울특별시편찬위원회, 《서울육백년사—민속편》, 361쪽.
139) 한국고전종합DB, 《조선왕조실록—영조실록》, 〈영조70권〉, '25년, 10월 辛巳', 한국고전번역원, 1993.
140) 위의 자료, 〈영조110권〉, '44년, 정월 辛丑'.
141) 조선의 민속전통 출판위원회, 《조선의 민속전통 1—식생활풍습》, 47쪽.

《임원십육지》[142] 〈본초강목〉 '죽기(粥記)'에서는 "매일 아침 일찍 일어나서 죽 한 대접을 먹었다. 공복에 위가 허한 상태에서 곡기가 바로 작용하여 보(補)하는 바가 적지 않다"고 했다. 아침 대용식으로서 죽의 효능을 말해 주고 있다. 오늘날 죽은 병원의 환자식, 노인식, 이유식, 다이어트식 혹은 별미음식 등으로 정착되어 가고 있다.

미음

맹현의 미음은 쌀미음과 좁쌀미음이 있다. 쌀미음은 흰쌀에 물을 많이 넣어 오래 고아서 체에 밭친다. 좁쌀미음은 멥쌀과 메조를 넣어 쌀미음과 같이 만든다. 소금이나 진한 간장을 쳐서 먹는다. 《이조궁정요리통고》(156-157쪽)에 의하면 "메조와 멥쌀로 조미음을 만들어 소금 간을 하고 식기 전에 설탕과 생강즙을 타서 먹는다. 반면 차조·대추·황률·찹쌀로는 차조미음을 만들어 소금으로 간을 하여 먹는다"고 했다.

한편 《규합총서》(63쪽)와 《시의전서》(174쪽)에는 북해삼·홍합·쇠고기와 찹쌀로 만든 삼합미음(三合米飮)이 나오는데, "미음을 밭쳐 삼년 묵은 검은 장을 타 먹으면, 노인과 어린이의 원기를 크게 보하고 병든 사람에게 유익하다"고 했다.

수란

맹현의 수란(사진 15)은 국자에 참기름을 두르고 달걀을 깨어 넣는다. 끓는 물 위에 국자 밑이 닿을 정도로 올려놓아 달걀 흰자위 부위부터 익힌다. 달걀 흰자위가 익어 가면서 노른자위를 덮으면 국자를 끓는 물속으로 잠시 넣었다가 건져서 그릇에 담는다. 맹현에서는 수란

142) 서유구, 《임원십육지》[1827], 〈정조지〉, 이효지 외 역, 교문사, 2007, 236쪽(이하 《임원십육지》).

은 타락죽과 함께 아침 식사에 올랐다. 수란은 궁중에서 왕의 수라상·진어상에 오르던 음식이다.[143)]

《주방문》[144)]에서는 "소금물을 간간하게 끓이면서 알을 깨서 가만가만 쏟아 넣고 채 익지 아니하여 떠 쓴다. 소금물 분량은 알 하나에 간간한 염수를 제 껍질로 셋 꼴로 쓴다"고 했다. 지금처럼 수란기를 사용하지 않고 끓는 소금물에 알을 직접 넣어 반숙했다. 반면《시의전서》(193쪽)에서는 "수란 잔에 계란을 쏟아 끓는 물에 넣어 반숙되면 냉수에 담가 건져서 가장자리를 가지런히 정리하여 접시에 담는다. 수란봉 위에 실고추와 청파를 가늘게 썰어 열십자로 얹고 잣가루를 뿌려 쓴다. 또한 "수란잔에 기름을 조금 치고 떠야 붙지 않는다"고 했다.

원미

맹현의 원미는 싸라기로 죽을 쑤어 과하주를 넣고 꿀을 타고 해서 여름에 입맛 없을 때 먹는다.《시의전서》(175쪽)에서는 소주원미(燒酒元味)가 나오는데, "백비탕을 끓이다가 굵게 간 원미쌀을 넣는데 묽고 되기는 된 죽처럼 쑨다. 죽을 그릇에 담아 소주와 흰 빛깔의 좋은 꿀을 타서 쓰는데 소주는 주량대로 가감한다"고 했다.《한국의 맛》(55-56쪽)에서는 "불린 쌀을 분마기에 넣고, 쌀알이 반쪽이 날 정도로 간다. 쌀을 갈 때 참기름을 한 방울씩 떨어뜨린다. 5배의 물을 붓고 죽을 쑨다. 여름에 꿀과 소주를 타서 차게 해 먹으면 좋다"고 했다.

---

143) 김용숙,《조선조 궁중풍속 연구》, 일지사, 1987, 406쪽.

144) 작자 미상,《주방문》[1600년대 말], 황혜성 역,《한국요리백과사전》, 삼중당, 1976, 541쪽(이하《주방문》).

(3) 범벅

범벅은 원래는 산악지방 서민들의 주식이며 서울에서도 열두 달에 따라 먹는 범벅의 이름을 노래한 범벅타령[145)]이 알려지고 있다.

범벅타령

正月에는 만두범벅	八月에는 수수범벅
二月에는 송편범벅	九月에는 호박범벅
三월에는 냉이범벅	十月무시루범벅
四月에는 쑥 범벅	十一月에는 팥죽범벅
五月에는 느티범벅	섣달에는 긴떡범벅
六月에는 보리범벅	이만하면 열두달
七月에는 밀범벅	범벅이 만족하구나

호박범벅

맹현에서는 호박범벅을 즐겨 먹었다. 호박범벅(사진 16)은 늙은 호박을 물을 넣고 끓이다가 밀가루·쌀가루·차조나 찰수수가루 등 곡식가루를 넣어 풀처럼 걸죽하게 끓인다. 일종의 죽으로 일명 풀떼기라고도 한다. 늙은 호박을 완전히 물러질 정도로 끓이다가 가을에 나오기 시작하는 넝쿨콩(울타리콩)·서리태풋콩·동부를 넣고, 어느 정도 끓으면 찰수수가루 반죽을 넣어 걸죽하게 한 후 소금으로 간하여 먹는다. 노란색의 호박과 각양각색의 콩이 붉은색의 수수와 함께 어우러진 영양식이다. 가을부터 시작하여 겨우내내 보양식으로 손색이 없는 귀한 음식이다. 이러한 범벅이 왕의 탄일다례상 발기(件記)[146)]에 나오는 것을 보면 궁중이라고 해서 모두 귀한 음식만 올린

145) 정혜경·안정혜,《서울의 음식문화—영양학과 인류학의 만남》, 67쪽.
146) 김용숙,《조선조 궁중풍속 연구》, 406-409쪽.

것은 아니었다고 생각된다.

늙은 호박은 비타민 A·C 및 비타민 A의 전구체인 카로틴과 무기물·식이섬유·전분·자당·포도당 등이 풍부하게 들어 있어 영양학적으로 뛰어나다. 이뇨작용과 부종완화 및 항암효과 외에도 다양한 약리적 효과를 갖는 것으로 알려지고 있다.[147] 특히 호박범벅에 넣는 콩류는 다양한 생리활성을 갖는 것으로 알려지고 있어 각광받는 식재료이다.

(4) 국수

국수는 생일, 혼례, 빈례 때 쓰이는 특별 음식의 하나이다. 길게 이어진 국수 모양은 생일에는 수명이 길기를 기원하고, 혼례 때는 결연이 길기를 기원하는 뜻을 담았다.[148] 국수에 대한 언급은 고려 말기에 처음으로 보인다. 《용비어천가》[149]에 장수 최영이 "나는 국수를 마련할 터이니 공은 반찬을 하시구려"라고 한 것을 보면 손님을 대접할 때 국수와 반찬을 분담하여 준비하였음을 알 수 있다. 또한 《고려도경》〈제22권 향음〉[150]에 의하면 "나라 안에 밀이 적어 장사치들이 경동도(京東道)[151]로부터 사오므로 면(麵) 값이 대단히 비싸서 큰 잔치가 아니면 쓰지 않는다"고 했다. 국수가 귀한 음식이었음을 알 수 있다.

맹현에서는 콩국수, 메밀국수, 맑은장국수, 제물국수, 수제비, 냉면 등이 있다.

---

147) 조재선, 《식품재료학》, 기전연구사, 1982, 162쪽.

148) 윤서석, 《한국민속대관 4—세시풍속·전승놀이》, 고려대학교 민족문화연구소, 1982, 418쪽.

149) 정인지 외, 《역사로 읽는 용비어천가》[1447], 〈권8, 65장〉, 김성철·김기엽 역, 들녘, 1997, 305쪽(이하 《역사로 읽는 용비어천가》).

150) 《국역 고려도경》, 135쪽.

151) 송대(宋代)의 변경에서부터 산동성·하남성까지의 전역을 가리킨다.

콩국수

맹현의 콩국수(사진 17)는 밀가루를 반죽하여 칼국수를 만들고 콩국을 부어 만든 음식이다. 쫄깃쫄깃한 국수의 질감과 고소한 콩국의 맛이 어우러진 한여름의 별식이다. 콩국수는 콩을 삶는 과정이 중요한데, 덜 삶으면 콩비린내가 나고 너무 오래 삶으면 고소한 맛이 없어진다. 삶은 콩은 맷돌에 갈아 체에 밭쳐서 콩국수를 만든다. 요즈음은 콩에 볶은 깨 등을 섞어서 콩국수를 만들기도 한다. 콩국수를 만들고 남은 비지는 김치를 썰어 넣어 비지찌개를 만들어 먹는데 그 맛이 또한 구수하다.

메밀국수

맹현의 메밀국수(사진 17)는 메밀가루를 뜨거운 물로 익반죽해 국수틀에서 눌러 가마솥 안 끓는 물 아래로 떨어지게 해서 익힌다. 건져서 냉수에 넣어 면을 만든다. 양지머리를 삶아 만든 뜨거운 육수에 면을 넣어서 토렴을 하고 다시 뜨거운 육수를 붓는다. 그 위에 달걀지단과 석이를 채 썰어 얹고, 고기도 양념하여 볶아 얹어 장식한다. 모밀국수라고도 한다.

국수는 맹현에서는 장국상(면상)을 차려 점심에 빈객을 접대하기도 했다. 또한 혼례와 같은 경사스러운 날의 잔칫상에 빠지지 않는 귀한 음식이었다.

오늘날 국수의 주재료는 밀가루이지만 조선시대의 조리서인 《주방문》, 《음식디미방》, 《증보산림경제》, 《시의전서》에서는 메밀가루가 으뜸가는 국수 재료였다. 메밀은 백면(白麵), 목면(木麵), 목맥면(木麥麵) 등으로 이들 옛 조리서에 소개되어 있다.

《증보산림경제》(76쪽)에 따르면 국수는 크게 두 가지 방법으로 만든다. 하나는 녹말과 냉수를 잘 섞는다. 별도로 송곳구멍을 낸 표주박을 만들어 끓는 물 위에 들고서 녹말즙을 표주박 안에 부으면 그 즙이 각 구멍으로 흘러 내려가 끓는 물에 매우 가늘게 서려져 들어가 면이 만들어진다. 곧 꺼내어 냉수에 넣는다. 이렇게 만든 국수를 '실국수[絲麵]'라 한다. 세면·누면(漏麵)이라고도 한다. 다른 하나는 메밀가루를 만들어 물과 반죽한 뒤에 칼로 썰어 칼국수를 만든다.

메밀가루 반죽은 《음식디미방》(78쪽)에서는 "메밀가루에 녹두녹말을 섞어 더운 물에 눅게 말아 누르면 빛이 희고 좋은 면이 된다"고 했다. 《주방문》(540쪽)에서는 "메밀가루를 찹쌀 끓인 물로 반죽하면 질겨서 좋다"고 했다. 메밀은 국수 이외에도 메밀묵 또는 메밀만두를 만들기도 했다.

한편 메밀국수는 서울지역에서는 뜨거운 장국에 말아 먹으나, 지역에 따라서 평안도의 평양냉면, 강원도의 막국수 등은 냉면으로 먹는다. 맹현에서는 양지머리 혹은 꿩고기를 삶아 육수를 내어 동치미 국물과 섞어서 시원한 냉면 육수를 만들어 냉면으로 먹기도 했다. 꿩살은 양념하여 볶아서 웃기로 얹었다.

《시의전서》에는(187쪽) 냉면 만드는 법 두 가지가 나온다. 하나는 "나박김치나 동치미국에 말고 위에 양지머리·배·좋은 배추·통김치를 다져 얹고 고춧가루와 잣을 얹는다"고 했다. 다른 하나는 '장국냉면'이라 하여 고기장국을 끓여 식힌 다음 국수를 만다. 오이 혹은 호박은 채 쳐 절인 후 짜서 살짝 볶아 깨소금·고춧가루·유장에 무친다. 양지머리·실고추·석이·계란채를 얹어 만들었다. 《부인필지》[152]에서도 "동치미국에 국수를 말고 무·배·유자를 얇게 저며 넣고 제육을 썬다. 계란을 부쳐 채 쳐 넣고 후추·배·잣을 넣는다"고 기록되었다. 우리 조상들이 냉면을 즐겨 먹었음을 알 수 있다.

---

152) 빙허각 이씨, 《부인필지》[1915], 황혜성 역, 《한국요리백과사전》, 삼중당, 1976, 573쪽(이하 《부인필지》).

메밀

메밀은 예로부터 꽃은 백색, 잎은 녹색, 줄기는 적색, 열매는 흑색, 뿌리는 황색으로 5색을 갖춘 오방지영물(五方之靈物)이라 하여 귀히 여겼다.[153)]

메밀가루는 단백질 함량이 13% 정도로 많은 편이다. 그러나 밀가루처럼 반죽의 점탄성에 관여하는 글루텐을 형성하는 단백질이 적어서 미지근한 물로 반죽하면 쫄깃한 면발을 만드는 것이 어렵다. 따라서 시중에서 메밀국수는 전통적인 방법으로 메밀분에 밀가루 또는 옥수수전분과 섞어서 뜨거운 물로 익반죽하여 반숙면을 만든다. 면은 건조과정을 거치지 않고 즉시 조리하여 사용하고 있다.[154)]

메밀은 미국과 러시아에서는 주로 사료로 이용되고 있다. 동유럽에서는 수프로, 캐나다에서는 팬케이크(pancake)로, 이탈리아에서는 마카로니·스파게티의 형태로 만들어 먹는다. 메밀을 가장 많이 섭취하는 나라는 일본일 것이다. 소바(soba)라는 국수 형태의 기호식품으로 대중화되어 있다.[155)]

메밀은 루틴(rutin)이라는 생리활성 물질을 함유하고 있다. 루틴은 혈관의 비정상적 투과로 인하여 생기는 모세혈관계 질환의 치료제·동맥경화증 예방제나 혈압강하제로 알려져 있다.[156)] 루틴은 요즘 각광받고 있는 콩 속에 들어 있는 생리활성물질로 알려진 이소플라본(isoflavone)과 함께 플라보노이드(flavonoid)에 속하는 일종의 폴리페놀(polyphenol) 화합물이다.

---

153) 의남생, 〈춘천 막국수〉, 《춘천문화》 1988, 제3호: 47쪽.
154) 김용순·김형수, 〈메밀가루와 밀가루 복합분의 건면 제조시험〉, 《한국영양학회지》 1983, 16(3): 147쪽.
155) 정지영·김창순, 〈메밀빵제조—2. 활성 글루텐과 수용성 gum 물질이 메밀장 특성에 미치는 영향〉, 《한국조리과학회지》 1998, 14(2): 168쪽.
156) 최혜선 외, 〈메밀을 이용한 속성장의 품질특성〉, 《한국식품과학회지》 2011, 43(1): 77쪽.

(5) 떡국·떡볶이·만둣국

설날에 차리는 음식을 세찬(歲饌)이라 한다. 가장 보편적인 것은 흰 가래떡으로 떡국을 끓여 먹는 것이다.[157] 설날에 떡국을 끓이는 풍습은 흰색의 음식으로 새해를 시작함으로써 천지만물의 신생을 의미하는 종교적 뜻이 담겨 있다.[158] 또한 가래떡을 둥글게 써는 이유는 둥근 모양이 엽전의 모양과 같아 그 해에 재화가 풍족해지기를 바라는 기원이 담겨져 있다.[159]

떡국·떡볶이

맹현에서는 설날에 양지머리 국물을 내어 떡국을 만들고 편육도 만들어 상에 올렸다. 특히 내장찜을 함지박에 많이 만들어 놓고 놋국자로 퍼서 정월 초하루 빈객에게 내놓는 떡국의 고명으로 얹었다. 떡국에는 다진 쇠고기를 갖은 양념하여 볶아서 황백지단과 함께 얹어 냈다. 혹은 민어산적 등 산적을 얹기도 했다.

맹현에서는 설날에 또한 양지머리 국물에 떡과 편육을 넣고 함께 끓여서 떡볶이를 만들어 떡국과 함께 올리기도 했다. 떡볶이는 편육 대신 쇠고기를 갖은 양념하여 물을 넣고 무와 함께 끓인다. 이어서 느타리버섯·목이버섯·움파·숙주와 떡을 차례로 넣어 국물이 바특하게 끓인다. 석이버섯·황백지단·실고추를 채 썰어 장식하여 내놓는다.(사진 8, 사진 19)

1800년대 말엽 《시의전서》(179쪽)에 의하면 떡볶이는 "다른 찜과 같이 하되 잘 된 흰떡을 탕무우처럼 썰어 약간 볶는다"고 했다. 일종의 찜으로 보고 있다. 《이조궁정요리통고》(105쪽)에서는 "쇠고기

157) 《열양세시기》, 〈정월〉, 142-143쪽.
158) 최남선, 《조선의 상식》[1946], 최상진 역, 누리미디어, 2007, 106쪽.
159) 조후종, 《세시풍속과 우리음식》, 한림출판사, 2002, 41쪽.

는 부드럽게 다져 갖은 양념한다. 숙주와 미나리는 살짝 데쳐 놓고 표고·당근·옥총·애호박·오가리 등은 채로 썰어서 참기름에 따로 따로 볶아 놓는다. 흰떡은 4cm 길이로 자르고 다시 4절 해 끓는 물에 삶는다. 쇠고기 잰 것을 볶다가 흰떡 삶은 것을 한데 넣고 쇠고기와 함께 버무린다. 흰떡에 고기 간이 배면 볶아 놓은 채소들을 함께 넣고 간을 맞춰 국물기를 적게 해 볶는다. 알지단을 채로 썰어 얹는다"고 했다. 이처럼 맹현을 비롯한 이전의 떡볶이는 고추장을 넣지 않아 맵지 않았다.

2) 부식

(1) 국

《삼국사기》〈고구려본기 제5〉'동천왕(227)'조(354쪽)에 국에 대한 이야기가 나오는 것을 보면 우리 조상들은 일찍부터 국을 먹은 것으로 보인다. 또한 조선시대 반상의 상차림은 3첩에서 12첩으로 나누는데 국은 첩 수에서 제외되는 것으로 보아 일상식의 기본이라 하겠다. 국은 우리나라에서는 예전부터 갱(羹), 확(臛), 탕(湯)으로 부르기도 했다.[160)]

맹현에서는 이른 봄에 냉이국, 소루쟁이국을 끓인다.

냉이국·소루쟁이국

냉이는 씻어서 그대로 혹은 밀가루를 묻혀서 마른 새우를 넣고 쌀뜨물에 된장을 풀어 국을 끓인다. 소루쟁이국도 이와 같이 끓이는데 고추장도 조금 넣는다. 《조선무쌍신식요리제법》(119쪽)에서는 "모시조개도 넣고 햇파도 섞어 끓이면 좋다"고 했다. 황합(黃蛤: 모시조개)

160) 이성우, 《한국요리문화사》, 95쪽.

은 "2월에 캐서 먹는데 혹 익힐 때 지나치면 살이 떨어져서 좋지 않다. 소화가 잘 되고 혈압을 내린다"고 기록되었다(《산림경제》, 527쪽). 한편 소루쟁이는 《증보산림경제》(142쪽)에서 "가을에 늙은 잎을 취해 묶어 음지에 걸어 두었다가, 겨울이 되면 끓는 물에 데쳐 굵은 줄기는 버리고 하루 정도 물에 담근 뒤 물을 짜내고 고기 넣고 국을 끓이면 좋다"고 했다. 김장 때 무청을 엮어 말리듯 한다. 소루쟁이는 국을 끓여 수시로 먹으면 고질적이고 심한 변비와 치질을 치료할 수 있다. 또한 오래 먹으면 장이 깨끗해지고 피가 맑아지고 살결이 고와지며 피부병이 생기지 않는다"고 한다.[161]

봄에는 조기국과 복국을 끓였다. 《경도잡지》 〈권1 풍속〉에서는(184쪽) 복어국은 "복숭아꽃이 떨어지기 전에 먹는다"고 했다. 또한 모시조개와 된장을 넣어 시금치국 혹은 쑥국도 끓였다.

쑥국

맹현의 쑥국[艾湯]은 된장을 풀거나 혹은 양지머리 국물에 달걀을 풀어 넣어 끓였다. 쑥국은 맑은 장국으로 끓이기도 한다. 1670년경의 조리서인 《음식디미방》(99쪽)에서는 "정 이월 사이에 쑥을 뜯어 간장국에 달이고 꿩고기를 다져 넣고 달걀에 기름을 넣어 마른 비웃(청어)을 잘게 뜯어 넣어 끓인다. 맛이 있다"고 했다. 1800년대 말 《시의전서》에서는(183쪽) "움으로 돋아난 것을 뜯어다 씻어서 한 줌 정도만 다진다. 황육도 한 줌만 되게 다져 쑥과 합한다. 유장 양념을 갖춰 넣어 주무른 다음 밤만 하게 환을 만들고 장국이 팔팔 끓거든 계란을 묻혀 넣는다. 복어 껍질도 깨끗이 발라 한데 넣어 끓인다"고 했다. 또한 "환을 만들지 않고 쑥과 고기 다진 것을 혼합하였다가 장국 끓을

---

161) 최진규, 〈먹을 수 있는 야생 약초〉, 《한국식물·인간·환경학회지》 2002, 5(1) 춘계심포지움 특집호: 13쪽.

때 수저로 똑똑 떠 넣으면 동동 뜬다"고도 했다.

여름에는 된장을 풀어서 애호박이 맺힌 호박잎을 그대로 넣어 호박국을 끓인다. 또 풋배추겉대(겉의 잎)를 슬쩍 삶아서 우거지국을 끓인다. 또한 오이냉국이나 미역냉국을 먹기도 했다.

미역냉국

맹현의 미역냉국은 생미역을 물에 씻어 끓는 물에 살짝 데쳐서 줄기는 버리고 적당히 자른다. 고기는 채 썰고 오이와 당근은 반으로 잘라 다시 얇게 썬다. 파는 가늘게 어슷어슷 채 썰어 모두 갖은 양념하여 볶는다. 식힌 다음 미역을 함께 버무려 집간장·식초·설탕으로 조미하고 냉수를 부어 냉국을 만든다. '창(暢)국'이라고도 하는데 한여름에 입맛을 새롭게 하는 음식이다. 미역냉국은 《조선요리법》[162]에서는 "미역은 잘게 찢고 고기는 연한 살로 하여 다져서 양념하여 볶는다. 간장·초를 간 맞게 치고 실파를 곱게 썰어 넣고 고춧가루 쳐서 뒤적여 놓는다. 물을 적당히 붓는다"고 했다. 미역창국이라 했다. 《한국의 맛》(108쪽)에서는 "불린 미역과 쇠고기를 함께 볶아 식힌다. 끓여서 식힌 물에 간장을 타서 국물을 만들어 차게 한 다음 붓는다"고 했다.

한편 맹현에서는 1년 중 더위가 가장 심한 삼복더위에 육개장을 끓인다.

육개장

맹현의 육개장은, 양지머리는 찬물에 담가 핏물을 빼고 삶아 건져 찢는다. 대파는 적당한 길이로 툭툭 잘라 끓는 물에 데쳐 건진다. 고기

162) 조자호, 《조선요리법》, 광한서림, 1938, 31쪽.

와 함께 섞어 갖은 양념하여 다시 육수에 넣어 끓인다. 고춧가루를 먼저 넣고 고추장은 나중에 넣는다.

육개장은 조리서에 따라 재료가 다양하다. 《시의전서》에 의하면(183쪽) "정육과 홀떼기·부아·창자·양을 튀하고, 전복·해삼을 물을 많이 붓고 무르게 삶아 건진다. 고기는 찢고 다른 것은 모두 골패짝처럼 썬다. 파·미나리를 살짝 데쳐서 잘라 넣고 갖은 양념과 유장에 간을 맞추어 주무른 다음 무르게 끓인다. 완자도 넣고 계란을 얇게 부쳐 썰어 넣는다"고 했다. 살코기와 내장 등 여러 부위의 육류뿐 아니라 전복·해삼을 넣었으며 고춧가루는 넣지 않았다. 《조선요리제법》(8쪽)에서는 "육개장은 곰국과 같은 것이다. 먼저 파를 물에 데쳐서 꼭 짜가지고 한 치 길이씩 썬다. 쇠고기, 양, 곤자소니, 창자, 허파 이 다섯 가지를 솥에 넣고 맹물에 한참 삶았다 익은 후에 건진다. 고기는 손으로 잘게 뜯어 파와 함께 담고, 다른 것들은 칼로 잘게 썰어 담아서 간장·기름·깨소금·후춧가루로 간 맞춘다. 다시 고기 삶은 물에 넣고 한참 끓여서 먹는다"고 했다. 육개장에 전복·해삼과 고춧가루를 넣지 않았다. 한편 《조선무쌍신식요리제법》(98쪽)에서는 "갖은 고기 즉, 홀떼기·광대머리·무릎도가니·사태·쇄악갈비·대창·곱창·양·곤자소니·이자·지라·허파를 삶아서 썬다. 간장·기름·깨소금·후춧가루로 간을 하여 주물러 섞는다. 고기 삶은 물에 다시 넣고 한참 끓여서 먹는다"고 했다. 또한 "매운 고추장을 함께 버무려 끓여도 좋다"고 한 것을 보면 반드시 맵게 끓였던 것은 아니었다고 생각된다.

육개장에 고춧가루와 고추장을 넣은 것은 1938년도 조리서인 《조선요리법》(154쪽)에 나온다. "갖은 곰거리를 푹 무르게 고아서 잘 무르거든 고기를 가늘게 썰거나 찢는다. 데친 파와 함께 갖은 양념을 하는데 고춧가루를 쳐서 빛을 내고 빛이 안 나거든 고추장을 조금 섞는다"고 했다.

한편 조선시대에는 삼복에 개장[拘醬]을 먹었다. 1700년대 말 세시기인 《경도잡지》(226쪽)에는 "개고기를 총백(파의 밑동)에 섞어 삶아 국을 끓여 고춧가루를 뿌린다. 흰밥을 말아서 먹고 땀을 흘리면 더위를 제거하고 허한 것을 보강할 수 있다"고 했다. 개장은 지금도 삼복에 즐겨먹는 사람이 많다. 개장국이 서민의 복날 음식이었다면 양반층에서는 육개장을 먹었다고 한다.[163]

가을에는 토란국, 아욱국, 배추속대국, 솎음배추국을 먹는다.

토란국 · 아욱국

토란국은 먼저 토란 껍질을 벗겨서 끓는 물에 데친다. 생토란의 아린 맛을 제거하기 위해서이다. 양지머리를 삶아 국물을 내고, 꺼내어 도톰하게 썬다. 데친 토란과 함께 갖은 양념하여 다시 넣어 끓인다. 토란국은 추석의 시절음식으로 중국에서도 중추절에 토란을 먹는다. 악을 물리치고 재앙을 없애 준다는 뜻을 담고 있다. 또한 사악한 것을 불신하는 의미도 있다고 한다.[164]

아욱국[葵湯]은 쌀뜨물을 받아 된장을 풀고 마른 새우를 넣어 끓인다. 1767년경의 《증보산림경제》(140쪽)에서도 "잎 채로 연한 줄기를 꺾어서 껍질을 제거하고 장을 넣고 푹 끓인다. 마른 새우가루를 첨가하면 더욱 좋다"고 했다. 반면 1917년 조리서인 《조선요리제법》(13쪽)에서는 "된장과 고추장을 흠백 섞어 넣고 물은 간 맞추어 붓는다. 기름기 고기를 썰어 넣고 마른 새우를 조금 넣어 끓인다"고 했다. 아욱국은 가을에 심어 서리 내리기 전에 먹는 아욱이 대단히 맛이 좋다고 한다.[165]

---

163) 강인희, 《한국식생활사》(제2판), 삼영사, 1990, 370쪽.
164) 이해원, 《중국의 음식문화》, 163쪽.
165) 이용기, 《다시보고 배우는 조선무쌍신식요리제법》, 119쪽.

배추속대국

맹현의 배추속대국은 허파·양·곱창·곤자소니 등 내장을 넣고 푹 고아서 꺼내어 국 건더기처럼 썬다. 마늘·후추·참기름으로 양념한다. 김장배추의 속대(노란 배추 속잎)를 씻어 길쭉하게 자른다. 배추속대를 넣을 때 된장을 풀고 배추속대가 흐물흐물할 때까지 넣고 끓인다. 배추꼬리도 함께 넣는데 예전의 배추꼬리는 그 맛이 달았다. 고추장은 오래 끓이면 텁텁해지므로 나중에 넣는다. 내 어린 시절 김장철에는 집집마다 몇 날을 두고 김장을 하곤 했다. 노란 배추 잎에 붉은 배추 소와 배추속대국은 어김없이 상에 올랐다. 배추속대는 '움'에 저장하였다가 겨울까지 먹었다.

배추속대국은《조선요리제법》(394쪽)에서는 "고기를 얇게 저며 썰고 파는 1치 길이로 잘라서 채 쳐 넣고 물에 된장을 풀어서 체에 밭쳐 붓는다. 배추속대를 긴 것만 두셋으로 잘라 넣고 끓인다"고 했다.《조선무쌍신식요리제법》(119쪽)에서는 배추속대국을 맑은 장국으로도 끓인다. 갖은 양념을 한 쇠고기를 물을 넣고 끓이다가 계란을 풀기도 한다. '숭심탕(菘心湯)'이라고도 한다. 한편 배추속대와 배추꼬리는 쇠고기를 다져 넣고 청장에 무르게 삶아서 속대찜을 만들기도 한다(《시의전서》, 179쪽).

배추는 비타민 A·카로틴·비타민 B1·비타민 C·섬유질 등의 영양성분뿐 아니라 독특한 생리활성 물질인 '글루코시놀레이츠(glucosinolates)'라는 화합물을 함유하고 있다.[166)]

겨울에는 시래기를 삶아 헹구어서 하룻밤 담가 우린 다음 꼭 짜서 된장, 마늘, 파 다진 것을 넣어 무친다. 된장을 풀어 멸치를 넣고 시래깃국을 끓인다. 시래기는 김장 때 무청을 짚에 엮어 매달아 말린

---

166) 심기환 외, 〈십자화과 채소의 가공 및 저장 중 glucosinolate의 분석과 그 함량 변화〉, 《한국영양식량학회지》 1992, 21(1): 43쪽.

다. 시래기는 끓는 물에 데쳐 말리면 푸른색을 띠나 그대로 걸어 놓아 누렇게 떠서 말린 시래기가 더 운치가 있다. 《조선무쌍신식요리제법》(183쪽)에서는 "시래기는 물에 삶아서 말갛게 빨아 줄거리 위에서부터 껍질을 벗기면 허물같이 벗겨진다. 엮어 달아 음지에 말린다"고 했다. 시래기는 껍질을 벗기면 부드러워져 국뿐 아니라 나물을 하면 귀한 음식이 된다.

맹현에서는 겨울에 또한 내장국, 곰국, 설렁탕을 끓였다.

곰국·설렁탕

내장국은 양지머리·사태·양(깃머리 혹은 벌집)·곱창·곤자소니·허파(부아)를 찬물에 담가 핏물을 빼고 무를 넣어 끓인다. 삶은 고기와 무를 도톰하게 썰어 양념하여 다시 넣고 끓인다. 이때 허파는 따로 삶아 섞고 삶은 허파는 허파전을 부쳐 먹기도 한다. 곰국은 우족·꼬리·반골·수지·갈비갓대·양·허파·우랑을 넣어 푹 고은 다음 도가니·양지머리를 넣어 끓인다. 지라는 따로 끓여 익힌 다음 썰어 넣는다. 지라편육으로 먹기도 한다. 설렁탕은 족·무릎도가니·사태 등을 넣어 끓인 다음 양지머리를 넣고 끓인다. 설렁탕은 조선시대 왕이 선농단에서 적전제(籍田祭)를 지내고 친경의(親耕儀)를 행한 후 먹는 국이라는 뜻인 선농탕(先農湯)에서 유래했다.[167] 곰국과 설렁탕은 소금·후춧가루에 대파를 어슷어슷하게 굵게 썰고 다시 가로로 썰어서 얹어 먹는다.

곰국은 고음국(膏飮)이라 하여 《시의전서》(183쪽)에 처음 나오는데, "다리뼈·사태·도가니·홀떼기·고리·양·곤자소니 이외에도 전복·해삼을 큰 솥에 물을 많이 붓고 뭉근하게 약한 불로 푹 고아야 국이 진

167) 이성우, 《한국요리문화사》, 111쪽.

하고 뽀얗다"고 했다. 반면 《조선무쌍신식요리제법》(99쪽)에서는 곰국은 "순전히 양지머리나 업진이나 사태나 쐐악 갈비 등 네다섯 가지만 넣고 해삼·전복을 넣고 끓여야 맛이 달고 국이 좋아지고 쇠똥 냄새가 없다"고 했다. 여전히 해삼, 전복도 넣어 곰국을 끓였다는 것을 알 수 있다. 그러나 이후의 조리서인 《조선요리법》(187쪽)과 《한국의 맛》(101-102쪽)에서는 전복·해삼을 넣지 않았다.

곰국은 재료를 삶아 꺼내 양념을 해서 다시 국에 넣어 끓이기도 한다. 《조선요리제법》(14쪽)에 의하면 "홀떼기·허파·양·곤자소니·창자·지라와 통무를 씻어 물을 부어 끓인 후에 건진다. 각각 골패짝만큼씩 썰어 간장·기름·깨소금·후춧가루를 치고 파를 익혀 넣고 섞는다. 무는 따로 썰어 간장을 조금 치고 다시 국에 넣고 간을 맞추어 끓인다"고 했다.

한편 맹현에서 사철로 끓이는 국으로는 무국, 북어국, 미역국 등이 있다. 무국은 무·다시마·파·양지·사태 등 고기를 넣고 맑은 장국으로 끓인다. 북어국은 북어의 머리와 다시마를 넣어 먼저 끓인 다음 북어는 뜯어서 물에 담갔다가 꺼내어 밀가루를 털듯이 묻혀서 달걀을 씌워 넣어 끓인다. 마른 홍합을 넣고 미역국을 끓이기도 한다.

이처럼 맹현에서는 냉이·쑥·소루쟁이며 시금치·호박잎·아욱·토란 등 철따라 나는 다양한 채소로 국을 끓였다. 특히 배추로는 풋배추·배추속대·솎음배추·시래기 등으로 국을 끓였다. 육류로는 여름에는 육개장을 그리고 겨울에는 양·곱창 등 내장을 넣어 내장국과 그리고 곰국·설렁탕을 끓였다.

(2) 찌개

찌개는 대부분 된장 또는 고추장을 풀어 끓이다가 주재료를 넣어 탕(국), 지짐이보다는 국물이 적고 부재료와 국물이 반반 정도 되게 한

다. 젓국·고춧가루로 간을 세게 하는 조리법이다. 궁중에서는 조치라고 한다.[168)]

맹현에서는 주로 생선으로 찌개를 끓이는데 봄에는 조기찌개, 도미찌개, 게찌개를 끓인다. 게찌개는 암게를 적당히 잘라서 무·파·마늘·조선간장·고춧가루·고추장을 넣어 끓인다. 봄에는 암게가 맛이 있고 가을에는 숫게가 맛이 좋다고 한다. 게는 게감정을 만들기도 한다. 게의 장을 긁어 모아 두부·달걀과 함께 섞어서 게의 껍질에 다시 넣는다. 게 다리와 함께 무·양파를 넣고 고추장을 흐리게 넣어 끓인다. 감정은 찌개와 조림의 중간인 음식으로 찌개보다 국물이 적으며 일종의 지짐요리이다.[169)]

초여름에는 농어찌개를 끓인다. 복중에는 호박·감자·양파를 넣고 민어찌개(민어매운탕)를 끓인다. 이때 된장을 약간 푼 다음 고춧가루를 넣고 나중에 고추장을 넣는다.

겨울에는 청국장찌개, 동태찌개를 먹는다.

청국장

청국장은 콩을 푹 삶아 건져 대바구니에 넣어 짚으로 덮고 이불을 씌워서 아랫목에 사나흘 놓아둔다. 콩에서 진이 나면 발효된 것이다. 청국장찌개는 제육과 김치를 썰어 넣고 뭉근한 불에서 오래 끓이면 그 맛이 진국이다.

청국장의 원료인 대두에는 피토케미칼(식물성 생리활성물질)의 일종인 이소플라본을 함유하고 있다. 이 물질은 동물실험, 인비트로(*in vitro*) 실험에서 뛰어난 항암효과를 보인다. 특히 유방암, 전립선암의

168) 김업식·한명주, 〈조선무쌍신식 요리제법에 수록된 부식류의 조리법에 관한 고찰 1—탕(국), 창국·지짐이·찌개·찜·조림·초·백숙·회·편육〉, 《한국식생활문화학회지》 2008, 23(4): 431-432쪽.

169) 윤서석, 《한국음식용어》, 민음사, 1991, 151쪽.

예방효과가 높다고 알려지고 있다.[170] 특히 제니스테인(genistein)이라는 이소플라본은 여성 호르몬인 에스트로젠과 유사한 작용을 하기 때문에 식물성 에스트로젠으로 불리기도 한다. 폐경기 여성의 에스트로젠 결핍으로 인해 유발되는 골다공증의 예방과 진행 억제에도 효과가 있는 것으로 알려졌다.[171] 한편 이소플라본 함량은 대두발효제품 가운데 청국장이 920mg/kg로 가장 높게 나타났다. 청국장은 된장과 더불어 이소플라본의 우수한 공급원이다.[172]

동태찌개

맹현의 동태찌개(사진 20)는 무와 쇠고기를 썰어 밑에 깔고 된장과 물을 조금 붓고 저어 주며 볶는다. 다시 물을 붓고 끓인 후 생태와 그리고 고추장을 조금 넣어 끓인다. 고추장은 처음부터 넣으면 텁텁해지므로 나중에 넣는다. 동태찌개를 비롯한 모든 생선찌개에는 항상 쇠고기를 넣는다. 이는 조미료가 없던 시절 쇠고기에서 우러나오는 아미노산이 동태찌개의 맛을 더하게 한 듯하다. 맹현의 동태찌개는 얼큰한 맛이 강하지 않으며 명태의 내장과 통통한 알이 먹음직스럽게 보인다. 또한 생선과 무·고기의 맛이 된장 국물에 어우러진 시원하고도 매큼한 맛을 낸다. 겨울철에 즐겨 먹었다.

《한국어업사》[173]에 의하면, 17세기 중엽의 문헌에 명태라는 말이 나오고 조선 후기, 특히 말기에 가장 많이 어획되고 있었던 어종은

---

170) H. Adlercreutz, et al., "Dietary phtoestrogens and cancer : *in vitro* and *in vivo* studies", *J. Steroid Biochem. Mol. Biol.* 41, 1992, pp.331-337.

171) M. Messina, and V. Messina, *The simple soybean and your health*, NY, Avery Pub. Group, 1994, p.67.

172) 최연배·손헌수, 〈대두 가공 식품 중의 이소플라본 함량〉, 《한국식품과학회지》 30(4), 1998, 745쪽.

173) 박구병, 《한국어업사》, 정음사, 1979, 80쪽.

명태였다고 한다. 1800년대 중엽 이규경의 《오주연문장전산고》[174]에 의하면 "북어는 우리나라 동북해에서 산출되는데 속칭 명태(明太)이고, 또한 봄에 잡은 것은 춘태(春太), 겨울에 잡은 것은 동태(冬太), 음 11월에 시장에 출하되는 것은 동명태(冬明太)라고도 하는데, 그 건제품인 마른 명태(북어)는 전국에 유통되어 일상의 반상에 또는 제수로 소비된다"고 했다.

《시의전서》(203쪽)에서도 생선 조치는 "생선을 토막 내어 자르고 쇠고기는 다져서 넣는다. 여기에 파·표고·석이·느타리를 썰어 넣고 청장에 알맞게 기름을 쳐서 끓인다"고 기록하고 있다. 예전에는 생선찌개에 쇠고기를 넣었음을 알 수 있다.

한편 사철로 먹는 찌개로는 작은 뚝배기에 고기·두부·양파를 넣고 두부찌개를 끓인다. 고기 대신 맛살·조개 등 해물을 넣기도 한다. 강된장찌개도 끓인다. 새우젓두부찌개는 무를 얄팍하게 썰고 두부와 함께 파와 새우젓을 넣고 볶는 듯이 자작하게 끓이다가 다시 물을 붓고 끓인다. 《조선요리제법》(22쪽)에서는 무 이외에도 "고기·파·고추를 잘게 썰어 흠뻑 담은 후 기름과 젓국을 치고 주물러 섞은 후 물 조금 넣고 끓인다"고 했다. 젓국찌개라고도 한다. 명란젓찌개는 명란젓과 두부를 넣었고 새우젓으로 간을 하여 새우젓두부찌개처럼 끓인다. 계란찌개는 계란을 깨어 젓가락으로 저어 풀어서 물을 적당히 넣고 파를 송송 썰어 넣어 새우젓으로 간을 하여 중탕하거나 밥에 쪘다. 비지찌개는 돼지고기를 양념하고 김치를 썰어 넣어 푹 끓인다.

---

174) 《오주연문장전산고 上》, 〈권11 서상문리변증설〉, '북어변증설', 383쪽.

강된장찌개

맹현에서는 작은 뚝배기에 된장과 갖은 양념한 고기·양파를 썰어 넣고 뜬숯 위에 기왓장을 올려놓고 그 위에서 뭉근하게 하루 종일 끓였다. 뜬숯은 장작이 완전히 타고 남은 숯이다. 맹현의 강된장찌개는 《이조궁정요리통고》(108-109쪽)에 기록된 절미된장조치와 유사하다. "쇠고기는 갖은 양념을 하고 표고는 물에 씻어서 채로 썰어 쇠고기 다진 것과 함께 뚝배기에 담는다. 여기에 된장 거른 것과 참기름·꿀을 넣고 젓가락으로 저은 다음 파를 넣고 밥솥에서 찐다"고 했다. 강된장찌개는 물을 넣지 않고 된장만으로 하여 물의 양이 적어서 보통의 찌개보다 국물이 더 바특해 맹현에서는 밥에 얹어 비벼 먹기도 했다.

조치는 격식이 다양해 보통 각색 어육과 두부·채소·버섯 등 여러 가지로 한다. 그중에 간장 혹은 젓국에 하는 것은 맑은조치라 하고, 고추장이나 된장에 쌀뜨물로 하는 것은 토장조치라 한다. 또한 말린 청어나 건어 등 아무 생선을 찌개로 하려면, 고춧가루에 기름 두어 순갈을 쳐서 갠 뒤, 찌개 위에 얹으면 아름답고 칼칼하여 좋다고 한다(《시의전서》, 552쪽). 조치는 또한 뚝배기에 안쳐서 밥솥에 찌거나 중탕한 다음 화롯불에서 장시간 끓여야 제맛이 난다고 한다(《한국의 맛》, 7쪽).

(3)조림

조림은 간을 세게 하여 재료에 간이 스며들게 하는 조리법이다. 궁중에서는 조리개 혹은 조리니라고 한다.[175] 조림은 각각의 주재료에 물을 붓고 간장을 넣어 끓이다가 국물이 줄면 갖은 양념을 하여 바

175) 고려대학교 민족문화연구소, 《한국민속대관 2—일상생활·의식주》, 고려대학교 민족문화연구소, 1980, 542쪽.

특하게 조리기도 한다.[176] 《시의전서》(198쪽)에 장조림법으로서 조림이란 말이 처음 나온다.

맹현의 생선조림에는 배자반조림, 병어조림, 도미조림, 비웃(청어)조림, 꽁치조림, 갈치조림, 동태조림 등이 있다. 배자반은 금방 잡은 고등어를 배에서 즉시 소금에 절인 것으로 간고등어라고도 한다. 겨울에는 무를 넣고 도루묵조림·양미리조림을 만들어 먹는다.

도루묵은 내 어린 시절에는 가격이 저렴했고 알이 아작아작 씹히는 등 독특한 맛을 내어 자주 먹었다. 그러나 한때 일본으로 수출하는 등 물량이 적어지고 가격이 많이 올라 지금은 귀한 음식이 되었다. 양미리는 '양'과 '미리'의 합성어로 양(洋)은 바다, 미리는 용처럼 생긴 미꾸라지라고 한다. 동해안에서는 양미리는 '까나리'라고 하는데, 양미리는 까나리의 강원도 방언이라고 한다. 양미리는 고등어, 꽁치처럼 오메가(ω)-3 지방산과 또한 칼슘이 풍부하여 영양적으로 우수한 식품이다.[177] 살짝 구워서 무치기도 한다.

그 밖에 풋고추조림, 멸치조림, 감자조림 등이 있다. 또한 장조림, 장똑똑이 등을 들 수 있다. 장똑똑이는 가늘게 썬 쇠고기를 볶은 다음 간장과 꿀로 조린 것으로 만드는 방법이 똑똑이좌반이라는 이름으로 《부인필지》(575쪽)에 기록되어 있다.

도미조림

맹현의 도미조림은 도미는 통째로 다듬고 깨끗이 씻어 칼끝으로 드문드문 칼집을 낸다. 마늘은 두 쪽 내고 풋고추는 2cm 길이로 잘라 씨를 털어내고 반으로 자른다. 마늘과 풋고추를 도미 칼집 낸 사이

---

176) 김업식·한명주, 〈조선무쌍신식요리제법에 수록된 부식류의 조리법에 관한 고찰 1—탕(국), 창국·지짐이·찌개·찜·조림·초·백숙·회·편육〉, 432-433쪽.

177) 박태균, 《중앙SUNDAY》 2011.12.4-12.5, 17면.

에 낀다. 무를 도톰하게 썰어 냄비 바닥에 깔고 도미를 그 위에 얹는다. 양파·당근은 채 썰어 뿌리고 깨소금·후춧가루·설탕·생강즙을 넣어 조미한 후 진간장 반 물 반에 도미가 자작하게 잠길 정도로 하여 끓인다. 상에 올릴 때에는 지단채를 얹어 낸다.

서울음식은 조림에 간을 할 때 주로 간장을 쓴다. 《조선무쌍신식요리》(244-245쪽)에서는 "무슨 생선이든지 진간장이 아니면 무르지도 않고 살이 부서지고 빛깔도 좋지 못하다. 특히 민어는 진간장이 아니면 못쓴다"고 했다. 또한 "무슨 생선이든지 너무 조리면 도리어 살이 단단하다"고도 했다. 조림을 할 때에는 냄비를 기울여서 숟가락으로 간장을 자주 생선 위에 떠 얹어 간을 고르게 한다. 또한 생선조리개에는 반드시 생강을 두드려 넣어야 맛이 있다"고 한다(《이조궁정요리통고》, 93쪽). 또한 조림의 간은 간장에 고추장을 섞어서 조리는 일도 있는데 이것은 하나의 밑반찬이다(《한국요리문화사》, 127쪽). 풋고추조림, 멸치조림, 감자조림은 나의 학창시절 단골 도시락 반찬이었다.

(4) 나물·생채·쌈·쌈장

우리 조상들은 곡식이 여물지 않아 생기는 굶주림을 기(飢)라 하고 채소가 자라지 않아 일어나는 굶주림을 근(饉)이라 하여 5곡 이외에도 채소의 중요성을 강조했다. 따라서 거주하는 곳의 부근에 텃밭을 만들고 채소를 심어서 일상의 반찬으로 해야 한다고 했다.[178] 채소는 오래전부터 밭에서 재배하는 것 이외에도 산과 들에서 자생하는 각종 산나물과 야생식물을 채집하여 먹기도 했다. 이들 채소는 우리의 식생활에서 나물·생채·쌈뿐만 아니라 밥·국·김치·찌개·찜·조림·

---

178) 허균, 《한정록》[1618], 김영진 역, 한국농촌경제연구원, 1994, 144-145쪽(이하 《한정록》).

김치 등에 광범위하게 이용되었다.[179)]

맹현에서는 제철에 나는 채소로 나물·생채·쌈을 만들었다.

나물

나물은 채소를 데치거나 기름에 볶아서 간장·깨소금·파·마늘 등으로 양념한 것이다. '숙채'라고도 한다. 시금치나물·무나물·콩나물·쑥갓나물·가지나물·호박나물·고춧잎나물·취나물·숙주나물 등은 데쳐서 무치고, 도라지·고사리·느타리버섯·우엉 등은 기름에 볶아 양념한다. 나물은 주로 집간장(청장)으로 양념을 하지만 비듬나물은 고추장으로, 호박나물은 새우젓으로 양념을 하고 더덕은 양념하여 석쇠에서 굽는다.

맹현에서는 정월 보름(상원)에 시절음식으로 시래기·취나물·가지고지·호박고지 등 말린 나물과 산에서 나는 여러 잡나물로 나물을 해 먹는다. 또한 "산에 가서 9가지 나물을 9번 뜯어서 9번 밥 먹고 9번 나물을 먹는다"는 말도 전해지고 있다. 부지런하고 건강하라는 뜻이라고 한다. '아홉 9(九)'자는 동양 사상에서 관념상의 수인 10에 가까운 양수로서 만물이 소생하고 성장한다는 양의 수 가운데 양기가 가장 극에 달하는 수라고 한다.

생채는 신선한 채소를 날것으로 양념한 음식이다. 맹현에서는 무, 얼갈이, 배추, 봄동, 노각(늙은 오이) 등으로 생채를 만든다. 무생채는 무를 채 썰어 고춧가루로 버무린다. 봄동은 각각 살짝 절여서 파·마늘·고춧가루를 넣어 겉절이 형식으로 무친다.

179) 조후종, 〈채소의 전통 조리법—나물·생채·쌈을 중심으로〉, 《한국조리과학회지》 1998, 14(4): 339쪽.

노각생채

맹현의 노각생채는 노각의 껍질을 벗겨 돌려가며 저미고 속은 버린다. 다시 채를 썰어 소금에 절였다가 꼭 짜서 고추장으로 무친다. 《산림경제》(520쪽)의 노각생채는 "늙은 오이를 따서 껍질과 속씨를 버리고 흰 살만 남겨서 실같이 칼질하여 소금에 잠시 절였다가 물로 헹구어 소금물을 꼭 짜 버리고 초장으로 무친다"고 했다. 황과채법(黃瓜菜法)이라 했다.

얼갈이초채

맹현의 얼갈이초채는 얼갈이배추를 다듬어 반으로 잘라서 맑은 물에 씻어 채반에 건진다. 미나리는 다듬어 3-4cm 길이로 자른다. 오이·당근은 3cm 길이로 잘라서 적당한 너비로 자른다. 골파는 3-4cm 길이로 잘라 놓고 생강과 마늘은 곱게 채 썰어 놓는다. 밤은 껍질 벗겨서 얇게 저며 놓는다. 배도 껍질 벗겨 오이와 같이 썬다. 큰 그릇에 씻은 얼가리배추를 깔고 위의 모든 재료를 살살 켜로 얹고 그 위에 실고추와 실백을 얹는다. 간장에 물을 조금 타고 식초와 설탕을 적당히 넣어 섞어서 배추 위에 살짝 끼얹는다. 30분간 두었다가 절여지면 간장을 따라내고 그 간장을 다시 한번 끼얹는다. 조금 두었다가 모든 재료들을 뒤적인 다음 상에 낸다.

겨자채

맹현의 겨자채는 전복은 껍질째 삶아 살을 떼어 내어 얇게 저며 놓는다. 불린 해삼은 반을 갈라서 얇고 길죽하게 저민다. 홍합은 잘 다듬어서 물에 데쳐 놓는다. 관자도 껍질을 벗기고 살짝 데쳐서 얇게 저며 놓는다. 문어는 끓는 물에 데쳐서 기름기름하게 얇게 저며 놓는다. 편육은 얇게 썰어 놓는다. 해파리는 살짝 데쳐 썰어 놓는다. 오이, 당근은 3cm 길이로 잘라서 오이는 껍질 쪽만 떼어 내고 소금을 약간 끼얹어 절이고 당근은 오이와 같이 썰어 끓는 물에 데쳐 놓는다. 양배추는 가운데 줄거리를 떼어 버리고 골패짝같이 길죽길죽하게 썰어 놓는다. 배는 껍질 벗겨서 사방(四方)으로 떼어 내서 양쪽 얇은 쪽은 떼어 버리고 타원형으로 도톰하게 썰어 놓는다.

모든 재료를 한데 물에 담아 저어 채반 위에 얹어 물기가 빠지게 한다. 이것을 적당한 그릇에 가지런히 담고 잣을 뿌린다. 겨자즙과 함께 낸다. 겨자즙은 겨잣가루를 뜨거운 물에 개어서 끓는 물에 중탕을 하거나 더운 곳에 덮어 놓아 30분간 두었다가 물과 육수를 치고 소금·설탕·식초 등으로 걸죽하게 개서 고운 체에 걸러서 쓴다.

《한국의 맛》(223-224쪽)에서는 "양배추는 연한 잎으로 골라 너비 1cm, 길이 4cm 정도의 크기로 썬다. 당근도 같은 크기로 썰어 소금물에 살짝 데친다. 오이는 소금으로 문질러 씻은 다음, 껍질만 도톰하게 벗겨서 같은 크기로 썬다. 편육도 채소와 같은 크기로 썬다. 전복은 소금으로 문질러 씻은 다음, 살짝 쪄서 가장자리를 도려내고 저민다. 배는 껍질을 벗기고, 양배추와 같은 크기로 썬다. 달걀은 황백지단을 부쳐 채소와 같은 크기로 썬다. 석이버섯은 씻어 다듬어 말려서 가루로 빻아 난백과 같이 섞어서 번철에 부쳐 식은 후 채소와 같은 크기로 썬다. 밤은 껍질 벗겨 손질한 다음 튀어나온 부분을 약간 저미고 납작하게 썬다. 모든 재료가 준비되면, 양배추를 밑에 깔고 모든 재료를 색스럽게 가지런히 둥글게 담은 위에 잣을 뿌린다. 차게 두었다가 겨자즙과 함께 낸다"고 했다.

쌈

맹현에서는 어린 상추와 쑥갓, 가는 실파와 고수를 함께 놓아 쌈장을 얹어서 쌈을 싸 먹었다. 이 밖에도 머우쌈·이파리가 큰 취나물로는 곰취쌈을 즐겨 먹었고 두릅과 호박잎은 쪄서 쌈을 싸 먹었다. 고수는 특이한 냄새가 나는 한해살이풀로 절에서 많이 재배한다. 한방에서는 혈압강하, 건위, 거담 등의 약재로 쓰인다.[180)]

쌈은 《성호사설》 〈제5권 만물문〉 '생채·괘배'조(185쪽)에 "원나라 사람 양윤부가 '고려 사람은 생나물로 밥을 쌈 싸 먹는다' 했다"고 기록되어 있다. 또한 "우리나라 풍속은 지금까지도 오히려 그러해서 소채 중에 잎이 큰 것은 모두 쌈을 싸서 먹는데, 상치쌈을 제일로 여기고 집집마다 심는다. 이는 쌈을 싸 먹기 위한 까닭이다"고 했다. 쌈 싸 먹는 풍습이 이때부터 있었다는 것을 말해 주고 있다. 또한 《한국식료품사》[181)]에서는 "비단 상치쌈뿐 아니라 깨나 콩 등의 잎으로도 싸서 먹었을 것"이라고 했다. 한편 《해동역사》 〈권26〉 '채류'(133쪽)에는 "중국의 고서에 고려의 상치는 질이 매우 좋아서 고려 사신이 가져온 상치 씨앗은 천금을 주어야만 얻을 수 있다고 해서 천금채(千金菜)라 했다"고 기록되었다. 이러한 쌈 싸 먹는 풍속은 고려뿐 아니라 몽골에까지 전해졌는데 몽골 사람들은 고려인에게서 쌈 싸 먹는 풍습을 배워 그들의 시에서까지 읊었다고 한다.[182)]

된장쌈장·고추장쌈장

맹현에서는 쌈장을 얹어 쌈을 싸 먹는데, 쌈장으로 된장쌈장과 고추장쌈장을 만든다. 된장쌈장(사진 21)은 살코기를 씹히는 맛이 나도록 다져서 참기름·설탕 등으로 갖은 양념한다. 잘게 썬 양파와 풋고추를 함께 된장에 넣어서 버무린 후 끓는 물에서 중탕한다. 특히 생강을 넉넉히 넣는다. 고추장쌈장은 잘 숙성된 찹쌀고추장에 병어 등

180) 조후종, 〈채소의 전통조리법—나물·생채·쌈을 중심으로〉, 287쪽.
181) 박용구, 《한국식료품사》, 88쪽.
182) 최남선, 《고사통》, 삼중당서고, 1943, 86쪽.

흰살생선을 저며 넣거나 쇠고기 다진 것을 넣고 된장쌈장처럼 중탕한다. 쌈장은 오래 중탕하면 양파에서 나오는 수분으로 약간 묽어지고, 된장·쇠고기·고추장과 생선에서 유래한 유리아미노산·펩티드·핵산 관련 물질 등 맛 성분들이 서로 어우러져 은은한 감칠맛을 낸다. 또한 된장과 고추장의 원료인 콩 단백질과 쇠고기와 생선에 함유된 동물성 단백질은 양질의 단백질로서 영양적으로 우수하다.

그런데 여러 조리서에서는 쌈장을 만들 때 중탕하지 않는다. 《한국의 맛》(225쪽)에서는 쌈고추장을 만들 때 "고추장을 약한 불로 은근히 볶다가, 다진 고기를 양념하여 넣고 다시 볶는다"고 했다. 《조선왕조 궁중음식》(황혜성, 142쪽)에서는 "양념한 고기와 표고를 넣어 잠시 볶다가 된장을 푼 물을 붓고 끓인다. 쌈고추장도 고추장·물·볶은 고기를 넣고 섞으면서 볶는다"고 했다.

(5) 구이

구이[燔]는 돌이나 철판에 올려놓고 구운 음식이다. 맹현의 육류 구이로는 너비아니구이, 염통구이, 콩팥구이가 있다. 닭구이도 있는데 서울의 전통음식이다. 한편 뱅어포구이·북어구이는 고추장 양념을 하기도 하는데 원래는 간장으로 한다. 불고기 양념보다 조금 덜 달게 양념하여 굽는다. 생선구이로는 민어구이가 있으며, 그 밖에 김구이가 있다.

염통구이

맹현의 염통구이(사진 22)는 염통을 얇게 저며 잔 칼질을 해서 손가락 굵기로 썰고 불고기처럼 갖은 양념하여 석쇠에 구운 음식이다. 맹현에서는 쇠고기의 근육 부위보다 부드러우며 씹을수록 그 맛이 독특하여 즐겨 먹었다. 염통은 곧 심장으로 오장육부 중 생명과 직결되는 으뜸 부위이다. 짐승에게는 염통이라고 한다. 콩팥구이도 이와 같이 한다.

염통구이는 《시의전서》(195쪽)에서는 "염통을 줄기는 벗기고 잘라 너비아니처럼 얇게 저민다. 가로세로로 에어서 잔 칼질을 하여 네모반듯하게 자르고 갖은 양념을 하여 주물러 굽는다"고 기록했다. 반면 《증보산림경제》(220쪽)의 소 염통 굽는 법[牛心炙方]에서는 "소의 염통을 소의 후관(喉管)에 끼워 넣어서 7부 정도 굽는다. 너무 바짝 마를 정도로 구우면 도리어 맛을 잃는다"고 했다. 염통을 통째로 구웠다.

닭구이

맹현의 닭구이(사진 23)는 닭을 토막 내어 살과 다리를 저며 불고기 양념을 해서 석쇠에 구운 음식이다. 서울의 전통음식이기도 하다. 《음식디미방》(94쪽)에는 "물을 여러 번 발라 굽다가 기름·간장을 발라 굽는 닭구이가 나온다. 닭을 연하게 하기 위해 하루 전쯤에 잡은 닭의 뱃속에 물을 담아 거꾸로 매달아 두었다가 썼다"고 했다. 《시의전서》(195쪽)에는 생치구이에서와 같이 "마늘 다진 것·깨소금·기름·후춧가루·꿀을 섞어 소금으로 간 맞추어 주물러서 물을 축인 백지에 싸서 굽는다. 별법으로는 양념에 주무르기 전 맨살 껍질에 물을 적셔 가며 구워 반숙되거든 껍질을 벗기고 유장을 발라 굽는다"고 했다.

닭은 넓적다리나 가슴 부위는 연하고 지방 함량이 적어 담백하다. 또한 소화 흡수가 쉬우므로 유아나 소화기능이 어려운 사람에게 좋은 단백질 공급원이다.[183] 요즈음은 주로 튀김 닭을 선호하는 경향이나 이전에는 닭을 구이나 찜으로 만들어 먹었다.

---

183) 이성우, 《한국식품사회사》, 교문사, 1984, 130쪽.

우리의 전통적인 고기구이는 맥적(貊炙)에서 유래한다. 맥(貊)은 중국의 동북지방으로 맥족(貊族)은 고구려 사람을 의미하며 맥적은 고구려의 고기구이를 가리킨다.[184] 진대(晉代)의 《수신기(搜神記)》에는 "일찍이 이웃나라에서는 맥적이라고 하면서 고구려식으로 구운 고기를 가장 고급스런 음식으로 일러 왔다"고 기록되어 있다.[185] 이러한 맥적은 "고려시대에는 불교의 영향으로 소의 도살법이나 요리법이 잊혀졌으나 몽골 사람의 지배하에 들어감에 따라서 맥적을 되찾아 '설하멱(雪下覓)'이란 명칭으로 되살아났다. 이것이 오늘날의 불고기로 이어졌다"고 한다.[186]

한편 《규합총서》(92쪽)에 '설하멱적'이 나오는데 "등심살을 넓고 길게 저며 전골 고기보다 두껍게 하여 칼로 자근자근 두드려 꼬치에 꿰어 기름장에 주무른다. 센 불에 구워 잠깐 물에 담갔다 다시 굽고 또 물에 잠깐 담그는 것을 세 번쯤 되풀이한다. 기름장·파·생강 다진 것과 후추만 발라 구우면 연하다"고 했다. 그러나 요즈음은 구이를 이런 방법으로 조리하지 않는다.

(6) 묵

묵은 곡식이나 열매를 맷돌에 갈아 앙금을 가라앉혀 물에 섞어 풀 쑤듯이 쑤어 굳힌 음식이다. 묵을 만드는 재료는 도토리, 녹두, 메밀 등이 있다.[187]

맹현에서는 청포묵, 메밀묵, 도토리묵을 만들어 먹었다.

---

184) 이성우, 《한국요리문화사》, 178쪽.
185) 조선의 민속전통 편찬위원회, 《조선의 민속전통 1—식생활풍습》, 70쪽.
186) 이성우, 《한국요리문화사》, 178-179쪽.
187) 조후종, 《우리 음식 이야기》, 한림출판사, 2001, 109쪽.

청포묵·탕평채·도토리묵·메밀묵

청포묵은 보통 때는 참기름·깨소금·파를 송송 썰어 넣고 김도 부셔 넣어서 진간장과 소금으로 간을 하여 무친다. 탕평채는 청포묵을 굵게 채 썰고 쇠고기는 채 썰어 양념하여 볶는다. 숙주는 머리와 꼬리를 다듬어 데치고, 미나리는 소금을 조금 넣고 볶는다. 쇠고기·숙주·미나리·실고추를 함께 섞어 참기름·간장·식초로 무친다. 김을 부셔 넣고 황백지단을 얹어 낸다. 한편 도토리묵은 김을 부셔 넣어 참기름·간장으로 무치고, 메밀묵은 겨울에 먹는데 김치를 썰어 넣어 양념하여 무친다.

메밀묵은 《우리나라 음식 만드는 법》[188)]에서 "소금·기름에 무치며 파 채 친 것과 고춧가루를 치고 무친다"라고 기록되어 있다. 메밀묵 하면 떠오르는 것이 있다. 내 어린 시절 추운 겨울 골목길에서 "메밀묵 사려, 찹쌀떡" 하며 외치던 메밀묵장수 소리를 나는 아직도 기억한다. 메밀묵장수의 목소리가 처량하게 들려 잠자리를 뒤척이다 잠에 빠져들곤 했다.

탕평채는 《경도잡지》(1770년경), 《동국세시기》(1849) 등에 나타나기 시작했다. 1800년대 말엽 《시의전서》(200쪽)에는 "묵은 가늘게 채 치고 숙주와 미나리는 데쳐서 잘라 양념한다. 쇠고기는 다져서 볶아 넣고 숙육은 채 치고 김은 부셔 넣는다. 깨소금·고춧가루·기름·초를 섞어서 간장에 간 맞추어 묵과 함께 무친다. 그 위에 김을 부셔 얹고 깨소금·고춧가루를 뿌린다"고 했다. 탕평채에 고춧가루를 넣었다. 반면 최근의 조리서인 《한국의 맛》(228쪽)과 《조선왕조 궁중음식》(황혜성, 129쪽)에서는 탕평채에 고춧가루를 넣지 않았다.

도토리묵은 《조선요리제법》(267쪽)에 나오는데 "도토리를 물에 담

188) 방신영, 《우리나라 음식 만드는 법》, 청구문화사, 1957, 149쪽.

가 불릴 때에 자주자주 물을 갈아 붓고서 우려서 떫은맛이 없도록 우린다. 껍질을 다 벗기고 맷돌에 갈아 고운 체에 밭친다"고 했다. 물을 자주 갈라고 했는데 도토리의 떫은맛에 관여하는 탄닌 성분을 제거하기 위함이다. 탄닌은 또한 단백질과 결합하여 탄닌-단백질 복합체를 형성함으로써 소화효소 및 생체 내에서 단백질 분해율을 감소시키는 일종의 항영양성분(antinutritional factor)이기도 하다.[189] 도토리는 선사시대부터 먹었지만 묵으로는 녹두묵이나 메밀묵보다 뒤늦게 만들어 먹은 것으로 추정된다.[190]

도토리 혹은 메밀은 조선시대에는 흉년에 대비한 구황식(救荒食)이었다. 《세종실록》[191]에 의하면 세종1년(1419)에 실농한 호구로 하여금 흉년에 대비하게 했다. 즉 "호조에서 계하기를, '흉년에 구제할 수 있는 물건을, 마땅히 시절에 따라 미리 준비하여야 할 것이오니, 도토리와 황각두(黃角豆)와 명아주 등 무릇 먹을 수 있는 풀·나무·뿌리·줄기·꽃·잎새들을 손실경차관(損實敬差官)에게 명령하여 실농한 호구를 분간하여, 이것을 거두어 축적하게 하여, 이듬해 흉년에 대비하게 하소서' 하니, 임금이 명을 내리기를, '각기 그 소산(所産)대로 형편에 따라서 미리 준비하게 하되, 민폐가 되지 아니하도록 하라' 했다"고 기록되어 있다. 또한 《성종실록》[192]에 따르면 성종4년(1473)에 "호조(戶曹)에서 흉년이 든 경기도를 구제할 방법을 계달하기를, 흉년에 준비할 물건으로는 도토리[橡實], 무[菁菜], 산삼(山蔘), 도라지[桔], 메벼[粳], 메밀[木麥]의 꽃·줄기·잎 등의 물건이 가장 적절하다"고 했다. 도토리

---

189) N R. Reddy, "Reduction in antinutritional and toxic components in plants foods by fermentation", *Food Res. Int.*, 1994, Vol.27, p.285.

190) 차진아 외 5인, 〈고문헌(1400년대-1800년대) 및 근대 문헌(1900년대-1960년대)에 나타난 묵의 변천과 묵 쑤는 방법에 대한 고찰〉, 《한국식생활문화학회지》 2008, 23(1): 85쪽.

191) 한국고전종합DB, 《조선왕조실록—세종실록》, 〈세종5권〉, 1년(1419), 8월11일(계미).

192) 위의 자료, 〈성종 34권〉, 4년(1473) 9월5일(계사).

뿐 아니라 메밀도 구황식으로 준비하게 하였음을 알 수 있다.

(7) 김치

《삼국사기》 '신문왕3년(683)'조(210쪽)에 신문왕이 왕비를 맞이하면서 납채(納采)를 보내는데 "폐백이 십오 수레이고 쌀, 술, 기름, 시(豉: 일종의 장), 포(脯), 해(醢)가 일백삼십오 수레였다"고 했다. 이 가운데 '해'는 소금에 절인 형태의 김치류, 장아찌, 젓갈류를 포함하므로[193] 절인 김치는 삼국시대부터 먹었음을 알 수 있다. 또한 고려시대에는 《동국이상국후집》 〈가포육영(家圃六詠)〉[194]에 오이, 가지, 무, 파, 아욱, 박이 나온다. 그중 "순무는 장류에 담가 장아찌로 하고 소금에 절여 겨울철에 대비한다"고 한 것으로 보아 고려시대에도 절인 형태의 김치를 먹은 것으로 보인다. 그러나 지금처럼 고춧가루를 넣어 만든 김치를 먹게 된 것은 17세기 훨씬 이후의 일이다.

맹현의 김치는 철에 따라 담그는 김치와 김장김치가 있다. 철따라 담그는 김치로는 통배추김치, 곤쟁이젓깍두기, 알타리김치, 백김치, 오이소박이 등이 있다. 오이소박이는 절인 오이를 열십자를 내고, 실파를 쫑쫑 썰어서 새우젓·소금만으로 간을 해서 설탕·마늘·생강을 넣어 속을 만들어 그 속에 넣는다. 요즈음은 부추, 당근 등으로 속을 만들어 넣기도 한다. 오이소박이는 서울사람의 여름 일상 반찬이다. 1999년에는 미국 《LA 타임스》에 의해 '세계 10대 음식'으로 지정되기도 했다. 겨울에는 장김치와 굴깍두기를 담근다. 물김치로는 나박김치·짠무김치와 여름에는 열무김치·오이김치를 담가 먹었다.

《동국세시기》 '10월'조(117쪽)에는 "서울풍속에 무·배추·마늘·고추

193) 조선의 민속전통 편찬위원회, 《조선의 민속전통 1—식생활풍습》, 68쪽.
194) 이규보, 《동국이상국후집》[1241], 〈제4권 교율시〉, '집안 채마밭의 여섯 노래', 민족문화추진회 역, 한국학술정보, 2006, 164쪽(이하 《국역 동국이상국집》).

·소금 등으로 독에 김장을 담근다. 여름의 '장 담기'와 겨울의 김장 담기는 인가에서 1년의 중요한 계획이다"고 했다. 맹현의 김장김치로는 통배추김치, 섞박지, 동치미, 짠무김치, 무깍두기, 알타리김치 등이 있다.

맹현의 김장용 깍두기 무는 일반적으로 크게 써는 것이 보통이다. 겨울 김장은 대체로 입동(음력 10월 상순)을 전후해 담근다. 또한 김장이 익기 전에 먹는 지레 김장을 담그기도 한다. 한편 무를 큼직하고 어슷어슷하게 썰어서 배추·갓을 넣고 새우젓·황석어젓·조기젓과 함께 양념하여 버무려 섞박지를 만든다. 섞박지는 설이 지난 다음에 먹어야 제맛이 난다.《규합총서》(67쪽)에서 섞박지는 "무·배추·오이·가지·갓·청각 등과 함께 조기젓, 준치젓, 굴젓, 낙지젓, 소라, 생복을 넣어서 만들었다"고 했다.《동국세시기》'11월'조에서는(124쪽) "새우로 젓을 담가 결이 삭은 뒤 무·배추·마늘·생강·고추·청각·전복·소라·굴·조개·조기·소금으로 막김치를 만들어 독에 넣어 오래 두었다가 겨울이 지나 꺼내어 먹으면 몹시 매운 것이 먹을 만하다"고 했다.

김장김치에 들어가는 젓갈은 주로 새우젓, 조기젓을 넣었다. 특히 조기의 머리 부분은 삶아서 국물을 내어 넣고 버무린다. 그 밖에 곤쟁이젓·황석어젓 등을 넣거나 생동태를 넣는다.

서울 김치의 특징은 양념한 그릇에 물을 부어서 씻은 물을 김치에 넣어 국물을 넉넉하게 한다. 맹현의 김치는 분홍색을 띠고 심심하고 맵지 않으며 그릇에 담을 때에는 썰어서 세워 놓아 마치 꽃이 핀 것처럼 보인다.

오이김치·오이지

여름에 먹는 물김치는 열무김치가 보통이나 맹현에서는 오이김치를 즐겨 먹었다. 오이김치(사진 24)는 오이소박이를 만들어 물을 부어 소금으로 간을 한 물김치이다. 또한 오이지를 담가서 길이로 적당히 자르고 다시 열십자로 잘라서 그대로 먹는다. 또한 물을 붓고 파를 송송 썰고 식초·고춧가루를 쳐서 국물이 있게 먹기도 한다. 양파를 썰어 넣으면 향기가 좋다고 한다. 오이김치와 오이지는 아작아작 씹히는 맛과 시원한 국물과 함께 맹현의 전통적인 여름의 일상음식이다.

《산림경제》(522쪽)에 "늙지 않은 오이를 따서 꼭지를 떼고 칼로 칼집을 내고, 고춧가루 조금과 마늘조각 4-5편을 칼집 사이에 끼워서 항아리에 담고 뜨거운 소금물을 그대로 부어 밀봉한다"고 했다. 오이김치에 고춧가루를 사용했으며 오이에 소를 넣고 소금물을 부어 담근 것으로 보아 오이물김치인 것으로 생각된다. 황과담저(黃瓜淡菹)라 했다. 1800년대 말엽 《시의전서》(172쪽)에도 오이김치가 나오는데, "어린 오이 가운데를 열십자로 갈라 소금을 뿌려 절이고, 총백·마늘을 다져 고춧가루를 섞어 소 넣고 국물을 간 맞추어 알맞게 붓는다"고 했다.

《증보산림경제》(124쪽)에는 용인오이지 담그는 법이 나온다. 끓는 소금물 대신 "좋은 냉수에 소금을 조금만 넣고, 다음 날에 오이를 꺼내어 위와 아래를 바꾸어 준다. 이와 같이 하기를 예닐곱 번 반복하면 매우 맛이 좋다"고 했다. 또 《시의전서》(204쪽)에서는 "소금물을 끓여 식혀서 항아리에 붓고 오이를 넣어 절인다"고 했다. 또한 "녹슨 돈이나 놋그릇 닦은 수세미를 넣어 두면 빛이 푸르고 싱싱하다"고도 했다. 오이의 푸른빛은 놋그릇 성분인 구리와 엽록소(chlorophyll)가 복합체를 형성한 결과이다.

조리과학적으로 오이지를 만들 때 끓는 소금물을 부어 절이면 오이의 조직감이 연화되는 것을 방지할 수 있는 것으로 보고되었다.[195]

---

195) 최희숙 외, 〈열처리가 오이지의 발효에 미치는 영향〉, 《한국식품과학회지》 1989, 21(6): 845쪽.

즉 배추·무·오이를 주원료로 한 김치류를 오래 저장하게 되면 조직이 연해지는 연부현상(softening)이 일어난다. 이러한 현상은 조직 내 존재하는 펙틴분해효소가 관여하는 펙틴물질의 분해가 주원인으로 알려져 있다. 그러나 뜨거운 소금물을 부으면 펙틴분해효소 가운데 펙틴에스터라아제(pectin esterase)가 활성화되어 펙틴물질을 펙틴산(pectinic acid)로 분해시킨다. 이 물질이 칼슘(Ca)의 존재하에서 Ca-pectinate 복합체를 형성하여 오이의 견고성이 향상된다고 한다.

17세기에 우리나라에 전래된 고추는 18세기에는 고춧가루로 가공되어 김치제조와 각종 음식 조리에 본격적으로 사용되었다. 김치의 경우 이전에는 주로 소금·후추·천초 등으로 담그던 것을 고춧가루로 양념함으로써 새로운 김장법이 정착된 것이다.[196] 이로써 19세기에는 김치의 종류도 다양해졌다. 1800년대 《규합총서》(67-73쪽)에는 섞박지, 어육김치, 동과섞박지, 동치미, 동가김치, 용인오이지, 산갓김치, 장짠지, 전복김치 등 다양한 김치가 기록되었다.

백김치

맹현의 백김치(사진 25)는 무, 갓, 미나리, 쪽파, 배 등으로 무채 양념소를 만들어 절여 놓은 배추 잎 사이에 넣는다. 겉잎으로 잘 싸서 그릇에 차곡차곡 채우고, 그릇 밑과 배추와 배추 사이에 무를 넣는다. 소금물을 붓고 깨끗한 돌로 배추가 잠기도록 누르고 뚜껑을 덮어 준다. 백김치는 일종의 배추동치미이다. 무는 고춧가루를 약간 넣어 버무려 배추 사이사이에 넣는다. 무채로 된 양념소에도 실고추를 조금 넣는다. 고추의 색이 국물에 우러나와 연분홍색을 띠는데 흰색의 배추와 은은한 조화를 이룬다. 배추 잎은 아삭아삭하게 씹히는 맛이 상쾌하고 연분홍빛 국물은 마치 시원한 주스 같다.

---

196) 강인희, 《한국식생활사》, 299쪽.

짠무김치

맹현의 짠무김치(사진 26)는 통통한 무를 통째로 소금에 묻혀 절여서 항아리에 넣고 그 위를 볏짚으로 덮고, 무가 잠기도록 소금물을 붓는다. 그 위에 무거운 돌로 눌러 뚜껑을 덮어서 서늘한 광에서 한겨울에서 이듬해 봄까지 숙성시킨다. 겨울이 시작되는 입동 절기에 담가 겨우내 두었다가 봄부터 먹기 시작한다. 내가 어린 시절 살던 계동에는 집집마다 장독대와 광이 있었다. 광은 어둑했으며 한여름에도 서늘함을 느낄 수 있는 공간이었다. 광 안에는 지난겨울 담갔던 섞박지·짠무김치와 오이지의 큼큼한 냄새가 진동하곤 했다. 잘 숙성된 짠무김치는 적당히 등분하여 반으로 가르고 다시 옆으로 납작하게 썰어서 그릇에 담아 물을 붓는다. 그 위에 실파를 썰어 놓고 식초와 고춧가루를 조금 풀어 국물김치로 만들어 먹는다. 노르스름하게 절은 짠무김치는 아삭아삭하며 국물은 담백한 짠맛을 낸다. 짠무김치는 또한 채를 쳐서 무쳐 먹기도 하는데, 물에 담가 짠맛을 우린 다음 양념하여 무친다.

《산림경제》(522쪽)에는 아주 호사스럽게 담은 무짠지가 나온다. "첫 서리가 내린 후 무를 뽑아 씻는다. 연한 고춧잎과 어린 고추는 찬 이슬이 내릴 때까지 따로 절여 두었다 쓴다. 청각, 어린 오이, 어린 호박, 연한 호박줄기, 동과, 천초, 부추 등을 준비한다. 또 큰 마늘을 많이 갈아서 즙을 받아 놓는다. 항아리를 땅에 묻고 무와 기타 여러 가지 재료와 마늘즙을 층층이 골고루 펴 놓고 간국을 붓고 꼭 봉한다. 섣달이 되어 꺼내면 맛이 절미하다"고 했다. 나복함저(羅蔔鹹菹)라 한다.

짠무김치는 일종의 짠지이다. 중국에서는 김치무리를 '저(菹)'라고 하는 반면 일본에서는 '지(漬)'라고 한다.[197] 아직도 전라도나 함경도

197) 이성우, 《동아시아 속의 고대 한국식생활사연구》, 향문사, 1994, 429쪽.

같은 지방에서는 김치를 '지'라고 하는데 짠지는 주로 무로 만드는 무김치로 동치미보다 소금 양이 많다.

장김치

장김치는 소금 대신 간장으로 절여 만든 김치이다. 맹현의 장김치는 배추를 씻어서 줄기를 어슷어슷 저며 썰어 진간장에 절인다. 무도 얄팍하게 썰어서 진간장에 절인다. 밤은 밤 생긴 모양대로 얇게 저미고 호두는 뜨거운 물에 담갔다가 속껍질을 벗긴다. 표고와 석이버섯은 채를 썰고 배도 무처럼 얄팍하게 썰고 일부는 채를 썬다. 마늘은 곱게 다지고 백파·생강은 어슷어슷하게 썬다. 절인 배추·무를 건져서 마늘·파·생강을 넣어 함께 버무린다. 그 위에 위의 모든 재료를 넣고 버무려 그릇에 담고 그 위에 배추·무를 절인 간장 물을 붓고 배추가 덮이도록 물을 더 붓는다. 설탕으로 간을 맞춘다. 상에 놓을 때에 잣을 얹는다. 장김치는 맹현의 잔칫상 등에도 올랐다.

간장은 소금에 의한 짠맛 이외에도 아미노산의 구수한 맛, 유리당의 단맛 그리고 유기산에 의한 신맛을 내므로,[198] 장김치는 단순히 소금으로 절인 김치와는 다른 향미를 준다. 간장 색을 띤 국물에 실고추·석이버섯의 고명이 얌전하게 어울리는 전통적인 서울 김치이다.

장김치는 《시의전서》(172쪽)에서는 "배추와 무·배를 각각 썰어서 좋은 진장에 절인다. 고추·흰파·마늘·생강·생률·석이·표고는 모두 채로 썬다. 전복·해삼·양지머리·차돌박이는 모두 얇게 저며 넣고 잣을 넣고 버무린다. 절인 간장을 따라 물을 타고 간을 맞춘 다음에 꿀을 타서 장김치에 국물을 부어 익으면 먹는다"고 했다. 어류와

---

198) 김은정·한영숙, 〈장김치의 제조 및 발효특성에 관한 연구〉, 《한국식품조리과학회지》 2008, 24(4): 518쪽.

육류도 넣는다.《조선요리제법》(97쪽)에서는 "무는 배추의 절반쯤 넣고 간장으로 절여 두었다가 다 절였거든 다른 항아리에 건져 담는다. 물을 알맞게 부은 후 간장을 간이 맞게 치고 배·밤을 무와 같이 조금씩 썰어 넣는다. 파·마늘·고추·버섯을 잘게 채 쳐 넣고 또 미나리와 갓을 잘라 넣은 후 실백을 조금 뿌린다"고 했다. 육류와 어류를 넣지 않는다.

김치는 채소의 당 성분을 이용해 젖산(lactic acid)을 비롯한 여러 유기산·탄산가스·알콜 등을 생성하는 발효식품이다. 따라서 숙성과정 중 젖산발효에 의해 생성되는 유기산 함량이 김치 품질의 중요한 지표가 되고 있다. 개인의 기호도에 따라서 차이가 있으나 완숙기의 맛있는 김치는 산도가 약 0.6%, pH 4.2 정도이다. 이것보다 pH가 현저하게 높거나 낮은 경우에는 과숙된 김치로서 품질이 현저하게 떨어진다.[199)]

김치는 배추의 글루코시놀레이트(glucosinolate)·식이섬유, 고춧가루의 매운맛 성분인 캡사이신(capsaicin), 붉은색 성분인 캡산틴(capsathin) 등 여러 건강기능성 성분과 비타민 C·B_1·B_2·베타-카로텐 등과 같은 영양성분 등으로 변비·대장암 예방, 정장작용, 다이어트효과, 항노화작용, 피부노화억제효과, 동맥경화 예방, 인체의 면역증강효과 등 다양한 건강기능성이 확인되었다.[200)] 특히 많은 유산균은 프로바이오틱스(probiotics)로서 소화흡수를 돕고 장내부패를 억제하고, 설사·변비의 치료효과, 장내 유해균의 억제, 비타민의 생성 등 다양한 기능성이 보고된 바 있다.[201)] 이러한 점에서 김치는 훌륭한 기능성식품이

199) 박소희·이종호, 〈김치의 숙성지표와 신맛 및 종합적인 기호도와의 상관관계〉, 《한국식품조리과학회지》 2005, 21(1): 103쪽.

200) 박건영, 〈김치의 건강기능성〉, 한국식품조리과학회 학술대회, 2005, 28쪽.

201) Gilliland SE, "Health and nutritional benefits from lactic acid bacteria", *FEMS Microbiol. Rev.* 1990, 7, pp.175-188.

다. 세계적 건강전문지인 미국의 《헬스》는 2006년 김치를 '세계 5대 건강식품' 가운데 하나로 선정했다.

한편 김치는 2001년 7월 제24차 Codex 총회에서 국제식품규격으로 채택된 바 있다. Codex 국제규격안에 따르면 김치의 규격명을 'Kimchi'로 규정했다. 또한 김치의 최소 품질 인자로서 총산도 1.0% 이하, 염농도 1.5-4.05%, 광물질 이물 0.03% 이하, 적색, 맛은 매운맛, 짠맛 및 약간 신맛과 사각사각한 조직감으로 넓게 규정하고 있다.[202) 'Codex'는 'Codex Alimentarius'라는 라틴어의 줄임말로 식품법령 혹은 식품규격을 의미한다. 'Codex 국제식품규격위원회'(Codex Alimentarius Commission, Codex 위원회)는 1962년 국제식량농업기구/국제보건기구(FAO/WHO)가 공동으로 설립한 정부 간 국제기구이다.

(8) 젓갈류

절인 김치류와 함께 어패류를 소금에 절인 젓갈의 역사도 오래된 것으로 알려졌다.[203) 젓갈은 아미노산이나 무기성분이 풍부하고, 조직감이 독특하며 소화흡수가 양호한 전통 수산가공식품이다.[204) 젓갈은 어패류의 근육, 내장 등에 식염을 가하여 자가소화 및 미생물의 작용에 의해 분해, 숙성시킨 것이다. 독특한 풍미 때문에 기호식품 또는 김치를 담글 때 많이 이용되어 왔다.[205)

맹현의 젓갈류로는 조개젓, 새우젓, 조기젓, 명란젓, 어리굴젓, 민

---

202) Park WS, Kim MH, Kim YH, Kil Bl, Lee YK, park KJ, Development of quality control technology and elaboration of codex standard for high-quality exporting *Kimchi*, Research Report of Agriculture Deveolpment KFRI, GA0174-0002, 2000.

203) 《삼국사기 I》, 〈권8 신라본기〉, '신문왕3년'조(683), 208쪽.

204) 이원동, '한국전통식품의 현대화 및 세계화', 〈한국젓갈의 현황과 현대화 과제〉, 《식품산업과 영양》 2001, 6(3): 23쪽.

205) 구재근 외, 〈밴댕이 및 주둥치 젓의 증미성분〉, 《한국식품과학회지》 1985, 17(4): 283쪽.

물게장이 있다.

민물게장

아버지는 생전에 "민물게장은 상강 전후(양력 10월 중순경)에 담가서 입춘 전에 먹어야 한다"고 했다. 또한 "민물게는 바닷게와 달리 등딱지가 검은데 너무 검은 것보다는 약간 누런 색깔이 비치는 것이 좋다. 파주, 임진강, 덕소강, 논산의 게가 일품으로 두 달은 묵혀야 제맛이 난다"고 했다.

맹현의 민물게장(사진 27)은 산 게를 깨끗이 씻어서 여러 번 물로 헹구어 체에 놓아 거품을 내뱉게 한다. 게를 항아리에 넣고 진간장을 잠길 만큼 붓는다. 3일째 되는 날 간장을 따라내어 끓여서 식혀 붓는 과정을 두 번 정도 되풀이한 다음 두 달을 숙성시킨다.

한편 《규합총서》(85쪽)에 게는 "늦여름과 초가을에 매미처럼 허물을 벗으므로 벗을 '解'자와 벌레 '虫'자를 합한 글자인 '해(蟹)'라고 한다"고 했다. 또한 《동의보감》에 게는 "다섯 쌍의 발 중 첫째 한 쌍의 집게발로 발가락을 폈다 굽혔다 하면서 옆으로 기어가기 때문에 방해(螃蟹)"라고도 한다.[206] 민물 게의 생식기는 가을로 이때의 암컷의 등딱지 속에 장이 가득해서 가장 맛이 있다.[207]

고려시대 《동국이상국집》〈제7권 고율시〉[208]에는 '찐 게를 먹으며'라는 시가 나온다. 이규보는 "강가 애들 살진 게를 잡아오니/배꼽이 동그런 암놈들이 가득일세/까그라기 바칠 때도 하마 지났는지/뒷다리엔 윤기 나는 살이 붙었구나. 〔…〕 새빨갛게 익은 껍질 벗겨버리니/

---

206) 허준, 《한권으로 읽는 동의보감》[1613], 〈어부〉, 신동원 외 역, 들녘, 1999, 858-859쪽(이하 《한권으로 읽는 동의보감》).

207) 유태종, 〈게〉, 《동아일보》 1975.12.16, 4면.

208) 이규보, 《신편 국역 동국이상국집 2》[1241], 〈제7권 고율시〉, '찐게를 먹으며', 민족문화추진회 역, 한국학술정보, 2006, 164쪽(이하 《신편 국역 동국이상국집 2》).

누른 살 푸른 장이 먹음직해라"고 노래했다. 게가 8월이면 벼 까끄라기를 가져다 동해의 신에게 바친 다음에야 살이 찐다고 한다. 계속해서 "풀 속 진흙 밭을 기어다니다/잡혀 온 분노는 눈에 어렸으나/이와 같이 나의 왼손에 들려/술안주 되는 것도 다행으로 알아라 〔…〕"고 게를 노래했다.

게는 갑각류의 절족(절지)동물에 속하는데 꽃게·영덕게·털게 등의 바닷게와 민물게가 있다. 게는 등딱지인 갑각(게껍질)으로 덮여 있다. 게껍질은 게의 60-80%를 차지하며 이의 30-40%는 단백질이고, 30-50%는 탄산칼슘, 20-30%가 키틴질이다.[209] 탄산칼슘은 산을 중화시키는 성질이 있어 게껍질을 싸서 신 김치에 넣으면 신맛이 덜 하다고 한다. 새우, 게 등 갑각류 껍질의 세포벽 구성성분인 키틴질은 뜨거운 강알카리로 처리하면 키토산(chitosan)이 만들어진다.[210] 이 물질은 오늘날 식품, 의약 등 여러 분야에서 기능성물질로 각광받고 있는 성분이다.

게살은 단백질이 많고 핵산 관련 물질인 구아닌산(guanylic acid) 등은 게 특유의 맛과 향을 낸다. 또한 지방 함량이 적어서 맛이 담백할 뿐 아니라 소화도 잘 돼 회복기 환자나 허약체질 또는 노인에게 좋다. 저지방 고단백질을 필요로 하는 비만증, 고혈압, 간장병 환자에게 좋다.[211] 《동의보감》 '어부'조[212]에 따르면 "게는 맛 좋은 반찬이며 식욕을 돋우어 주는 약이다. 즉 게는 위기를 도와 소화가 잘 되게 해준다"고 했다. 특히 "게 껍질 사이에 있는 누런 물은 끊어진 힘줄과

---

209) 김순동 외, 〈게껍질의 김치보존성 향상효과〉, 《한국식품영양과학회지》 1996, 25(6): 907쪽.

210) 장현주 외, 〈게껍질 chitin 및 chitosan의 소화관내 기능성에 관한 *in vitro* 연구〉, 《한국식품과학회지》 1994, 26(4): 348쪽.

211) 한국식품조리과학회, 《식품조리과학용어사전》, 교문사, 2007, 27쪽.

212) 《한권으로 읽는 동의보감》, '어부'조, 859쪽.

뼈를 이어 준다고 하는데, 이는 위급할 때 자기의 발을 자르고 도망가는데 발이 잘라져도 다시 생겨나기 때문"이라고 했다.

(9) 장아찌

장아찌는 삼국시대에 장과 소금 절임에 의한 음식이 있었던 것만큼 그 역사가 오래된 음식이다.[213] 궁중에서는 장과(醬瓜)라 한다.

맹현의 장아찌는 무말랭이장아찌, 오이지장아찌, 동치미장아찌, 지고추, 통마늘장아찌, 깻잎장아찌 등이 있다.

무말랭이장아찌(사진 28)는 음력설이 지나고 겨우내 먹던 김장이 싫증날 때 쯤이면 무말랭이, 배추 잎, 고추 잎을 간장에 담가 간이 배게 두었다가 꺼내어 양념한 것이다. 여름에 먹다 남은 오이지는 반으로 잘라 물기만 걷게 말려서 간장에 담가 오이지장아찌를 만든다. 동치미는 오이지장아찌에서와 같이 고추장에 담가 동치미장아찌를 담근다. 통마늘은 간장에 담가 통마늘장아찌를 담그고, 풋고추는 소금에 달포 정도 절여 지고추를 만들어 겨울에 동치미를 담글 때 넣는다. 깻잎장아찌는 소금에 절여 진간장을 끓여서 뜨거울 때 부으며 설탕은 조금 넣는다. 〈사진 29〉는 배추, 오이 등을 간장에 절여 만든 장아찌들이다.

장아찌는 조선 후기에 이르러서는 채소의 재배가 활발해짐에 따라 그 종류도 많아졌다. 또한 간장뿐 아니라 된장 혹은 고추장에 박았다 양념하기도 했다. 《시의전서》(173-174쪽)에는 마늘·속대·무·오이·미나리·세파·고추 잎·가지 등을 간장에 절여 장아찌를 만들고, 더덕·송이·무 등은 말렸다가 고추장에 박아 장아찌를 만들었다.

맹현의 간장은 큰 독에 수십 년 동안 묵혀서 사용했다. 묵은 간

---

213) 조선의 민속전통편찬위원회, 《조선의 민속전통 1—식생활풍습》, 68쪽.

장은 겉으로 보기에 색깔이 진하고 걸쭉하며 맛이 짜지 않다. 간장은 원료인 콩 성분들이 미생물에 의해 탄수화물·단백질·지방이 각각 당·아미노산·지방산의 저분자로 가수분해된다. 계속해서 미생물에의 작용으로 향미성분이 생성되는데, 소금에 의한 짠맛, 글루탐산(glutamic acid)·아스파라긴산(asparagine) 등에 의한 감칠맛, 유기산에 의한 신맛, 당류 등에 의한 단맛이 조화를 이룬다. 또한 간장은 묵힐수록 젖산, 당류, 아미노산 함량이 증가한다고 한다.[214] 묵은 간장에 절여 만든 무말랭이장아찌는 아작아작하게 씹히는 질감과 함께 그 맛이 산뜻하다. 무말랭이장아찌는 변비 예방은 물론 오늘날 혈청 콜레스테롤을 저하시키는 등 생리활성물질로 알려진 식이섬유의 공급원이다. 봄에서 시작하여 사계절 내내 상에 오르던 밑반찬이었다.

(10) 숙장아찌

《이조궁정요리통고》(110쪽)에 의하면 숙장아찌는 오이, 무, 열무, 미나리, 배추속대 등을 소금에 절이거나 햇볕에 말려서 물기를 뺀다. 쇠고기와 함께 넣고 볶아서 실고추·참기름·깨소금을 넣어 한데 버무린 음식이다. 장아찌에 비해 저장기간이 짧다. 갑자기 만들었다고 해서 '갑장과·숙장과(熟醬瓜)'라고도 한다.

맹현의 숙장아찌는 무숙장아찌, 오이숙장아찌, 오이장선 등이 있다.

무숙장아찌

무숙장아찌는 무를 간장에 절여 건져 베보자기에 싸서 맷돌로 누른다. 쇠고기는 채를 썰어 양념하여 절인 무와 함께 볶는다. 참기름·깨소금을 넣어 무치고 실고추를 얹어 접시에 올렸다. 오이숙장아찌도

214) 한국식품조리과학회, 《식품조리과학용어사전》, 15쪽 .

무숙장아찌와 같은 방법으로 만든다. 간장에 절여서 눌렀다가 볶아 낸 무와 오이 씹히는 맛이 독특하다.

《한국의 맛》(258쪽)에서는 "무를 썰어 집진간장에 절여 베보자기에 싸서 맷돌로 눌렀다가 햇빛에 꾸덕하게 말린다. 쇠고기와 표고버섯을 채 썰어 함께 볶은 뒤 갖은 양념을 하여 무친다. 무를 집진간장·참기름·설탕 등에 조린다. 여기에 쇠고기·볶은 버섯·실고추를 약간 섞어 살짝 볶아서 그릇에 담고 잣가루를 뿌린다"고 했다. 한편 《시의전서》(174쪽)에서는 "진장을 섞은 물에 무를 탕무처럼 썰어 넣고 삶다가 생강과 마늘을 다져 넣는다. 쇠고기는 가늘게 다져 넣고 고춧가루·후춧가루·깨소금·기름을 넣어 섞고 조린다. 쪽파, 표고, 느타리도 넣으면 좋다"고 했다. 무를 절이지 않고 간장에 조린다. 반면 《조선요리제법》(130쪽)에서는 "무는 썰어서 냄비에 넣고 쇠고기를 잘 이겨서 넣고 물 한 종지 넉넉히 붓고 함께 끓이다가 간장과 갖은 양념을 하고 조려서 기름을 쳐서 만든다"고 했다.

이처럼 무숙장아찌는 1800년대에는 무를 절이지 않고 간장에 넣고 졸였다. 1900년대 후기로 가면서 소금 혹은 간장에 절여 꼭 짜고 쇠고기 등의 재료와 함께 볶아 양념하거나 간장을 넣고 함께 조리는 방법으로 변화된 듯하다.

(11) 밑반찬류

맹현의 밑반찬류로는 굴비, 새우보푸라기, 북어보푸라기, 고추장볶음 등이 있다. 굴비는 원래 말려 껍질을 벗겨 찢어서 굴비살·알·내장을 한 그릇에 가지런히 담아 그대로 먹었다. 그러나 점차 굴비찜, 굴비구이, 굴비찌개를 만들어서 먹기도 했다. 영광군 법성포 등 해풍에 절어서 뱃살이 노르스름한 서해안 조기가 맛이 있다고 한다. 또한 새우·북어 말린 것을 비벼서 보푸라기를 내서 참기름·소금·설탕을 넣고 묻혀서 새우보푸라기·북어보푸라기를 만들었다.

굴비자반

맹현의 굴비자반(사진 30)은 축축한 굴비를 그늘에 걸어 놓아 말리고 살을 발라 결대로 찢어서 그대로 찹쌀고추장에 찍어 먹는다. 봄철에 보통 약 40여 일간 말리는데 굴비가 너무 말라 딱딱하거나 굴비 살이 너무 착색되지 않게 잘 말린다. 밥맛이 없을 때 밥을 물에 말아서 굴비자반을 찹쌀고추장에 찍어 먹는다. 누진누진한 촉감과 그 독특한 맛이 입맛을 돋운다. 봄부터 여름의 일상식일 뿐 아니라 잔칫상에도 올라 상차림에 한몫을 하는 음식이다. 맹현에서 굴비는 굴비자반뿐 아니라 파·마늘을 얹어 쪄서 굴비찜을 만들어 먹거나 그대로 구워서 굴비구이로 먹기도 했다.

흔히 자반이라 하면 자반고등어 등 생선에 소금 간한 것을 떠올리곤 한다. 그러나 자반의 종류에 콩자반·미역자반 등이 있는 것을 보면 생선에 국한된 것이 아님을 알 수 있다. 《한국의 음식용어》[215]에서는 자반은 "짭짤하게 만든 비교적 저장성이 있는 음식으로 밥반찬으로 어울리는 음식에 대한 총칭"이라고 했다. 또한 《한국요리문화사》(310쪽)에서는 "보존성이 있고 맛이 진한 밑반찬 무리"라고 했다. 《조선무쌍신식요리제법》(236-239쪽)에서는 자반이 밥을 먹도록 도와준다 하여 좌반(佐飯)이라 했고 소금을 넣어 만든 것이라 했다. 자반으로 먹는 자반조기는 제철의 것이 좋다고 권했다. 또한 "굴비는 한 때 먹는 것이며, 반찬과 술안주로 좋고 굴비 알이 제일가는 것"이라 했다. 또한 "굴비를 오래 두면 기름이 나서 못 쓰니 가랑잎에 싸서 두면 기름이 빠져서 오래 두고 먹을 수가 있다"고 했다.

---

215) 윤서석, 《한국의 음식용어》, 대우학술총서, 1991, 234쪽.

조기는 민어과에 속하는 생선으로 남쪽에서 월동한 후 2월경에 북상하여 남해 추자도 근해를 지나 3월경에 흑산도 연해에 도달한다. 4월에 전남 영광 근해에서 산란한 후 점차 북상하여 연평도에 이른다. 특히 곡우(4월 20일)를 전후로 연평도와 칠산어장에서 잡은 알배기 참조기를 해풍에 말린 굴비가 최상품이다. 조기란 이름은 기운을 북돋워 준다 하여 '조기(助氣)'라고 한다.[216] 조기는 3·4월에 소금을 뿌려 사흘 정도 두었다가 비늘을 긁고 뒤집어 가면서 말린다. 조기 20마리에 소금 소두 2되의 비율로 한다. 소금은 조기 아가미에 가득 넣고 전체에 듬뿍 뿌린다(《한국의 맛》, 41쪽).

한편 굴비는 조기를 소금에 절여 말린 염건가공품으로 독특한 풍미와 조직감을 갖는 전통수산가공식품이다. 굴비는 좋은 맛을 가진 글루탐산(glutamic acid), 단맛을 가진 리신·알라닌(lysine·alanine), 쓴맛을 가진 류신(leucine) 등이 많이 함유되어 있다. 이들 유리아미노산이 굴비의 독특한 풍미에 관여한다.[217] 굴비란 이름은 고려시대 때 이자겸이 왕에게 진상하는 조기에 비굴(非屈)하지 않게 살고 있다는 뜻으로 정주굴비(靜州屈非)라는 네 글자를 써서 올린 이후 조기 말린 것을 '굴비'라 하게 됐다고 한다(《한국요리문화사》, 240쪽).

맹현에서는 굴비 이외에도 장산적, 북어보푸라기, 볶음고추장(사진 31) 등 두세 가지 밑반찬을 곁들여 상에 올려 더운 여름날 입맛을 돋우곤 했다.

북어보푸라기

북어보푸라기는 통북어를 불려 수저로 긁어서 보푸라기를 내어 양

216) 한국식품조리과학회, 《식품조리과학용어사전》, 270쪽.
217) 이응호 외, 〈굴비 가공 중의 유리아미노산의 변화〉, 《한국식품과학회지》 1976, 8(4): 229쪽.

념하여 무친 음식이다. 북어는 주로 황태를 쓰는데 황태는 얼리면서 건조시킨 것으로 보푸라기가 잘 일어난다. 맹현에서는 참기름과 소금으로만 양념을 하지만, 요즈음은 간장·고춧가루 양념을 하여 색을 내기도 한다.

한편 여러 조리서에서는 보푸라기는 '무침'으로 소개되고 있다. 《조선요리제법》(30쪽)에 새우무침은 "큰 새우를 껍질을 벗기고 보자기에 싸서 방망이로 찧어 잘게 부스러지게 하여 그릇에 담고 간장·기름·깨소금·고춧가루·후춧가루를 쳐서 무친다"고 했다. 새우보푸라기인 듯하다. 북어무침도 이와 같이 했다. 북어보푸라기는 궁중의 초조반상에 죽과 함께 오르던 음식이다.[218]

고추장볶음

맹현의 고추장볶음은 다진 쇠고기를 갖은 양념하여 고추장에 넣고 꿀과 참기름도 듬뿍 넣어 함께 볶은 것이다. 쇠고기와 통잣 등을 넣어 볶아서 씹히는 맛이 좋다. 쌈장으로 먹기도 하고 여행길 도시락에 곁들이기도 했다.

《시의전서》(560쪽)에서는 통잣 외에 볶은 고추장 위에 "잣가루를 뿌린다"고 했다. 《부인필지》(576쪽)에서는 잣 이외에 "볶은 통깨를 넣기도 한다"고 했다. 《조선무쌍신식요리제법》(318-319쪽)의 볶은 고추장[熬苦草醬]은 "좋은 고추장에 쇠고기 난도한 것을 상등하게 넣고 꿀이나 설탕을 치고 파와 생강을 난도하여 넣고 기름을 많이 부어 숯불에 천천히 볶되 눋지 않게 자주 저어 준다. 기름이 자질 만하거든 실백을 섞어 쓴다. (…) 고추장이 없으면 된장을 곱게 으깨고 고춧가루를 치고 양념하여 볶으면 이 또한 볶은 고추장

218) 한복진, 《조선시대 궁중의 식생활문화》, 153쪽.

과 같다"고 했다.

(12) 부침개

부침개는 빈대떡·전·누름적·전병 따위처럼 기름에 지진 음식을 통틀어 이르는 말이다.[219] 전·누름적·전병은 주로 여러 의례상에 오른다. 일상음식으로서는 호박부침개와 빈대떡이 있다. 호박부침개는 《동국세시기》 '6월'조에(105쪽) "밀가루에다 호박을 썰어 넣고 반죽하여 기름에 부치기도 한다. 이것들이 모두 여름철의 시절음식으로 참되고 조촐한 별식이다"고 했다. 맹현에서도 이와 같이 만들었다.

(13) 즙·볶기

양즙

맹현의 양즙(膁汁, 사진 32)은 양을 칼로 다진 후 잣가루와 함께 섞어 중탕하여, 베보자기로 꼭 짜서 소금과 후추로 간을 한 즙이다. 자기 전 밤참으로 먹었다.

양은 소의 첫째 위인 깃머리 양과 둘째 위인 벌집 양을 주로 쓰며, 살이 얇고 털이 없으며 막이 덮여 있는 것이 좋다. 양은 소금으로 문질러 깨끗이 씻은 다음 끓는 물에 살짝 담갔다 꺼내어 검은 피막을 칼로 긁어내고, 안쪽의 기름과 막도 떼어 낸 후 깨끗이 씻는다.

양즙은 조리서에 따라서 중탕하여 마실 때 넣는 재료가 다양하다. 《시의전서》(204쪽)에서는 "양을 쇠고기와 함께 다져 넣어 중탕하여 소금과 후추 외에 파를 조금 넣어 마셔도 좋다"고 했다. 《조선무쌍신식요리제법》(315쪽)에서도 "소양의 깃머리와 쇠고기를 기름 없이 함께 두드려 중탕하여 익힌 후 수건에 짜서 실백(잣)과 함께 하면

---

219) 윤서석, 《한국의 음식용어》, 183쪽.

좋다"고 했다. 반면 《한국요리백과사전》(332쪽)에서는 "흰 파와 마늘을 넣어 중탕하고 잣즙을 섞어 소금과 후추로 간을 맞추어 마신다"고 했다.

육즙·낚지볶기·민어볶기

맹현에서는 다진 쇠고기를 갖은 양념하여 치대어 볶은 다음 거즈에 걸러서 육즙을 내어 오이선·새우무침 등 맹현의 의례음식을 만들 때에 썼다. 또는 육즙에 낚지나 민어를 썰어 넣고 움파·양파·집간장을 넣어 낚지볶기·민어볶기를 해 먹었다.

육즙은 《조선요리제법》(356쪽)에서는 "쇠고기 기름 없는 순전한 살로 곱게 이겨서 실백을 섞어 넣고 중탕을 해서 끓여가지고 정한 베보자기에 짜서 뜨거운 즙에 후춧가루를 쳐서 먹는다"고 했다. 다진 쇠고기를 중탕하여 짜서 만들어 마시기도 했다.

2. 의례음식

의례음식은 혼례음식·제사음식·시절음식 등이 포함된다. 혼례·회갑·회혼례(回婚禮) 등 길사(吉事) 혹은 경사(慶事)에는 축하의 뜻으로 음식을 차리고, 상사(喪事)에는 영혼을 공경하고 위로하는 뜻으로 음식을 차린다. 제물(祭物)이라고 한다.[220)]

맹현의 의례음식의 종류는 〈표 2〉와 같다.

1) 만두류

만두는 고려시대에 밀가루를 발효시켜 고기나 채소를 소로 넣고 시

220) 서울특별시사편찬위원회, 《서울육백년사》 제1권, 983쪽.

〈표 2〉 맹현의 의례음식

분류	종류
만두류	어채, 어만두, 준치만두, 생치만두
탕류	두골탕, 우설탕, 초계탕, 영계백숙, 전복탕, 해삼탕, 송이탕
전골	신선로, 송이전골, 두부전골, 삼육전골, 갖은전골
찜	갈비찜, 내장찜, 사태찜, 우설찜, 닭찜, 영계찜, 떡찜, 도미찜, 새우찜, 전복찜
선	오이선, 어선, 조개선
초	홍합초, 전복초
전	육전, 간전, 생선전, 굴전, 두릅전, 호박전, 양전, 허파전, 천엽전, 무전
적	민어산적, 송이산적, 파산적, 콩팥산적, 염통산적, 섭산적, 장산적, 화양적, 잡누름적, 누름적
숙채	삼색나물(고사리·도라지·시금치), 구절판, 새우무침
회	생회: 어회(민어회·병어회·조기회), 육회, 굴회 숙회: 어채, 미나리강회, 파강회, 두릅회
숙육	양지머리편육, 우설편육, 지라편육, 제육
포·족편	육포, 편포, 족편
한과	유밀과: 강정, 빙사과, 매화연사, 산자, 약과, 만두과, 매작과 다식: 녹말다식, 흑임자다식, 송화다식, 오미자다식, 신감초다식 정과: 앵두정과, 모과정과 과편: 앵두편 숙실과: 조란, 율란, 생란, 잣박산
떡	꿀편, 백편, 신감초편, 깨찰떡, 녹두찰떡, 물호박떡, 무시루떡, 백설기, 석이단자, 대추단자, 밤단자, 쑥구리단자, 쑥주악, 쑥버무리, 대추주악, 생란, 율란, 조란, 화전, 증편, 두텁떡, 수수경단, 수수부꾸미, 약식, 약과, 잣박산, 매화연사, 개떡[介餠]
화채류	오미자화채, 착면, 보리수단, 복숭아화채, 앵두화채, 수정과, 배숙, 식혜

루에서 둥글게 쪄낸 상화(箱花)라는 이름의 중국 만두가 우리나라에 들어왔다고 한다.[221] 조선시대 고 조리서에는 밀만두, 메밀만두, 어만두, 생치만두 등 다양한 만두가 기록되어 있다. 한편 만두피로는 오

221) 이성우, 《한국요리문화사》, 169쪽.

늘날 우리가 주로 쓰는 밀가루반죽 이외에 육류·생선 등이 다양하게 사용되었다.[222)]

맹현에는 어만두, 준치만두, 생치만두 등이 있다.

어만두·어채

맹현의 어만두(사진 33)는 생선살을 저며 만두피로 해서 육소를 넣고 송편 모양으로 빚은 다음 녹두녹말을 흠뻑 묻혀서 끓는 물에 데쳐 낸다. 어채(사진 34)는 생선을 도톰하게 저며 녹두녹말을 묻혀 끓는 물에 살짝 데쳐서 만든다. 어채는 일종의 숙회(熟膾)이나 상에 올릴 때 어만두와 함께 올리기도 하고 재료도 비슷해 이 책에서는 어만두와 함께 다루고자 한다. 모두 흰살생선으로 만드는데 민어를 제일로 치며 도미, 병어 등으로도 만든다. 접시에 낼 때에는 국화잎·석이버섯·다홍고추·표고버섯을 녹말에 묻혀 데쳐 내어 장식한다. 이전에는 붉은색 장식을 위해서는 당근보다 다홍고추를 많이 썼다. 녹두녹말을 묻혀 데쳐 내어서 겉모양이 윤기가 흐르고 입 안에서의 촉감이 좋으며 시각적으로도 아름답다. 잣가루를 넣은 초간장에 내어 먹었다. 어채·어만두를 만들고 남은 생선으로는 무·양파·배추를 넣어 소금간하여 국을 끓이기도 했다. 어만두는 맹현에서는 주안상과 여러 잔칫상에 올랐다. 또한 조선 정조19년(1795) 정조가 어머니인 혜경궁 홍씨를 모시고 사도세자의 능인 현륭원을 참배했을 때 행사기록인《원행을묘정리의궤》의 반(飯)수라상에 올랐던 음식이기도 하다.[223)]

어만두는《음식디미방》(84쪽)에서는 "생선은 아주 얇게 저며 소는 석이·표고·송이·꿩고기·잣 등을 한데 짓두드려 간장과 기름에 볶

---

222) 김기숙 외,〈고 조리서에 수록된 만두의 종류와 조리법에 관한 고찰—1600년대부터 1950년대까지 발간된 고 조리서를 중심으로〉,《동아시아식생활학회지》1999, 9(1): 3-16쪽.

223) 김춘련,〈18세기 궁중음식고—원행을묘정리의궤를 중심으로〉, 80쪽.

아 그 고기에 싸서 야무리고 녹두가루를 묻혀 만두같이 삶아 쓴다"고 했다. 《시의전서》(189쪽)에서는 "민어나 숭어나 도미로 만들었다. 어만두 속은 황육에 미나리·숙주도 합하여 양념을 갖추어 넣고 주무르며, 초간장에 고춧가루를 타서 쓴다"고 썼다. 한편 《한국의 맛》(83쪽)에서는 찜통에 쪄서 겨자즙을 곁들이기도 했다. 《이조궁정요리통고》(86쪽)에서는 소금물에 삶아 내어 초고추장에 먹기도 했다.

어채는 《음식방문》[224]에 의하면 "숭어 길이를 한 치(寸: 3.03cm)씩 동글동글하게 썰고 녹말을 묻혀서 끓는 물에 데쳐서 초간장에 쓴다"고 했다. 《시의전서》(190쪽)에서는 "흰파와 미나리를 1치씩 자르고, 생선은 토막 내어 조금 두껍게 저민다. 전복과 해삼은 골패짝같이 썰고 고추는 반을 쪼개어 씨를 바른다. 국화잎·표고·느타리·석이를 깨끗이 씻어 건져서 모두 다 녹말가루를 무쳐서 끓는 물에 삶아 건져 물을 뺀 후 그릇에 담는다. 초장에 고춧가루를 타서 쓴다"고 했다. 전복과 해삼을 사용했다. 어채는 어만두와 함께 여러 궁중 연회상에 올랐다.[225]

여러 조리서에서는 어채·어만두를 주로 숭어로 만든다. 《산림경제》(525쪽)에서는 "숭어만두만큼 맛있는 게 없다"고 했다. 《규합총서》(79쪽)에서는 숭어는 "진흙을 먹어 토기가 있는 고로 비위에 유익하고, 온갖 약에 다 꺼지지 않으니 모든 생선 가운데 빼어나다 하여 '수어(秀魚)'라 하니 음식에 또한 다른 고기보다 낫다"고 했다. 한편 《동의보감》 '어부'조[226]에 의하면 숭어는 "식욕이 나게 하고 소화가 잘되게 하고 오장을 좋아지게 하며 살찌게 한다"고 썼다.

---

224) 작자 미상, 《음식방문》[1800년대 중엽], 농청진흥청장 편, 《규곤요람·음식방문·주방문·술빚는법·감저경장설·월여농가》, 고농서국역총서17, 농촌진흥청, 2010, 31쪽(이하 《음식방문》).

225) 한복진, 《조선시대 궁중의 식생활문화》, 210쪽.

226) 《한권으로 읽는 동의보감》, 843쪽.

준치만두

맹현의 준치만두(사진 6, 사진 35)는 준치를 쪄서 가시를 바르고 살만 모아 뭉쳐서 조금씩 떼어 내어 여러 번 치댄다. 가장자리를 매끄럽게 정리하고 윗면은 평평하게 하여 오른쪽 엄지손가락 옆면으로 반죽한 윗면의 중앙을 지그시 눌러서 작은 배 모양을 만든다. 통잣 두어 개를 박아서 녹두녹말가루를 입혀 찐다. 준치만두는 그대로 먹거나 혹은 양지머리로 진하지 않게 장국을 만들어 쑥갓과 완자 모양의 황백지단과 함께 띄워 내어 준치만둣국을 만들기도 한다. 맛이 깊고 중후하여 한 그릇에 보통 3개의 준치만두를 띄워 냈다. 준치는 잔가시가 많아 살을 바르는 일이 시간을 요하므로 준치만두는 정성이 필요한 음식이다. 맹현에서는 여러 잔칫상에 올리곤 했다. 준치만둣국은 5월 단오 절기음식이기도 하다.

준치만두는 《조선요리법》(85쪽)에 처음 나오는데 "준치를 손질하여 쪄서 가시를 골라내고 살만 갖은 양념한다. 조금 떼어서 세 손가락을 마주대고 바싹 눌러서 실백을 두어 개씩 박고 녹말 씌워 삶는다. 또한 만두 모양은 손가락 자국이 나게 된다"고 했다. 《이조궁정요리통고》(95쪽)에서는 "준치를 찐 후 살을 발라서 쇠고기를 다져 볶아 섞는다. 만두 모양으로 작게 빚어서 녹말가루를 씌우고 솥에 찌거나 또는 끓는 물에 넣고 삶는다"고 했다. 반면 《한국의 맛》(86쪽)에서는 "쇠고기는 곱게 다져서 볶고, 오이는 껍질만 채 썰어 소금에 절여 꼭 짠다. 두부는 꼭 짜서 양념하고, 표고는 채 썰어 볶아 양념한다. 준치살에 이들 재료들을 합하여 양념하여 잘 무친 뒤 떼어 만두 모양으로 빚어 녹두녹말을 입혀 찐다"고 했다. 이처럼 준치만두는 조리서에 따라서 준치살에 쇠고기 혹은 쇠고기·오이·두부·표고 등을 섞어서 만두를 빚기도 한다.

옛말에 '썩어도 준치'라는 말이 있듯이 준치는 맛이 좋아 상품으로 친다 하여 진어(眞魚)라고도 한다.[227] 진어는 조선시대 종묘제례 때 천신하는 물품이기도 했다.[228]

생치만두

맹현의 생치만두는 꿩은 찌거나 삶아 식혀서 살을 발라 곱게 다진다. 무는 꿩과 같이 삶아 꺼내어 곱게 다져서 물기를 짜고 쇠고기는 다진다. 다진 꿩·무·쇠고기를 합하여 갖은 양념을 해서 녹말가루를 약간 넣고 잘 주물러 밤톨만큼 손에 놓고 실백 3개를 넣는다. 아물려 타원형으로 만든 뒤 녹말 씌워 삶아 낸다. 쇠고기(양지머리)로 장국을 만들고 만두를 넣고 한소끔 끓인다. 상에 낼 때는 장국에 생치만두 5알씩 넣는다. 당근은 매화 모양으로 하고, 표고 등은 4등분하여 녹말 씌워 데친다. 계란지단, 잣과 함께 띄워 냈다. 생치만두는 궁중의 수라상과 연회상에도 오르는 귀한 음식이다.[229]

생치만두는 1827년 《임원십육지》 〈정조지〉(248쪽)에 처음 나온다. "꿩을 끓는 물에 삶아 건져 도마 위에 올려놓고 칼로 곱게 다진다. 다진 꿩고기를 만두피로 해 두부, 고기, 채소에 파, 천초 등으로 양념한다. 만든 소를 넣고 싸서 송편 모양으로 빚고 메밀가루를 입혀 삶아 낸다"고 했다. 초장을 곁들여 냈다. 1957년 《이조궁정요리통고》(163쪽)에서는 "메밀가루와 녹말 배합으로 되게 반죽을 해서 얇게 밀어 만두피를 만든다. 꿩고기·쇠고기는 다져 양념해 볶는다. 숙주 데친 것, 미나리(또는 시금치), 표고, 생배추 등은 다져서 물기 없이 꼭 짜서 양념해서 쇠고기·꿩고기 볶은 것과 계핏가루·두부 등을 함께 넣어 속을 만든다. 만두피에 만두속을 넣어 빚은 뒤 고기장국에 넣고 끓

227) 《증보산림경제》, 270쪽.
228) 한복진, 〈조선시대 궁중의 천신 의례에 관한 고찰〉, 《동아시아 식생활학회지》 2002, 12(6): 484쪽.
229) 김용숙, 《조선조 궁중풍속 연구》, 407쪽.

인다"고 했다. 반면 《조선요리법》(84쪽)에서는 "생치를 무와 함께 푹 무르게 삶아 건진다. 삶은 꿩은 살을 죄 긁고 무는 뭉크려서 갖은 양념한다. 양념한 생치를 대추만큼씩 떼어서 모양 있게 만들어서 실백을 박아 녹말을 묻혀서 끓는 장국에 삶았다"고 했다. 만두피 없이 꿩살을 반죽하여 빚어 생치만두를 만들었다.

이와 같이 생치만두는 조리서에 따라서 꿩을 찌거나 삶아 꿩살을 빚어 양념하여 녹말 씌워 삶기도 한다. 반면 꿩살을 만두피로 하여 만두소를 넣기도 했고, 또한 가루반죽을 만두피로 하고 꿩살을 만두소로 하여 만들기도 했다.

녹두녹말가루는 만두뿐 아니라 맹현의 여러 음식을 만들 때 자주 썼던 재료이다. 어머니께서는 매년 음력 3월경 녹두녹말가루를 만들어 두었다가 어채, 어만두, 오이선, 창면 등을 만드는 데 썼다. 이른바 녹말수비법(水飛法)이다.

녹말수비법

수비(水飛)란 곡식의 가루를 물 속에 넣고 휘저어 잡물을 없애고 세분(細粉)과 조분(粗粉)을 나누는 것이다.[230] 맹현에서는 녹두녹말은 녹두를 맷돌에 타 물에 담가 불려 거피한 후 다시 맷돌에 갈아 면으로 만든 자루에 넣고 여러 번 물에 치댄다. 앙금을 가라앉히고 웃물은 버리고 이런 과정을 수차 반복한다. 수저로 앙금을 떠내어 온돌방 아랫목에 한지를 깔고 말린다. 빻아서 체에 쳐서 고운 가루로 만들어 두고두고 썼다.

녹두녹말가루는 《음식디미방》(79쪽)에 따르면 "2-3월에 녹두를 갈되 온 낟알과 뉘(등겨가 붙은 알갱이)가 없도록 갈아 이른 아침에 떠

230) 《임원십육지》, 〈정조지〉, 245쪽.

온 정화수에 담근 다음 물을 여러 번 갈아 준다. 씻은 녹두를 무명 주머니에 넣고 그것을 밭쳐 내고 찬물을 많이 부어 아주 눅게(묽게) 하여 관질 그릇에 가라앉힌다. 웃물을 퍼내 버린다. 가라앉힌 흰 가루 위에 종이를 깔고 그 위에 재를 깔면 그 물이 다 재에 배인다. 물기를 머금은 재는 걷어내고 숟가락으로 가루를 긁어 채반에 기름종이를 깔고 말린다"고 기록되었다. 녹두 1말이면 녹말(앙금) 3되가 나온다고 했다.

한편《우리나라 음식 만드는 법》[231]에서는 "녹두녹말은 삼월 초순이나 나무에 싹이 트려고 하는 이른 봄에 만드는 것이다. 조금만 늦어져 잎사귀가 나온 다음에는 삭어지고 절대로 되지 않는다"고 했다. 이른 봄에 녹두녹말을 만들어 쓸 것을 권장했다.

2) 탕류

맹현의 의례상에 오르던 탕으로는 두골탕, 우설탕, 초계탕, 영계백숙, 전복탕, 해삼탕, 송이탕 등이 있다.

두골탕

맹현의 두골탕(사진 4)은 두골은 껍질을 벗기고 물에 씻어 찜통에 보를 깔고 찐다. 찐 두골을 도마 위에 놓고 칼로 도르륵하게 저며 쟁반에 늘어놓고 소금 약간·후추·생강즙을 발라 밀가루를 묻히고 계란 씌워 두골전을 부친다. 양파·표고·고기를 얄팍하게 썰어 갖은 양념을 하고 간장을 약간 넣어 빛깔을 내어 냄비 바닥에 깐다. 그 위에 두골전을 보기 좋게 늘어놓고 은행·호두·달걀채를 얹어 양지머리육수를 내어 붓고 간을 맞추어 끓인다.

231) 방신영,《우리나라 음식 만드는 법》, 300쪽.

두골탕은 《조선왕조 궁중음식》[232]에서는 "쇠고기를 갖은 양념하여 장국을 끓인다. 두골은 얇게 저며 소금·후춧가루를 뿌린 다음 밀가루를 묻히고 계란을 씌워서 두골전을 만든다. 장국을 청장으로 간을 맞추고, 두골전과 실파를 넣고 잠깐 끓여 낸다"고 했다. 한편 《조선요리법》(187쪽)에는 '골탕'이 나오는데, "소의 등골을 전 부치기 좋을 만큼 잘라서 밀가루와 계란 씌워 등골전을 부친다. 연한 고기살을 갖은 양념하여 맑은 장국으로 끓이다가 등골전을 보기 좋게 나붓하게 썰어 넣고 잠깐 동안 끓인다"고 했다.

우설탕

맹현의 우설탕은 우설을 삶아 식혀서 하얀 껍질을 벗기고 우선 2mm 정도로 칼집을 낸 다음 다시 2mm에서 자른다. 쇠고기는 다지고 두부는 물기 없이 해 함께 양념한다. 우설을 도마 위에 놓고 그 위에 양념한 쇠고기·두부·실백을 놓고 한데 붙여 밀가루 계란 씌워 지진다. 냄비 바닥에 양파·백파·표고·쇠고기 약간·당근을 약간 양념하여 바닥에 깐다. 그 위에 우설 부친 것을 놓고 은행·호두·잣을 얹어 육수를 부어 끓였다. 우설로는 우설찜도 만들었다.

초계탕

맹현의 초계탕(醋鷄湯, 사진 36)은 영계의 뱃속에 찹쌀을 넣어 백숙하여 살은 건져서 굵직하게 찢는다. 전복은 삶고 불린 해삼과 죽순·오이·당근·불린 표고·배를 얄팍하게 길이로 썰어 깻국에 띄워 낸 냉식이다. 깻국은 백숙한 닭 국물을 체에 걸러 기름을 걷어낸다. 깨는 깨끗이 씻어 물기가 마를 정도로 볶아서 닭 국물에 갈아 밭쳐 차게

---

232) 한복진, 《조선왕조 궁중음식》, 화산문화, 2002, 148-149쪽.

식힌다. 초계탕은 건더기보다는 깻국을 넉넉히 부어 차게 먹는 음식이다. 고소하면서도 식초로 간을 해 새콤한 맛을 내므로 맹현에서는 여름 삼복에 즐겨 먹었다. 깻국은 《한국의 맛》(108쪽)에서는 닭 국물에 깨와 잣을 함께 넣고 갈아 만들기도 했다. 초계탕은 조리서에 따라서 깻국탕[233] 혹은 임자수탕(荏子水湯)[234]이라고도 하는데 궁중의 연회상에 오르던 음식이다.[235]

영계백숙

맹현에서는 여름 삼복에 또한 영계백숙을 먹었다. 영계백숙은 닭을 잘 씻고 수삼은 4절을 내고 감자는 껍질을 벗겨 2cm 두께로 썰어 밤 같은 모양으로 만들고 당근도 그와 같이 한다. 밤은 껍질을 까고 모두 닭 뱃속에 넣어 아물리고 닭이 잠길 만큼 물을 넣어 푹신하게 삶는다. 소금, 후추, 파는 다른 접시에 낸다.

《한국의 맛》(103-104쪽)의 영계백숙은 "영계 뱃속에 마늘 15쪽, 파(흰부분) 2뿌리를 넣고 닭이 잠길 정도로 물을 부은 다음 삶는다. 소금, 후춧가루를 곁들여 낸다"고 했다.

영계란 원말은 한자의 연계(軟鷄)인데 요즈음은 영계(嬰鷄)라고 쓰기도 한다. 병아리 때는 지났으나 아직 다 자라지 못한 어린 닭을 말하는 것이다. 백숙(白熟)이란 온갖 어육(魚肉)을 양념하지 않고 맹물에 삶아 익힌 것이다. 그러므로 영계백숙은 어린 닭을 삶아 익힌 음식이다.[236]

---

233) 한희순 외, 《이조궁정요리통고》, 62쪽.
234) 황혜성, 《조선왕조 궁중음식》, 81쪽.
235) 김용숙, 《조선조 궁중풍속 연구》, 409쪽.
236) 최상수, 《한국의 의식주와 민구의 연구》, 성문각, 1988, 47쪽.

해삼탕

맹현의 해삼탕은 불린 해삼을 길이로 잘라서 도마에 놓고 길고 얇게 저민다. 당근은 1cm 너비로 얇고 길게 저미고 죽순도 이와 같이 하되 넓으면 반으로 가른다. 오이와 양송이도 이와 같이 한다. 쇠고기는 곱게 다져 물기를 짠 두부와 합해서 완자를 만든다. 이처럼 준비한 재료들 위에 은행·호두·잣을 얹고 육수를 조금 붓고 간장으로 색을 내고 끓인다. 궁중의 연회상에 오르던 음식이다. 한편 궁중에서는 해삼으로 해삼전을 만들어 연회상에 올리기도 했다.[237)]

《한국의 맛》의 해삼탕(110쪽)은 "새우는 살짝 데쳐 곱게 다지고 소금·후춧가루·깨소금으로 양념하여 소를 만든다. 불린 해삼은 칼집을 넣어 안면에 밀가루를 발라 다진 새우소를 붙이고, 다시 밀가루를 묻혀서 달걀을 씌워 끓는 양지머리 국물에 넣고 한소끔 끓인다. 감국잎은 녹두녹말을 씌워 끓는 물에 데치고 황백지단을 만들어 함께 얹어 낸다"고 했다. 해삼에 칼집을 내고 새우소를 넣은 다음 육수에 끓였다.

송이탕

맹현의 송이탕은 송이의 모래 묻은 부분을 따고 소금물에 담가서 송이의 검은 부분을 살살 문질러 벗긴다. 송이를 길이로 네 조각을 내고 짝이 맞도록 해서 붙여 놓는다. 쇠고기는 약간 다지고 새우살은 발라 다진 쇠고기와 주물러 소금으로 간을 해서 번철에서 약간 볶는다. 송이를 두 짝씩 맞춰서 한 짝에 다진 쇠고기와 새우살 볶은 것을 얇게 붙이고 제짝으로 맞붙여서 밀가루를 묻히고 계란 씌워 부친다. 양파·백파·당근·오이·쇠고기를 얄팍하게 잘라 갖은 양념을

---

237) 이효지·윤서석, 〈조선왕조 후기의 궁중연회음식의 분석적 고찰〉, 《대한가정학회지》 1985, 23(4): 3, 6쪽.

해서 냄비에 깔고, 그 위에 계란 씌워 부친 송이를 늘어놓는다. 다시 위에 잣·은행·호두를 뿌리고 육수를 부어서 간을 맞추어 끓인다.

《한국의 맛》(95쪽)의 송이탕은 "송이는 다듬어 소금물에 담가 칼로 살살 벗기고 송이 모양이 나도록 저민다. 양지머리 국물에 간을 맞추어 끓이다가 송이와 실파 썬 것을 넣고 한소끔 끓여 낸다"고 했다. 송이를 그대로 육수에 넣어 끓였다.

3) 전골

전골은 쇠고기·버섯·채소·어패류를 넣고 국물을 조금씩 부으며 끓이는 음식이다. 전골 국물은 육수를 간장으로 간을 하며, 재료는 즉석에서 가열할 수 있도록 양념하여 준비해 놓고 전골 그릇에 담아 끓인다. 《경도잡지》〈권1 풍속〉(184쪽)에 "남비 이름에 전립투(벙거짓골)라는 것이 있다. 벙거지 모양에서 이런 이름이 생긴 것이다. 채소는 그 가운데 움푹하게 들어간 부분에다 넣어 데치고 변두리에다 고기를 굽는다"고 했다.

맹현의 전골에는 신선로(神仙爐), 두부전골, 삼육전골, 갖은전골 등이 있다.

신선로

맹현의 신선로(사진 3, 사진 37)는 양지머리와 무를 삶아 육수를 낸다. 신선로 그릇 바닥에 삶아 낸 무를 손가락 굵기만 하게 길이는 3cm로 썰고 그 사이사이에 양념한 쇠고기·삶은 양·곱창 그리고 편육을 깐 후 쇠고기전·생선전·간전과 미나리초대·황백지단·다홍고추 등을 약간 겹치게 색 맞추어 나란히 돌려 담아 채운다. 화통 주위는 완자로 빙 돌아가며 채운다. 고명으로 호두·은행·통잣·석이채 등을 자연스럽게 놓아 장식한 후 육수장국을 붓고 뚜껑을 덮은 뒤 그릇 가운데 화통에 숯불을 넣어 상에 올렸다. 맹현에서는 예전에 소가 풀만 먹고 자라던 시절 신선로를 만들 때에는 소의 등골과 두골도 사용했으나 요즈음은 광우병 파동 이래로 이들 재료들을 쓰지 않고 있다. 또한 간전은 곁간으로 부치는데, 소의 간에 덤으로 하나 더 붙어 있는 간이라 하여 이름 붙여진 것이다. 크기가 작은 손바닥만 하다.

신선로는 미나리초대·황백지단·다홍고추 등과 건과류 및 석이채가 빚어내는 청·황·적·흑색의 색스러움은 물론 여러 부위의 육류와 생선이 어우러진 맛 또한 대단해서 궁중에서는 입을 기쁘게 하는 국이라는 뜻으로 열구자탕(悅口子湯)[238]이라고 했다. 구자탕(口子湯) 또는 탕구자(湯口子)라고도 한다. 특히 맹현에서는 신선로을 만들 때 붉은색의 구색을 맞추는 데 당근 대신 다홍고추를 사용했다. 신선로는 맹현에서 경사스러운 잔치에 꼭 오르던 음식으로 어머니가 신부례를 행하던 날 시부모가 내려 준 큰상에도 올랐던 음식이다. 또한 어머니 생전에 여러 딸들의 혼례 때 정성스럽게 내놓았던 음식이기도 하다.

신선로는 《조선왕조 궁중음식》(86쪽)에서는 육수 만드는 재료가 다양했는데, 양지머리·사태·양을 넣어 육수를 만들었다. 흰살생선과 처녑으로 전을 부치고 황백지단 이외에 달걀 흰자에 석이를 곱게 다져 넣어 석이지단을 만들어 백색·흑색·황색의 구색을 맞추었다. 육수를 낸 고기와 무를 썰어 양념해 신선로 바닥에 깔고 그 위에 양념한 고기를 고르게 놓고, 다시 그 위에 표고버섯·다홍고추·당근을 골패 모양으로 썰어 색을 맞추어 놓는다. 건과류·고기완자를 고명으로 얹고 육수를 간을 해서 부어 끓였다. 한편 《조선요리제법》(11-12쪽)에서는 "간·생선·천엽·양으로 전을 만들고 고기는 너비아

238) 한복진, 《조선시대 궁중의 식생활문화》, 210쪽.

니로 굽고 남은 고기로는 맑은 장국을 끓이는데 무를 함께 넣어 무르도록 익힌다. 미나리와 파는 초대를 만든다. 전복·해삼은 삶아 썰어 놓고 표고·목이는 불려서 썰어 기름에 볶는다"고 했다. 신선로에 전복·해삼을 넣었다. 《한국의 맛》(136-137쪽)에서는 천엽·간·생선으로 전을 부치고, 그 밖에 전복·해삼과 표고버섯·느타리버섯 등 버섯류와 당근을 넣었다. 특히 "간전을 부칠 때에는 메밀가루를 묻혀서 부치면 냄새가 나지 않는다"고 했다.

신선로는 육수를 만들고 생선전·고기전과 완자·초대·지단 등, 만드는 데 정성이 많이 들어가는 음식이나 공이 들어간 만큼 경사스러운 날에 상차림을 빛내 주는 귀한 음식이다.

두부전골

맹현의 두부전골(사진 5)은 두부 한 모를 4-5cm 정도로 저며 쟁반에 죽 늘어놓고 소금을 뿌린다. 새우는 꽁지와 껍질을 벗겨 곱게 다지고 소금, 설탕 약간으로 양념해서 팬에서 볶는다. 두부는 물기를 빼고 기름에 갈색이 되도록 안팎을 지져서 쟁반에 죽 늘어놓는다. 미나리 줄기는 물에 데친다. 지진 두부를 도마 위에 놓고 그 위에 볶은 새우를 얄팍하게 바르고 지진 두부로 맞붙여 손으로 약간 누른다. 한가운데를 자른 다음 미나리로 한 바퀴 돌려 맨다. 양파는 썰고 파도 어슷어슷하게 썰고 쇠고기·오이를 썰어 넣고 간장을 약간 넣어 갖은 양념을 한다. 양념한 채소와 쇠고기를 냄비 밑에 깔고 그 위에 미나리로 동여맨 두부를 빙 돌아가며 놓는다. 한가운데는 생굴을 놓고 그 위에 은행·호두·잣·지단채·실고추를 약간 놓고 장국을 붓고 간을 하여 끓였다.

1800년대 말 고 조리서인 《시의전서》(235쪽)에서 소개되고 있는 두부전골은 "두부를 얇게 저미고 계란 씌워 살짝 부친다. 도라지·고사리·미나리·파를 모두 각각 썰어 부치고, 계란은 황·백으로 각각 부친다. 표고·느타리·석이와 계란을 황·백으로 부친 것과 파를 채 쳐서, 계란·두부·각색 나물 부친 것을 잡탕 건지처럼 썰고, 다시마를 삶아 썰어 냄비에 담는다. 쇠고기는 다져서 재워 냄비 밑에 넣는다. 각색 나물과 두부 부친 것을 줄로 돌아가며 색 맞추어 함께 담고 채 친 고명을 많이 얹는다. 그 위에 고기 채 친 것을 한 켜 놓아 시루떡을 안치듯 하여 담는다. 그 위에 각색 고명과 실고추를 섞어 뿌리고 잣을 흩고 물을 부어 간을 맞추어 끓인다"고 했다. 두부에 소를 넣어 서로 맞붙이지 않았다.

반면 1930년대 조리서인 《조선요리법》(175쪽)에서는 "두부를 썰고 고기는 곱게 다져 갖은 양념을 해서 두부 한쪽에다 얄팍하게 붙여서 두부 한쪽을 맞붙이고 녹말을 입혀서 기름에 지진다"고 했다. 또한 《조선왕조 궁중음식》(90쪽)에서는 "두부를 썰어서 소금에 절여 물기를 거둔 후 겉면에 녹말가루를 고루 묻혀서 기름에 지진다. 지진 두부 사이에 양념한 다진 고기를 소로 하여 얇게 펴고 데친 미나리로 가운데를 묶는다"고 했다. 모두 두부 사이에 소를 넣어 맞붙여서 만들었다.

이처럼 두부전골은 1900년대 이후에는 두부에 주로 다진 쇠고기를 얄팍하게 바르고 서로 맞붙여 만들었으며 데친 미나리로 가운데를 묶기도 했고 혹은 묶지 않고 녹두녹말을 입혀서 기름에 지지기도 했다.

삼육전골

맹현의 삼육전골은 쇠고기는 얇게 저며 채를 썬다. 양 깃머리는 뜨거운 물에 튀겨서 검은 껍질을 벗긴다. 콩팥은 기름을 제거한 후 모두 쇠고기와 같이 채를 썰어 갖은 양념한다. 배, 표고, 오이, 당근을 채 썬다. 그릇에 쇠고기·양·콩팥을 3방향으로 놓고, 그 사이사이에 표고·오이·당근 채 썬 것을 색 맞추어 놓고, 한가운데에 배를 채 썰어 놓는다. 장국을 부어 직접 볶아서 먹는데 달걀을 풀어 찍어 먹기도 했다.

갖은전골

갖은전골은 쇠고기 등 육류, 전복·해삼 등 어패류, 송이·표고 등 버섯류와 미나리·당근 등 채소와 같은 갖은 재료를 사용하여 양념하여 전골 그릇에 넣어 양지머리 육수를 붓고 끓인 음식이다.

맹현의 갖은전골은 쇠고기는 저며서 적당한 크기로 자른다. 당근과 양파도 쪼개어 자른다. 전복은 껍질째 물에 삶아 낸 뒤 전복살을 쇠고기와 같은 길이로 자른다. 홍합은 깨끗이 씻어서 길이로 자르고, 해삼도 얇게 저며서 위와 같은 크기로 썰어 놓는다. 밤은 삶고 은행은 볶는다. 쇠고기·전복·홍합·해삼을 양념하여 냄비에 색 맞추어 돌아가며 늘어놓은 다음 은행·밤을 얹어 양지머리 국물을 부어 끓였다.

반면《조선요리법》(176쪽)에서는 "쇠고기, 양, 콩팥, 천엽은 채 썰고 각각 양념해 놓는다. 표고, 송이, 죽순도 채 쳐 양념한다. 그릇에 색 맞추어 담고 위에다 잣가루를 뿌린다. 무는 채 쳐서 다른 그릇에 담고 계란지단은 채 치고 석이도 채 쳐서 위에 놓는다. 전골냄비에 기름을 두르고 채 친 무를 넣어 익게 되면 고기 등속을 넣어 익혀서 계란 풀어 찍어 먹는다"고 했다. 또한《한국의 맛》(129-130쪽)에서는 "쇠고기, 쇠간, 처녑, 양을 넣는다. 송이버섯·표고버섯·느타리버섯·목이버섯 등 버섯류와 미나리·당근 등 채소를 적당히 쪼개어 썰어서 양념한다. 쇠고기와 두부로 완자를 만들고 준비한 재료를 전골 틀에 돌려 담고 잣가루를 뿌린 뒤 양지머리 국물을 붓고 끓인다"고 했다.

이처럼 여러 조리서의 갖은전골은 전복·홍합·해삼 등 어패류 대신 다양한 부위의 육류와 버섯을 사용했다.

이상에서 살펴본 바 신선로 등 여러 전골의 재료로는 다양한 쇠고기 부위와 전복·홍합·해삼 등 어패류와 채소·버섯류 등이 사용되었음을 알 수 있다. 고명으로는 은행·호두·잣과 쇠고기완자·미나리초대·황백지단·다홍고추 등을 얹어 내므로 시각적인 아름다움 이외에도 영양적인 가치를 더했다.

전복·홍합·해삼

어패류는 수산물 가운데 독특한 향이나 맛 성분이 우수하여 우리나라 사람들에게 기호도가 높은 중요한 동물성 단백질 식품이다. 전복·홍합·해삼은 전골을 비롯하여 찜·전·초 등 여러 음식의 주요 재료이다. 조선 후기 정약전의 《자산어보》[239]에 의하면 전복은 "살코기는 맛이 달아서 날로 먹어도 좋고 익혀 먹어도 좋지만 가장 좋은 방법은 말려서 포를 만들어 먹는 방법이다. 그 장은 익혀 먹어도 좋고 젓을 담아 먹어도 좋으며 종기 치료에도 좋다"고 했다. 전복은 가식부를 기준으로 단백질이 100g당 15g 함유된 저열량·고단백 식품이다. 철분 및 타우린(taurine)이 풍부하다.[240] 특히 타우린은 간장보호·피로회복·심근경색에 대한 예방효과를 가지고 있는 것으로 알려져 있다. 최근에는 전복 추출물이 혈압강하·항산화기능 및 항혈전기능에 효과가 있음이 밝혀짐에 따라 건강기능성식품으로 관심을 받고 있다.[241] 《식품재료학》[242]에서는 "생전복은 콜라겐과 엘라스틴과 같

---

239) 정약전, 《자산어보》[1814], 정문기 역, 지식산업사, 1977, 118쪽(이하 《자산어보》).
240) 국립수산과학원 홈페이지, 〈한국수산물성분표〉, http ://portal, nfrdi.re.kr
241) 김학력 외, 〈전복 추출물의 혈압강하, 항산화능 및 항혈전능에 대한 *in vitro* 효과〉, 《한국식품영양과학회지》 2006, 35(7): 835쪽.
242) 김은미·박문옥 외, 《식품재료학》, 광문각, 2011, 341쪽.

은 단단한 단백질이 많아서 살이 오독오독한 질감을 준다. 《본초강목》에 의하면 전복은 석결명(石決明)이라 하여 눈을 밝히는 약이라 한다"고 했다.

정약전은 홍합[淡菜]은 "껍질의 빛깔은 새까맣고 안쪽은 미끄러우며 검푸르다. 살의 빛깔은 붉은 것도 있고 흰 것도 있다. 맛이 감미로와 국에도 좋고 젓을 담가도 좋으나 그 말린 것이 사람에게 가장 좋다"(《자산어보》, 126쪽)고 했다. 홍합은 가식부를 기준으로 수분 77.4-82.9, 단백질 10.3-12.7, 지질 0.7-1.4, 당질 3.2-4.8, 회분이 1.4-2.2%이다. 그 밖에 여러 종류의 콜레스테롤이 1/3가량을 차지한다. 프로비타민 D(Provitamin D)의 함량이 높고 당뇨·고혈압·탈모현상 등 성인병 예방에 좋다.[243] 정약전[244]은 또한 "해삼은 우리나라 동·서·남 바다에 거의 다 서식한다. 해삼은 잡아 말려가지고 판다. 전복과 홍합과 해삼을 삼화(三貨)라고 한다"(《자산어보》, 103쪽)고 기록했다. 해삼은 가식부를 기준으로 수분 90.5-91.6, 단백질 3.2-3.4, 지질 0.1-0.2, 당질 0-0.5, 회분이 3.5-4.4%이다. 동물성 식품으로는 드물게 알칼리성이다. 또한 절단했을 때 3개월 만에 절단 부분이 치유되는 재생력을 갖는 특징이 있다.[245] 해삼은 《조선무쌍신식요리》(316쪽)에서 "배만 가르고 대가리에 하얀 모래 같은 것을 꺼내고 물에 불리고 여러 번 씻어서 아무것이든지 만드는데 마른 것은 불려서 짜개어 모래를 꺼내나니 해삼이 큰 것은 쓰기에는 좋으나 북해삼은 예부터 자양에 유익하다 하여 고아 먹는다"고 했다.

각종 전골의 주요 재료인 전복, 홍합, 해삼은 세 가지가 서로 잘 어울려 '삼합장과'를 만들기도 한다.[246]

---

243) 정영도 외, 《식품조리재료학》, 지구문화사, 2000, 513쪽.
244) 《자산어보》, 103쪽.
245) 정영도 외, 《식품조리재료학》, 526쪽.
246) 황혜성, 《조선왕조 궁중음식》, 135쪽.

호두·잣·은행

건조된 호두(수분 2.5%)는 단백질 15.4, 지질 66.7%이며 고칼로리(652kcal/100g)인 식품이다.[247] 특히 필수지방산인 리놀레산이 다량 포함되어 있다. 호두는 또한 비타민 B_1의 함량이 높다.[248] 은행은 예로부터 그 잎과 열매뿐 아니라 뿌리까지 한방과 민간요법에서 여러 질환에 대한 약물로 쓰여 왔다. 은행 및 은행잎에서 약리작용이 있는 화합물이 밝혀지면서 이들을 다른 보조성분과 혼합하여 제제·약제 또는 과립·캡슐 등의 형태로 개발하고 있다.[249]

잣은 독특한 풍미를 지녔을 뿐 아니라 수분 5.5, 지방 64.2, 단백질 18.6, 당질 4.3, 회분 1.5%, 기타 섬유질·칼슘·인·철분·비타민 (A_1·B_1·B_2) 등이 들어 있으며 고칼로리 식품(670kcal/100g)으로 기운이 없을 때나 입맛이 없을 때 좋은 것으로 널리 알려져 있다. 잣에는 비타민 B군이 풍부한 것이 특징이며 철분은 호두나 땅콩보다 더 많이 함유되어 있어 빈혈에 좋은 효과를 지닌 식품이다.[250] 특히 잣의 지방성분은 대부분 불포화지방산으로 올레산·리놀레산·리놀렌산이 주성분이다.[251]

잣·호두의 지방산 성분인 리놀렌산은 오메가(ω)-3계 지방산으로 체내에서 탄소 수가 22개이고 이중결합이 5개인 다가불포화지방산인 DHA(docosahexaenoic acid)로 전환된다. DHA는 망막의 광수용체막·뇌·정자·정소에 많이 존재하고 인지기능·시각기능·신경증예방

---

247) 농촌자원개발연구소, 《식품성분표》, 농촌진흥청, 2006, 94쪽.
248) 노봉수·이승주 외, 《생각이 필요한 식품재료학》, 수학사, 2011, 186-187쪽.
249) 한재영 외, 〈내피제거 은행의 물리적 및 관능적 품질특성〉, 《한국식품과학회지》 2003, 35(1): 84쪽.
250) 이석원 외, 〈잣죽의 저장에 다른 이화학적 성질변화〉, 《한국식품과학회지》 2000, 32(1): 140쪽.
251) 천석조·박영호, 〈잣기름의 Triglyceride 조성〉, 《한국식품과학회지》 1984, 16(2): 179쪽.

에 도움이 된다고 한다.[252] 특히 잣은 통잣으로 전골에 넣기도 하며 어슷하게 썰어 어채, 오이선에 뿌리기도 한다. 또한 잣가루를 내어 초간장에 띄우기도 한다. 한편 우리 풍속에는 예로부터 정월 대보름 이른 새벽에 날밤·호두·은행, 무 등속을 깨물며 "1년 열두 달 동안 무사태평하고 종기나 부스럼이 나지 않게 해 주십시오" 하고 축수했다. 이를 작절(嚼癤: 부럼)이라 하기도 하고 또는 고치지방(이를 단단하게 하는 방법)이라고도 했다(《경도잡지》, 214쪽).

4) 찜

찜은 국물이 적으며 뭉근한 불로 잘 무르게 익힌 음식으로 질기고 굳은 음식을 연하고 맛있게 먹을 수 있는 조리법이다. 찜이란 조리법의 표현은 17세기 중반부터 '증(蒸)'으로 표시되기 시작해 18세기 말부터는 '찜'으로 일관성 있게 수록되었다.[253] 찜은 반상의 격식으로 볼 때 7첩 이상의 반상에 올랐다. 찜은 조선시대 궁중에서 수라상과 연회상에 빠지지 않던 음식이다.[254]

맹현의 찜은 갈비찜, 내장찜, 사태찜, 우설찜, 닭찜, 영계찜, 떡찜, 도미찜, 대하찜, 전복찜 등이 있다.

영계찜

영계찜(사진 38)은 맹현의 닭요리 가운데 으뜸가는 것으로 영계의 내장을 빼고 잘 씻어 쪄서 기름을 뺀다. 다진 쇠고기에 두부와 잘게 썬 표고버섯을 넣어 갖은 양념하여 속을 만들어 영계의 뱃속에 넣는다.

---

252) 최혜미, 《21C 영양학》, 교문사, 2006, 79-80쪽.

253) 김태홍, 〈우육조리법의 역사적 고찰—Ⅲ. 찜〉, 《한국식생활문화학회지》 1995, 9(5): 489, 496쪽.

254) 김은실 외, 〈찜의 문헌적 고찰—(1) 수조육류를 이용한 찜을 중심으로〉, 《한국식생활문화학회지》 1990, 5(1): 64쪽.

녹두녹말을 묻혀 감자와 당근 등 채소와 함께 국물이 바특하게 되도록 끓인 음식이다. 영계찜은 맹현에서 봄부터 여름에 이르기까지 몸을 보신하는 영양식이었다. 특히 봄에 손님을 대접할 때 영계찜을 한 그릇에 1마리씩 놓아 손님상에 올렸는데 젓가락으로 집으면 닭고기가 흐물어질 정도로 뭉근한 불에서 오래 끓였다. 조선시대 궁중에서는 왕의 탄일 어상의 음식발기에는 영계증(嬰鷄烝) 혹은 연계증(軟鷄烝)이라는 이름으로 소개되었다.[255)]

한편 《음식디미방》(88쪽)의 연계찜은 "아주 단 건장(된장)을 체에 걸러 기름을 많이 넣고 자소잎(꿀풀과의 한해살이 풀)·파·염교(백합과의 여러해살이 풀)를 잘게 썬다. 생강·후추·천초 등 갖은 양념을 하고 가루를 한데 개어 즙이 되거든 간장 적게 넣고 갠다. 닭 뱃속에 넣고 밥보자기로 싸서 사기그릇에 담아 중탕으로 찐다"고 했다. 《주방문》(541쪽)의 영계찜은 "밀가루와 감장(甘醬)의 온갖 양념을 알맞게 섞어서 닭 속에 넣고 간장과 기름을 쳐서 솥에 오래 볶는다. 그리고 온갖 남새를 함께 알맞은 단지에 넣어 중탕하여 찜을 하면 나물이 더 맛나다"고 했다. 반면 《시의전서》(179쪽)의 연계찜은 "연계는 백숙으로 푹 고아 건져서 뼈를 다 추리고 살을 뜯는다. 표고·느타리·석이·파를 넣어 갖은 양념하고 가루즙을 넣어 갈비찜같이 한다"고 했다. 뼈를 추려 살을 뜯어내어 찜을 만들었다.

닭찜

맹현에서는 영계찜 이외에도 닭찜을 만들어 일상의 밥상에 올렸다. 닭은 씻어 등성마루 뼈를 버리고 4각을 보기 좋게 토막을 놓는다. 표고는 4등분해 적당한 두께로 썰고, 오이도 이와 같이 썬다. 쇠고기는

---

255) 김용숙, 《조선조 궁중풍속 연구》, 408-409쪽.

얇게 저미고 감자는 껍질을 벗기고 적당히 잘라 놓는다. 은행은 기름에 볶고 양파는 어슷어슷 썬다. 모든 재료를 함께 양념하는데 간장으로 빛을 내고 소금으로 간을 해서 물을 붓고 끓인다. 그 위에 은행·호두·잣과 지단을 얹어 냈다.

닭찜은 《조선왕조 궁중음식》(99쪽)에서는 "닭을 토막 내어 소금, 후추를 뿌려 놓는다. 번철에 기름을 두르고 고추를 넣어 볶아 고추기름을 내고 토막 낸 닭을 지져 닭기름을 뺀다. 불린 북어를 토막 낸다. 냄비에 조청과 불린 다시마를 넣고 끓여서 완전히 녹으면 불에서 내린 다음 나머지 양념을 넣고 고루 섞어 찜 양념장을 만든다. 지진 닭·북어·다시마를 양념장에 버무려 찜할 냄비에 차곡차곡 담아 국물이 잦아들어 윤기가 날 때까지 끓인다. 미나리와 지단으로 장식한다"고 했다. 반면 《한국의 맛》(140쪽)에서는 "닭을 삶아 건져 뼈와 껍질을 제거하고 살만 굵직하게 뜯어 둔다. 닭국물은 식혀 기름을 걷고 고운 체에 밭친다. 닭국물에 소금과 후춧가루로 간을 하고 불린 표고버섯을 썰어 넣고 끓인다. 국이 끓으면 녹두녹말을 물에 타 저으면서 붓는다. 걸죽하게 되면 손질한 목이버섯을 넣는다. 끓으면 달걀을 풀어 줄알을 친다. 발라 놓은 닭살을 양념하여 그릇에 담고 따근한 국물을 부어 석이버섯 채 쳐 볶은 것을 고명으로 얹는다"고 했다. 뼈를 추려 내고 살만을 양념해 조리했다.

오늘날에는 전통적인 닭찜 대신 닭고기에 감자·풋고추·고춧가루를 넣어서 국물이 자작하게 되도록 익힌 얼큰한 닭도리탕이 선호되고 있다.

맹현에서는 닭은 이와 같이 닭구이·영계찜·닭찜·초계탕 등의 구이·찜·탕(냉식)으로 다양하게 조리했다.

닭은 조선시대 소위 6축(六畜)의 하나로 소, 말, 돼지보다 손쉽게 먹을 수 있는 육류였다. '꿩 대신 닭'이라는 말이 있으나, 닭은 지방질이 적고 양질의 단백질을 함유하고 있다.[256] 또한 닭의 지방에는 필수지방산인 리놀레산의 함량이 쇠고기보다 약 10배나 많다.[257]

내장찜

맹현의 내장찜(사진 39)은 양지머리와 소의 내장 부위인 양(깃머리·벌집양)·곱창·곤자소니(홍창)과 허파(부아)를 무와 함께 삶아 건져 내어 썰어서 갖은 양념을 하고 다시 육수를 부어 뭉근한 불에서 국물이 바특하게 될 때까지 잘 무르게 익힌 음식이다. 맹현에서는 특히 내장이 부드럽고 연하며 씹히는 맛이 독특하여 불고기·갈비찜보다 소의 내장을 이용한 내장찜과 곰국을 더 좋아했다고 한다. 특히 내장찜은 함지박에 많이 만들어 놓고 놋국자로 퍼서 정월 초하룻날 빈객을 위하여 내어놓는 떡국의 고명으로 얹었다.

내장찜의 재료 가운데 양은 소의 위다. 《아언각비》[258]에 "우위(牛胃)는 맛이 후하고 음식이 맛있는 것으로 치는 것이다. 우리나라 풍속에서는 우위를 양(䏱)이라 한다. 양에는 깃머리·벌집양 두 가지가 있다. 처녑은 소의 위의 일부로서 여러 개의 얇은 조각이 한데 들러붙은 것이다"고 했다. 실제로 소는 4개의 위를 갖는데 깃머리는 제1위, 벌집양은 제2 위 그리고 처녑은 제3 위에 각각 해당한다. 소의 제4 위는 용량이 적어서 식용가치는 적으나 송아지의 제4 위에서 분비되는 렌닌(rennin)이라는 응유효소가 우유에서 치즈를 만드는 데 이용되고 있다.[259] 양은 맹현에서 내장찜 이외에도 곰국·양전·양즙 등을 만들어 먹기도 했는데 양즙은 밤참으로 즐겨 먹는 보양식이었다.

한편 곤자소니는 창자의 일부분으로 붉은 빛을 띠어서 홍창이라

---

256) 안승요, 《식품화학》, 교문사, 2005, 238쪽.
257) 윤석권 외, 《식품화학》, 수학사, 2002, 141쪽.
258) 정약용, 《아언각비》[1819], 김종권 역주, 일지사, 1979, 203쪽.
259) 강창기 외, 《축산물의 과학》, 유한문화사, 1997, 329-330쪽.

고도 한다. 이들 내장은 쉽게 상하는 식품재료이므로 구입 당일에 조리하는 것이 바람직하며 또한 잘 씻는 것이 중요하다.

소의 내장으로 만든 찜으로는《음식디미방》(129쪽)의 양찜이 있다. "양의 껍질을 긁어서 희게 하여 참기름과 진장에 호초·천초로 양념하여 단지에 담고 단지의 입술을 싸매어 솥에서 중탕하여 한나절 정도 삶아 무르면 꺼내어 쓴다"고 했다. 내장 재료로 양만을 사용하여 찜을 만들었다.

달레(Dallet)는《조선교회사》'서론'[260]에서 "생선과 생육 특히 내장은 맛 좋은 요리로 알려져 있으며 서민들의 상에 오르는 일은 거의 볼 수 없다"고 했다. 그리피스(Griffis)도《은자의 나라 한국》[261]에서 "조선사람들이 가장 즐기는 것은 생육 및 동물의 내장으로서 무슨 이유인지 이것을 진미로 삼는다"고 했다. 이처럼 조선시대에는 내장이 즐겨먹는 식재료였음을 알 수 있다. 곱창을 제외한 양·허파 등은 열량이 100g당 각각 64kcal, 83kcal로 낮으며 단백질 함량은 각각 9.3%, 15.8%이다. 특히 무기질 중 칼슘 함량은 100g당 각각 112mg, 106mg으로 살 부위보다 높아 겨울철 영양식으로 손색이 없다.[262]

내장찜에 들어가는 버섯은 이전에는 느타리버섯·싸리버섯을 즐겨 썼으나 요즈음은 표고버섯을 많이 쓰고 있다.

도미찜

맹현의 도미찜(사진 40)은 도미에 다섯 군데 정도 칼집을 내고 녹두녹말을 입혀서 통째로 찐다. 황백지단과 석이·표고는 채를 썰고, 쑥갓 등 갖은 고명으로 저민 도미살 사이에 넣어 장식한다. 고명은 소

260) C.C. Dallet(1874),《조선교회사》, 정기수 역, 탐구당, 1992, 262쪽.
261) William Elliot Griffis(1882),《은자의 나라 한국》, 이성우 역,《한국식경대전》, 향문사, 1982, 673쪽.
262) 농촌자원개발연구소,《식품성분표》(제7차 개정판), 농촌진흥청, 2006, 223-224쪽.

금으로 간을 하여 재료의 원래 맛과 고유한 색깔이 나도록 한다. 도미찜을 먹을 때는 생선살과 고명을 함께 집어 잣가루를 넣은 초장에 찍어 먹는다. 도미찜은 겉모양은 화려하지만 맛은 아주 담백한 음식으로 맹현의 잔칫상에 올렸다. 도미찜은 궁중의 연회상에 오르기도 했다.[263)]

맹현에서는 도미찜 이외에도 도미를 토막 내어 도미조림과 도미구이를 만들어 일상음식으로 먹기도 했다. 또한 회를 떠서 어채와 어만두를 만들어 주안상에 올리기도 했다. 또한 젯상에 어적(魚炙)을 올릴 때에는 도미를 날것으로 하여 올렸다.

《한국의 맛》(143-144쪽)의 도미찜은 "도미를 포를 떠서 뼈를 발라내고 토막을 낸다. 소금과 후춧가루를 뿌려 두었다가 밀가루를 입히고 계란 씌워 기름에 지진다. 쇠고기는 가늘게 채 썰어 양념하고 표고버섯·석이버섯은 다듬어 골패 모양으로 썰고 목이버섯은 다듬어 씻어 함께 양념하여 볶는다. 미나리는 미나리초대를 만들고 당근을 골패 모양으로 썰고 황백지단을 부친다. 쇠고기 양념한 것을 냄비 바닥에 깔고 그 위에 도미 머리와 뼈를 잘라 얹은 다음, 장국 국물을 붓고 끓인다. 머리와 뼈를 꺼내고 준비한 재료를 색 맞추어 얹어 한소끔 끓인다"고 했다.

도미는 농어목 도미과에 속하는 바닷물고기의 총칭으로 흔히 돔이라고도 한다. 도미는 참돔, 감성돔, 자리돔, 옥돔 등 그 종류도 다양하며 특히 산란기인 4-6월경에 맛이 좋기에 예전부터 봄철의 시식으로 많이 즐겼다.[264)] 홍도미와 백도미가 있는데 홍도미를 더 친다. 《산림경제》(525쪽)에는 "도미는 머리 부위가 맛있다"고 하여 어두일미(魚頭一味)의 대표적인 생선이다. 선사시대의 대표적 유적인 부산

---

263) 이효지·윤서석, 〈조선왕조 후기의 궁중연회음식의 분석적 고찰〉, 5쪽.
264) 김정숙, 《식탁 위의 보약 건강음식 200가지》, 아카데미북, 2008, 316쪽.

동삼동 조개무지에서 참돔의 턱뼈가 출토된 것으로 보아 도미를 식품으로 이용한 역사도 오래된 것으로 생각된다.

전복찜

맹현의 전복찜은 생전복을 삶아 전복살을 떼어 내고 껍질은 잘 다듬는다. 오이·표고는 채 썰고 쇠고기는 다지고 두부는 물기 없이 해서 합하여 양념한다. 삶은 전복살을 도마 위에 놓고 칼로 엇비슷이 에인다. 에인 전복살 가운데에는 쇠고기·두부 양념한 것을 넣고, 전복의 양쪽에는 채 썬 채소를 넣어 후추·소금을 약간 뿌린 다음 전복 껍질에 다시 넣는다. 냄비 바닥에 양파·감자·당근을 깔고 전복살을 넣은 전복 껍질을 차곡차곡 깔고 육수를 부어 끓인다. 접시에 전복을 낼 때에는 상추를 깔고 전복 위에 실백과 황백지단을 일일이 얹는다.

《시의전서》(190쪽)에는 '전복숙'이라 하여, "큰 전복을 삶아 삶은 물은 버리고 쇠고기·해삼·문어·홍합 등속을 섞어서 무르게 고아 건진다. 큰 전복은 저미든지 통째로 잘게 에어 열십자로 자른다. 황육·해삼·문어·홍합은 큰 조각으로 저며 넣고 후춧가루·기름·깨소금·꿀과 같이 삶는 물에 넣고 조린다"고 했다. 전복 이외에 여러 어패류를 넣어 졸였다.

《이조궁정요리통고》(78쪽)에서 생복찜은 2가지 방법으로 만들었다. 하나는 "생복을 덩어리째 삶아 건져 썰어서 국물 부어 한소끔 끓이는 방법"과, 다른 하나는 "생복을 칼로 에고 쇠고기·표고·석이를 함께 다져서 양념하여 속을 만들어 에인 틈에 속을 넣는다. 고기장국을 끓이다가 속을 넣은 생복을 한데 넣고 끓인다. 생복에 넣은 속이 나오지 않도록 주의해서 끓인 뒤 그릇에 담고 알지단을 채를 썰어 뿌린다"고 했다.

전복찜은 이처럼 전복을 통째로 삶은 다음 건져 양념하여 조리거나 혹은 삶은 전복살을 에어서 속을 만들어 넣고 끓이기도 했다.

《산림경제》(526쪽)에서는 "생전복은 주사위 모양으로 썰어서 껍질 안에 담아 장으로 간을 맞춰 찌거나 구이를 해도 좋다"고 했다. 전복 껍질에 전복살을 다시 넣어 끓였다. 반면《조선무쌍신식요리》(237쪽)에는 건복(乾鰒: 마른 전복)이 나오는데, "마른 전복은 무엇을 하든지 안 좋은 것이 없고 큰 어물 접시에 봉을 새겨 맨 꼭대기에 얹는다. 소주 안주로는 좋지 못하다"고 했다.

전복은 전복찜뿐 아니라 전복초·생복회 등으로 만들어져 궁중의 여러 잔칫상에 올랐다.[265] 특히 조선조 궁중의 잔치에는 '절육(截肉)'이라 하여 쇠고기 포와 꿩·닭의 포, 말린 어류, 조개류 등을 한데 괴어 올렸다. 잔치에 올린 각색절육(各色截肉)에는 전복도 포함된다. 전복은 또한 문어·오징어 등과 함께 거북이·봉황·새·꽃 모양으로 오려서 괴어 올린 각색절육 위를 장식하기도 했다.[266]

새우찜

맹현의 새우찜은 새우는 머리와 꽁지는 그대로 두고 발만 떼어 내고 씻어서 도마 위에 놓고 껍질째 등을 가르고 내장을 빼낸다. 표고·당근은 채 썰어 양념하여 볶아서 새우 등껍질 사이에 조금씩 넣어 아물린다. 육수 국물에 소를 넣은 새우를 넣어 소금 간하여 바특하게 끓였다.

《한국의 맛》(464쪽)의 새우찜은 "새우를 씻어 머리와 꼬리를 남겨 둔 채 등껍질을 떼어 내고 소금, 후추를 약간 뿌려 찐다. 쇠고기를 양념에 버무려서 등껍질을 벗겨 내어 칼로 자른 곳의 속에 빚어 넣는다"고 했다. 국물을 넣어 바특하게 조리는 기존의 찜조리 방법과는 달

265) 이효지·윤서석, 〈조선왕조후기의 궁중연회음식의 분석적 고찰〉, 7-8쪽.
266) 한복진, 《우리가 정말 알아야 할 우리 음식 백가지 2》, 현암사, 1998, 597쪽.

랐다. 《이조궁정요리통고》(78쪽)에서도 '대하찜'이 나오는데, "대하와 해삼·대합·조개를 썰어서 파를 넣고 고깃국에 끓인다. 쇠고기와 송이는 납작하게 썰어서 갖은 양념하여 볶는다. 진간장에 갖은 양념을 얹고 개어서 즙을 만든 다음 조리한 위의 재료들을 모두 넣어 버무려서 그릇에 담고 잣가루를 뿌린다"고 했다. 또한 전형적인 찜조리법과는 다름을 알 수 있다.

떡찜

맹현의 떡찜은 사태·양·곱창·곤자소니를 무를 넣고 삶아서 건져 썰고 갖은 양념을 한다. 육수를 넣고 끓이다가 삶은 흰떡을 잘라 넣어 간을 맞추어 바특하게 끓인 음식이다.

《조선왕조 궁중음식》의 떡찜은 "흰떡은 열십자를 내어 끓는 물에 살짝 데쳐 낸다. 쇠고기는 곱게 다지고 표고는 불려 꼭 짜서 채 썰어 고기양념으로 섞는다. 양, 사태는 끓는 물에 넣어 삶고, 무·당근은 도중에 함께 넣어 삶은 다음 모두 4cm 크기로 토막을 낸다. 냄비에 삶은 양·사태·당근·무를 넣고 찜양념장을 만들어 반량과 육수 2컵을 넣고 중불에서 끓인다. 고기와 채소 간이 배면 고기를 채운 떡을 넣고 양념장을 마저 넣어 고루 섞어서 바특하게 끓인다. 은행을 넣어 잠시 더 끓인다"고 했다. 흰떡을 열십자로 자르고 육소를 만들어 넣어 찜을 만들었다.

찜 요리는 상고시대 시루를 쓰던 때부터 시작되었으며 솥이 보급되어 보편화된 이후로는 큰 솥 안에서 중탕으로 익히거나 엉그레를 놓고 그 위에서 익혔다.[267]

맹현에서는 도미찜은 도미를 찐 다음 고명으로 장식했으며, 영계찜은 영계를 찐 다음 다른 재료와 함께 바특하게 졸였고, 내장찜은

267) 윤서석, 《우리나라 식생활문화의 역사》, 374쪽.

삶아 낸 주재료에 각각 양념이 배이도록 졸였다. 한편 〈'조선무쌍신식요리제법'에 수록된 찜류 조리법의 특징에 대한 연구〉[268]에 따르면 찜은 주재료에 양념이 배이도록 조리는 조리법이 수증기로 중탕하는 조리법보다 많아졌다고 했다.

5) 선

선(膳)은《한국의 전통음식》(19쪽)에서는 "오이, 가지, 호박, 배추 등의 식물성 재료를 찜하듯 하는 것"이라고 했다. 반면《한국요리문화사》(313쪽)에서는 "선은 膳으로 표시하며 반찬이란 의미이다. 또한 양선, 어선, 계란선 등과 같이 동물성 식품을 재료로 사용하여 만들기도 하며 조리방법도 찜통에 찌거나 기름에 볶는 등 다양하다"고 썼다.

맹현의 선에는 오이선, 어선, 두부선 등이 있다.

오이선

오이선은 우선 오이를 잘 골라야 하는데 노지에서 금방 딴 어린 오이를 구하기가 쉽지 않기 때문이다. 어린 오이는 재래시장을 가야 구할 수 있다. 나는 재래시장을 즐겨 찾는데 봄이 다 갈 무렵 시장 길가 한 모퉁이에 내어 놓은 허름한 자루 안에서 아직 자라지 않은 약간 고부라지고 가느다란 연녹색의 어린 오이를 볼 수 있다.

맹현의 오이선(사진 41)은 어린 오이를 열십자 내어 소금에 절인 후 그 사이로 쇠고기·표고버섯을 다져서 갖은 양념해 육소를 볶는다. 열십자 낸 오이 속으로 육소를 넣는데 실백 두어 개를 박는다. 녹두녹말을 묻혀 녹말이 익을 정도로 끓는 물에 데쳐 낸다. 접시에 담을 때에는 국화잎·표고버섯·다홍고추·석이를 녹두녹말을 씌워 끓

---

268) 김업식·한명주,〈'조선무쌍신식요리제법'에 수록된 부식류의 조리법에 관한 고찰 1—탕(국)·창국·지짐이·찌개·짐·조림·초·백숙·회·편육〉, 432쪽.

는 물에 데쳐 내어 장식한다. 오이선은 육즙을 만들어 설탕과 식초로 간을 하여 찍어 먹었다. 지금처럼 조미료가 다양하지 못했던 시기에 맹현에서는 다진 쇠고기를 갖은 양념해 물을 조금 넣고 수저로 치대면서 볶아 걸러서 육즙을 만들어 사용했다. 체에 밭쳐서 베보자기에 걸러 낸 육즙은 맑으며 육류의 수용성 단백질·아미노산 등이 농축된 상태로서 음식의 맛을 내게 하는 조미료 역할을 하는 것이다. 쇠고기를 물에 삶아서 얻어지는 육수와는 다르다. 맹현의 오이선은 주재료인 오이는 독특한 향기와 함께 칼륨(K) 함량이 높은 알칼리성 식품이며 또한 오이에 육소를 넣고 또한 육즙에 찍어 먹으므로 영양적으로도 우수하다. 오이선은 어채와 함께 주안상과 잔칫상에 냉식으로 올렸다. 서양요리에 나오는 '전채요리(hors-d'oeuvre)'라 할 수 있다.

한편 여러 조리서에서 오이선은 오이를 열십자를 내거나 혹은 등쪽을 어슷하게 자르기도 했다. 《시의전서》(180쪽)에서는 "어린 오이를 통째로 하는데, 호박선처럼 칼집을 내어 쪄서 호박선과 같은 방법으로 한다"고 했다. 즉 "오이를 쪼개어 어슷어슷하게 등에 칼집을 내고 푹 찐다. 쇠고기를 다져 볶은 후 갖은 양념하고 또 볶는다. 채 친 표고·느타리·석이에 실고추·달걀을 부쳐 채 친 것을 섞어 소를 만들어 넣어 채웠다"고 썼다. 반면 《이조궁정요리통고》(107쪽)에서는 "오이는 가늘고 어린 것을 4-5cm 길이로 잘라 오이소박이 김치감처럼 양쪽 끝이 떨어지지 않도록 칼로 쪼개고 끓는 물에 데치거나 소금을 뿌려 놓는다. 오이 절인 것을 물기 없이 꼭 짜서 쇠고기·표고·석이 양념한 것을 오이 속에 넣는다. 냄비에 쇠고기 잰 것을 담고 그 위에 속을 넣은 오이를 차례차례 넣고 간을 맞추어서 자작하게 붓고 끓여 접시에 담고 국물을 약간 끼얹어 계란지단채·실백을 뿌려 놓는다"고 했다. 찜처럼 모든 재료를 넣고 자작하게 끓였다.

오이장선

맹현의 오이장선은 오이를 소금으로 닦아서 약간 절인 후 4cm 길이로 일정하게 자른다. 오이소박이 모양으로 칼집을 내고 그 사이에 소금을 더 넣는다. 절인 오이는 젓가락으로 속을 약간 뽑아낸 뒤 물에 씻는다. 당근·양파는 채를 썰고, 미나리는 4.5cm 길이로 자른다. 고기채·표고채를 간장으로 갖은 양념한 후 팬에서 볶는다. 칼집을 내고 씻은 오이를 기름과 약간의 국간장을 붓고 끓여서 오이를 살짝 익힌다. 오이를 손에 들고 칼집 사이에 채 썰어 양념하여 볶은 당근·양파·고기·표고와 미나리를 집어넣는다. 지단채를 얹어 냈다.

맹현의 오이장선은 《조선왕조 궁중음식》[269]의 통오이선과 비교될 수 있다. 즉 "오이를 5cm 길이로 토막 내어 소박이처럼 양끝을 남기고 3갈래로 칼집을 넣어 소금물에 절여 꼭 짠다. 쇠고기는 일부는 납작하게 썰어 양념하고, 일부는 다져서 표고·석이버섯 채 썬 것과 섞어서 양념한다. 오이의 칼집 사이에 다진 고기와 버섯 양념한 것을 넣는다. 냄비에 쇠고기 잰 것을 담고 오이를 차곡차곡 올린 후 국간장으로 싱겁게 간을 해 국물 붓고 끓인다. 그릇에 담고 국물을 끼얹은 다음 황백지단채·잣가루를 얹어 낸다"고 했다. 또한 《한국의 맛》(257쪽)에 나오는 오이통장과와도 비교될 수 있다. "어린 오이를 두 토막 낸 뒤 3갈래로 칼집을 넣어 소금에 잠깐 절였다가 보자기에 싼 다음 잠깐 눌러 물기를 뺀다. 쇠고기는 다져서 양념해 무친다. 절인 오이 사이에 볶은 쇠고기를 넣고 속을 채운 오이를 번철에 기름을 두르고 볶는다. 간장과 설탕을 넣어 잠깐 조린다. 상에 낼 때에는 잣가루를 뿌려 낸다"고 했다.

이처럼 오이장선·통오이선·오이통장과는 각각 음식 이름은 달랐

---

269) 한복려·정길자, 《한복려·정길자의 대를 이은 조선왕조 궁중음식》, 궁중음식연구원, 2006, 144쪽.

으나 모두 오이에 칼집을 내어 속을 만들어 넣었다. 또한 간장을 넣어 끓이거나 혹은 조리는 과정을 포함하는 공통점이 있다.

어선

맹현의 어선은 민어를 얇게 저며서 쟁반 위에 놓고 소금·후춧가루를 치고 생강즙을 약간 바른다. 표고·당근·오이는 가늘게 채 썰고 고기는 곱게 다져서 각각 갖은 조미해서 팬에서 볶는다. 도마 위에 저민 민어를 놓고 그 위에 기타 재료들을 깔고 녹말가루를 다문다문 뿌리고 말아서 찜통에 찐다. 식힌 뒤 5cm 정도로 썰어서 접시에 보기 좋게 놓는다. 초간장에 찍어 먹는다.

《한국의 맛》(158-159쪽)의 어선은 "민어살을 넓적하게 포를 떠서 소금물에 담갔다가 꺼내 채반에 놓고 후춧가루를 뿌린다. 쇠고기는 가늘게 채를 썰어 양념해 볶는다. 표고버섯·목이버섯·석이버섯은 물에 불려 물기를 없애고 채 썰어 볶아 양념한다. 당근은 5cm 길이로 채 썰어 끓는 물에 소금을 넣고 데쳐 식힌 뒤 양념한다. 오이도 이와 같이 한다. 도마 위에 민어포를 놓고 녹두녹말을 뿌린다. 준비한 모든 재료를 가지런히 민어 살 위에 놓고 돌돌 말아서 양 끝을 마무려 녹두녹말을 묻혀 찜통에 넣고 찐다. 꺼내어 찬물을 끼얹어 윤기 나게 하고 3-4cm 길이로 썰어 접시에 담아 낸다. 겨자즙이나 초간장을 함께 곁들인다"고 했다.

6) 산적·누름적

(1) 산적

산적은 날고기나 채소를 양념하여 꼬챙이에 번갈아 꿰어서 불에 직접 굽는 것으로 종류도 많으며 맛이 좋으나 구이보다는 덜 보편적이다.[270] 산적은 궁중연회의 음식발기에서는 '散炙'이라 쓰기도 하나(《조선조 궁중풍속 연구》, 408쪽), 또한 "꼬챙이에 꿰인 것이 주판과 같다"하여 '算炙'으로 쓰기도 한다(《조선무쌍신식요리제법》, 209쪽).

맹현의 산적으로는 민어산적, 송이산적, 염통산적, 파산적 등이 있다. 또한 쇠고기를 곱게 다져서 양념한 다음 동그스럼하게 혹은 얄팍한 반대기(납작하게 네모난 모양)를 만들어 석쇠에 구운 약산적으로는 섭산적·장산적 등이 있다.

민어산적

맹현의 민어산적(사진 42)은 민어는 넓적하게 7cm 길이로 저며서 다시 옆으로 손가락 굵기로 자른다. 쇠고기는 손 두께같이 저며서 안팎으로 칼집을 약간 내서 손가락 굵기로 썬다. 꼬챙이에 번갈아 가며 꿰어 진간장을 갖은 조미해서 바르고 석쇠에서 굽는다. 상에 낼 때에는 나머지 간장을 발라서 보기 좋게 낸다. 일종의 어산적이다. 어산적은 보통 흰살생선으로 만드는데 구울 때 살이 단단하고 부스러지지 않는 민어를 사용한다. 민어산적은 맹현에서는 일상의 음식뿐 아니라 혼례·제례 등 의례상에 올랐다. 민어는 또한 도톰하게 썰고 움파·양파·집간장을 넣은 육즙에 익혀 먹기도 했다.

민어는 여름이 제철인 생선으로 살이 백색이며 육질이 단단하고 맛은 담백하다. 단백질 함량이 약 20%로 영양적으로 우수하고 지방 함량도 4.7%로 적당하여 맛이 좋다. 특히 물고기 중에서 소화흡수가 빨라서 어린이들의 발육과 노인 및 환자의 건강 회복에 좋다.[271] 《산림경제》(526쪽)에 따르면 "민어[鰵漁]는 탕이나 구이·적이 다 맛있다. 살은 회를 한다. 또 소금 간을 해서 말리면 좋다. 민어알도 소금을 뿌

270) 한복진, 《우리가 정말 알아야 할 우리음식 백가지 2》, 573쪽.
271) 정영도 외, 《식품조리재료학》, 436쪽.

려서 말려 먹으면 좋다"고 했다.

송이산적

맹현의 송이산적(사진 43)은 송이는 밑의 모래 묻은 부분을 따고 소금물에 담갔다가 검은 부분을 위생저로 살살 벗긴다. 벗긴 송이는 도독하게 저며 놓는다. 쇠고기는 손 두께같이 저며서 도마에 놓고 안팎으로 칼질을 해서 손가락 굵기로 썰어 갖은 양념한다. 나무 꼬챙이에 꿰어서 석쇠에서 굽는다. 송이는 파와 마늘 등 자극성 있는 양념은 사용하지 않고 소금과 참기름으로만 양념하며 꼬챙이에 꿰어 송이의 향기를 잃지 않도록 겉만 살짝 익을 정도로 굽는다. 맹현에서는 송이는 참기름과 소금만으로 양념하여 송이구이를 만들기도 했다.

한편 《시의전서》(196쪽)의 송이산적은 "껍질을 벗겨서 길이로 갈라 고기와 한데 쓴다"고 기록되었다.

송이버섯은 국내에서는 주로 적송림의 소나무 숲에서만 발견되고 있으며 소나무의 잔뿌리에 공생하여 자라나는 식용 버섯이다. 수령이 15-20년이 될 때부터 생산되기 시작하여 40-50년까지 지속된다.[272)]《산림경제》(521쪽)에서 송이는 "채소 중의 선품(仙品)이다. 밀이 익을 무렵 잡목 밑에 가송이(假松耳: 애송이)가 생긴다. 송기(松氣)가 있을 때 먹어야 한다"고 했다.

《동의보감》[273)]에 "송이는 맛이 향기롭고 산속의 고송 밑에서 송기를 빌려서 생긴 것으로, 나무에서 돋은 버섯 가운데 솔의 향기가 배인 가을 송이가 진품이다"고 했다.

이처럼 송이로 만든 음식은 솔향이 독특하며, 맛과 육질이 뛰어

272) 구경형 외, 〈생송이 버섯과 냉동송이 버섯의 품질 및 향기성분 특성〉, 《한국식품과학회지》 2002, 34(4), 625쪽.

273) 허준, 《동의보감》[1613], 〈草部(상)〉, 윤석희 외 역, 동의보감출판사. 2005, 2140쪽(이하 《동의보감》).

난 고급 기호음식으로 손꼽히고 있다. 오늘날 송이는 항암활성·면역강화·콜레스테롤 억제·항당뇨·혈액순환 증진 등의 다양한 생리활성이 보고되었는데, 기능성식품 및 의약품 소재로 크게 주목받고 있다.[274)]

섭산적

맹현의 섭산적(사진 44)은 쇠고기를 다지고 두부는 물기 없이 하여 섞어서 갖은 양념한다. 쇠고기 반죽을 손바닥으로 치대서 동그랗게 한 후 살짝 눌러 납작하게 빚어서 석쇠에 구운 음식이다. 섭산적은 동글납작한 모양 그대로 접시에 내는데 다진 쇠고기가 부드럽게 씹히는 따뜻하고 약간 단맛을 느낄 수 있는 음식이다. 맹현에서는 섭산적을 놋합 속에 넣어 아랫목 이불에 묻어서 추운 겨울에도 따뜻한 섭산적을 먹었다.

섭산적은 쇠고기를 다져서 만들므로 육류의 근육섬유가 끊어져 노인이나 어린이들이 먹기에 좋다. 또한 쇠고기에 두부를 함께 넣어서 질감이 더욱 부드러울 뿐만 아니라 식물성 단백질도 함께 섭취할 수 있다. 섭산적은 서양의 햄버거에 비교될 수 있는 음식이다. 원래 적(炙)이란 꼬챙이에 꿰어서 직접 불에 구워 먹는 것인데, 섭산적은 석쇠 위에 얹어 굽는 적 중 하나이다.

섭산적은 조리서에 따라서 재료 및 모양이 다르다. 《조선요리제법》(238쪽)에서는 "갖은 양념하여 칼로 곱게 금을 내어 기름을 바르고 깨소금을 뿌려서 모양이 상치 않도록 석쇠에 놓아 구워서 팔푼 장광으로 썰어서 접시에 놓는다"고 했다. 쇠고기만을 재료로 했다. 《조선왕조 궁중음식》(117쪽)에서는 "쇠고기에 두부를 넣어 두께 1cm 정도

274) 김영언 외, 〈송이즙의 항산화 활성, 혈전용해 활성 및 AngiotensinⅠ Converting Enzyme의 저해활성 검색〉, 《한국식품영양과학회지》 2008, 37(5): 535쪽.

의 반대기를 만들고 윗면에 사선으로 자근자근 두들겨 석쇠에 굽는다"고 했다. 반면 《이조궁정요리통고》(35쪽)에서는 "쇠고기·두부와 함께 생선을 넣어 양념하여 손바닥 넓이만큼 한 반대기를 지어서 석쇠에 굽고 식은 후에 썰어서 접시에 담는다"고 했다.

한편 《우육 조리법의 역사적 고찰》[275]에서는 "쇠고기를 다져서 모양을 만들어 굽는 것에는 다식 모양, 반원주 모양(반달 모양), 네모반듯한 모양 등이 있다. 다식 모양과 네모반듯한 모양은 섭산적이란 명칭으로 이어지고 있으나 반원주 모양은 이어지지 않고 있다. 그리고 고기와 두부를 섞어서 만든 다식형은 타원형으로 변하여 지금도 같은 모양으로 이어지고 있다"고 썼다. 타원형의 섭산적은 《한국의 맛》(195쪽)에 나오는데 "쇠고기에 두부를 넣어 타원형으로 자그마하게 만들어 굽는다"고 했다. 맹현에서도 이와 같이 섭산적을 만들었다.

장산적

맹현의 장산적(醬散炙)은 다진 쇠고기를 갖은 양념하고 네모나게 반대기를 지어서 납작하게 만들고 가로세로로 칼집을 낸 후 석쇠에 구운 후 칼집대로 잘라서 간장과 꿀에 조린 음식이다. 장산적은 어머니가 생전에 출가한 딸들이 출산을 할 때마다 흰밥에 미역국을 싸들고 올 때 빠지지 않던 음식이었다. 쇠고기를 다져 굽고, 다시 간장에 꿀을 넣어 윤기 나게 조려 낸 음식이어서 소화가 잘 되므로 큰일을 치른 산모에게는 물론 노인이나 어린아이에게도 좋은 음식이다. 간장에 조려 낸 쇠고기는 입 안에서 몽글몽글하게 부스러지며, 육즙이 우러난 간장은 달콤하고 고소하다.

---

275) 김태홍, 〈우육 조리법의 역사적 고찰—Ⅳ. 구이〉, 《한국식생활문화학회지》 1995, 10(4): 298쪽.

《시의전서》(198쪽)에는 2가지 장조림법이 나온다. 하나는 "정육을 크게 덩이지게 잘라 진장에 바짝 조리는 것"으로 오늘날의 장조림과 같은 것이다. 다른 방법은 "정육을 다져 전골처럼 재워 큰 밤만 하게 뭉쳐서 석쇠에서 구운 후 간장에 조린다"고 했다. 장산적은 일종의 장조림이다. 한편 《조선무쌍신식요리제법》(211쪽)에서는 "장산적은 섭산적을 만들어 바싹 구워 네모지게 톡톡 찍어 더운 김에 진한 장에 넣었다가 먹는다. 잔치할 제 암치와 북어무침 담을 제 곁들여 쓴다"고 했다. 이처럼 장산적은 예로부터 잔칫상에 밑반찬으로 해 먹었음을 알 수 있다.

파산적

맹현의 파산적은 쇠고기는 두툼하게 저며 안팎으로 칼질을 해서 손가락 굵기로 썬다. 움파는 다듬어서 머리를 맞추어 동여매어 끓는 물에 소금을 약간 넣고 머리부터 살짝 데치고 다시 밑부분을 살짝 데친다. 쇠고기와 움파를 갖은 양념한 진간장을 무쳐서 꼬치에 꿰고 얕은 불에서 구워 냈다.

《한국의 맛》(445쪽)의 파산적은 "이른 봄에 나는 골파를 잘 다듬어 씻어 적당히 자른다. 쇠고기는 산적 길이로 잘라 칼집을 내서 양념을 한다. 꼬챙이에 고기와 골파를 반복해서 꽂은 다음 밀가루를 풀어 수저로 발라 가면서 숯불에 굽는다. 여기에 양념장을 약간 발라 간을 맞춘 다음 참기름을 바르고 통깨를 얹어 접시에 담고 초간장과 함께 낸다"고 했다.

(2) 누름적

누름적은 고기와 표고·당근·도라지 등 채소류를 길게 잘라서 양념한 재료를 대꼬챙이에 꿰어 굽거나 혹은 밀가루·달걀을 무쳐서 기름에 지진 음식이다.[276] 맹현의 누름적에는 화양적, 잡누름적, 누름적이 있다.

화양적

맹현의 화양적(사진 7)은 편육을 굵은 젓가락 굵기만큼 4cm 길이로 썰어 놓는다. 편육이 없으면 쇠고기를 얇게 저며 4cm 길이로 썰고 팬에 기름을 두르고 주걱으로 눌러서 피가 아니 나올 정도로 지져 낸다. 오이·당근도 4cm 길이로 잘라서 젓가락 두께만큼 저며서 썰어 놓는다. 썰어 놓은 당근은 끓는 물에 살짝 데쳐 낸다. 오이는 소금에 절인 후 맑은 물에 헹구어 꼭 짜 놓는다. 표고도 꼬치에 꿸 만큼 썰고 도라지도 그와 같이 한다.

모든 재료를 한데 모아 놓고 진간장으로 간을 마치면 갖은 양념해서 간간하게 간을 맞추어서 무쳐 놓는다. 계란으로 두껍게 부친 지단은 4cm 넓이로 잘라서 젓가락 두께로 썰어 놓는다. 모든 재료를 색 맞추어 꿰어 놓고 가장자리를 정리해서 밀가루를 묻히고 계란 씌워 기름에 지진다. 잣가루를 뿌리고 손님에게 낼 때에는 꽂이를 빼고 내기도 했다. 화양적은 맹현의 여러 잔칫상에 올랐다. 또한 궁중의 잔칫상에 오르던 음식이다.[277]

화양적은 《조선왕조 궁중음식》(119쪽)에서는 "쇠고기·표고·통도라지·당근·오이를 쓰며 모두 꼬챙이에 꿸 만큼 적당히 썰어서 소금·참기름·다진파·마늘로 양념하여 볶는다. 대꼬치에 준비한 재료들을 꿰어서 잣가루에 소금을 넣고 육수를 부어 잣즙을 만들어서 위에 고루 바른다. 가는 대꼬치에 준비한 재료들을 색 맞추어 꿰어서 접시에 돌려 담고 잣즙을 고루 바른다"고 했다. 또한 《한국의 맛》

---

276) 윤서석, 《한국의 음식용어》, 136쪽.
277) 이효지·윤서석, 〈조선왕조 후기의 궁중연회음식의 분석적 고찰〉, 6쪽.

(196-197쪽)에서는 "쇠고기는 포를 떠서 양념하여 팬에 기름을 약간 두르고 지져서 길게 썬다. 도라지도 길이로 잘라 기름 두르고 볶다가 파·마늘·소금으로 간하여 다시 볶다가 양지머리 국물을 부어 익힌다. 움파도 길이로 잘라 데친 후 고기 국물에 적셔 양념한다. 쇠고기·도라지·움파 순으로 꿰어서 번철에 참기름을 두르고 살짝 지진다. 잣가루를 뿌려 낸다"고 썼다. 양념한 모든 재료를 밀가루 묻히고 계란 씌워 지져 내지 않았다.

잡누름적·누름적

맹현의 잡누름적은 화양적과 같은 방법으로 하되 오이·당근·표고·도라지·편육 이외에 전복·해삼 등 어패류와 고사리가 더해졌다. 편육이 없으면 쇠고기로 하며 잣가루를 뿌려 냈다.

잡누름적은《한국의 맛》(197-198쪽)에서는 "쇠고기·전복·해삼·깃머리양에 쇠등골도 쓰는데 꼬챙이에 꿰도록 적당한 크기로 잘라서 양념하여 볶는다. 오이·당근도 같은 크기로 썰어서 각각 소금물에 살짝 데쳐서 양념하여 볶고, 표고는 양념하지 않고 썰어서 볶는다. 간을 한 양지머리 국물에 물녹말을 풀어 불 위에 얹고 모든 재료를 넣어 잠깐 뒤적인다. 꼬챙이에 여러 재료를 색스럽게 꿰어 모양을 정돈한 후, 절반만 잣즙에 묻혀 접시에 담고 석이채·황백지단채로 고명을 얹는다"고 했다.

맹현의 누름적은 쇠고기는 얇게 저며 길이 5, 6cm로 자르고, 도라지·당근·파도 이와 같이 썬다. 김치는 묵은 김치 줄거리를 손가락 모양으로 썰어 놓는다. 도라지·김치·파·당근·쇠고기 이 5가지를 갖은 양념해서 꼬챙이에 보기 좋게 꿰어서 밀가루 묻히고 계란 씌워 부친다. 누름적은 여러 조리서에서는 '김치적'으로 나오기도 했다.

《조선왕조 궁중음식》(119쪽)의 김치적은 "통배추김치의 소를 털어

내고 줄기만을 길이 7cm, 폭 1.5cm로 길게 썰어 참기름으로 고루 무친다. 쇠고기는 0.7cm 두께의 적감으로 떠서 잔칼질하여 김치와 같은 폭으로 길이만 약간 길게 썬다. 마른 표고는 큰 것으로 골라 불려서 1cm 폭으로 썰어 고기 양념장으로 고기와 표고에 나누어 양념한다. 통도라지는 삶아서 반으로 갈라 김치와 같은 길이로 썰어 참기름과 소금으로 무친다. 길이 8cm 정도의 대꼬치에 준비한 김치와 그 밖의 재료들을 번갈아 끼워 밀가루를 묻힌 후, 달걀을 씌워 기름에 지진다. 중불 이하에서 속이 익도록 서서히 지진다. 초장을 만들어 곁들여 낸다"고 했다.

이처럼 화양적·잡누름적은 조리서에 따라서 재료들을 양념하여 볶아서 대꼬치에 꿰어 내거나 혹은 밀가루에 묻히고 계란 씌워 기름에 지졌다. 《한국의 전통음식》(21쪽)에 따르면 "누르미란 1700년대까지의 조선시대 고 조리서에는 재료를 찌거나 구워서 익힌 후에 밀가루 등으로 즙을 만들어 걸죽하게 끼얹었다. 그러나 1700년대 이후에는 이러한 누르미법은 없어지고, 누르미·누름적 등으로 오늘날의 옷을 입혀서 지지는 조리법으로 바뀌었다"고 했다.

화양적·잡누름적에는 쇠고기 이외에 오이·당근·도라지가 들어간다.

도라지

도라지의 어원은 '도랏'이었던 것으로 도라지라 부르게 되었으며 이외에도 도래·돌가지·도레 등의 이름이 있는데, 한자로는 길경(桔黄 혹은 桔梗) 혹은 백약(百藥) 등으로 알려져 있다.[278] 도라지는 한방에서 약재로 사용되기도 하고, 일반 식용으로도 널리 이용되고 있는 산채식품으로서 triterpenoid계 사포닌, 당질 및 섬유질을 함유하고 있

278) 김태정, 《한국의 자원식물 Ⅲ》, 서울대학교출판부, 2002, 318쪽.

다.[279] 《동의보감》[280]에 도라지는 "성질이 약간 따듯하고 맛은 맵고 쓰며 독이 조금 있다. 폐기로 숨이 가쁜 것을 치료하고, 온갖 기를 내리며, 목구멍이 아픈 것과 가슴과 옆구리가 아픈 것을 치료하고 고독(蠱毒: 뱀·지네 등의 독)을 없앤다. 도라지는 곳곳에 있는데, 산속에서 난다. 2월과 8월에 뿌리를 캐어 볕에 말린다. 도라지는 모든 약을 실어 아래로 내려가지 않게 하고 기혈을 끓어 올리니 배의 노와 같은 역할을 하는 약이다"고 기록했다. 도라지는 항염증작용·중추신경억제작용·혈압강하작용·항콜린효능성작용·용혈작용 등의 다양한 약리효과가 검증된 바 있다.[281] 도라지는 적(炙) 이외에도 생채·숙채 및 정과를 만들기도 한다.

7) 전

전(煎)은 고기·생선·채소 등을 다지거나 얇게 저며서 소금·후추로 간을 하고 밀가루·달걀을 입혀서 양면을 기름에 지진 음식으로 반상(飯床)·교자상·주안상 등에 모두 적합한 음식이다. 초간장을 곁들여 먹는데 궁중에서는 전유어(煎油魚)·전유화(煎油化)·저냐라고도 했다.[282]

맹현의 전에는 육전과 생선전이 있다.

육전

육전은 쇠고기의 우둔살을 다지고 두부는 물기를 짠 후 함께 갖은 양념해서 동글납작하게 만들어 밀가루를 묻히고 달걀 씌워 기름에 지진다. 생선전은 민어전을 제일로 치며 그 밖에 대구전, 오늘날에는

279) 임기홍, 《약용식물학》, 동명사, 1971, 281쪽.
280) 《동의보감》, 동의보감출판사, 2131쪽.
281) 최진규 외, 《약도라지법》, 자연의 향기, 1998, 45쪽.
282) 윤서석, 《한국의 음식용어》, 175-176쪽.

동태전도 만든다. 전을 부칠 때에는 눋지 않고 달걀의 노르스름한 색이 나도록 열을 적당히 조절한다.

민어전

민어가 넓을 때에는 3, 4cm 길이로 잘라서 한입에 하나씩 먹을 정도로 얇게 저며서 쟁반에 죽 늘어놓는다. 그 위에 소금·생강즙을 발라서 밀가루 묻히고 계란 씌워 기름에 부친다.

또한 간전, 굴전, 두릅전, 호박전, 무전, 허파전 등이 있다.

간전·무전·허파전·호박전

간전을 부칠 때에는 저민 간을 채반에 올려놓아 핏물을 빼고 밀가루를 묻혀 즉시 달걀 씌워 지진다. 밀가루가 핏물에 물들기 때문이다. 무전·허파전은 곰국 혹은 내장국을 끓일 때 양지머리 등과 함께 삶아 낸 무와 허파를 각각 도톰하게 썰어 밀가루에 묻힌다. 무전은 밀가루 반죽에, 허파전은 달걀을 씌워 기름에 부치는데 부드럽고 맛이 좋다. 호박전은 호박을 썰어 소금에 살짝 절여서 밀가루를 묻혀 묽은 밀가루 반죽을 씌워서 기름에 지진다. 도톰하게 썰어 방금 지져 낸 호박전을 초간장에 찍어 먹으면 호박의 독특한 향기가 묻어난다. 전은 초간장에 찍어 먹는다. 전은 맹현에서는 면상, 주안상, 혼례, 제례 등 의례상에 오르던 음식이다. 또한 궁중에서는 수라상, 어상에 오르기도 했다.[283)]

호박전은 《조선요리제법》(35쪽)에서는 "애호박이 속 들지 아니한 것으로 둥글게 얇게 썰어서 밀가루를 묻히고 계란을 씌워 기름에 지진다"고 하여 계란을 씌워 부쳤다. 《시의전서》(242쪽)에서는 "어린

283) 한복진, 《조선시대 궁중의 식생활문화》, 145, 210쪽.

호박을 얇게 저며 소금을 뿌리고 잠깐 절였다가 밀가루를 묻혀 번철에 두르고 노릇노릇하게 부쳐 초장을 쓴다"고 했다. 또한 "호박은 민전으로 기름에 튀겨 지지면 맛이 자별하다"고도 했다. 한편 《조선왕조 궁중음식》(50쪽)에서는 "궁중에서는 전은 두골과 등골로도 부친다"고 했다. 등골과 두골은 맹현에서 이전에 신선로·두골탕 등을 만들 때 넣은 식재료이기도 했다.

한편 전을 부칠 때에는 "밀가루는 약간 묻는 둥 마는 둥하게 칠하고 밀가루가 많으면 떡 같아서 좋지 못하다"고 했다(《조선무쌍신식요리제법》, 176쪽). 또한 "간납 부치는 계란은 깨뜨려서 젓되 소금을 조금 넣어야 한다"고 했다(《시의전서》, 192쪽). 그리고 "전을 부칠 때에 계란을 묻혀 바로 지지면 빛이 검어 좋지 못하다. 계란에 기름을 타서 수저로 떠 놓아 지지면서 밑은 익고 위는 엉기기 전에 생선에 가루를 묻혀 그 위에 놓아 익히고 또 뒤집어 그와 같이 되풀이하면 빛이 좋다"고 썼다(《부인필지》, 573쪽).

8) 초

초(炒)는 집간장으로 조리하되, 조림국물에 녹두녹말을 풀어 넣어 익혀서 그것이 재료에 엉기도록 한 요리이다(《한국의 맛》, 9쪽). 초는 녹말을 넣지 않고 조리하기도 하는데, 《한국민속대관》[284]에서는 "초는 음식을 볶는다는 뜻인데 조리개와는 다르고 싱겁고 달콤하게 조려서 국물이 다 없어지게 하는 조리법이다"고 했다. 맹현에서는 홍합초와 전복초를 들 수 있다.

---

284) 고려대학교 민족문화연구소, 《한국민속대관 2—일상생활·의식주》, 544쪽.

전복초

맹현의 전복초는 전복을 깨끗이 씻어 물에 삶아서 껍질을 까 버리고 살을 얄팍하게 저민다. 냄비에 백파를 깔고 그 위에 전복 썬 것을 놓아 간장을 넣어 조린다. 참기름을 넉넉히 넣어 윤기가 나게 하고 녹두녹말을 넣지 않는다. 잣가루를 뿌려 상에 올렸다. 홍합초도 이와 같이 만들었는데 맹현의 혼례상에 올랐다. 한편 전복초는 궁중에서 어상에 오르던 음식이기도 하다.[285)]

전복초는 《조선무쌍신식요리제법》(316쪽)에서는 "진간장과 기름과 꿀을 넣어 불로 불려 쓴다"고 하여 녹말을 넣지 않고 조리한 반면, 《이조궁정요리통고》(90쪽)에서는 전복과 함께 쇠고기를 썰어 넣고 녹두녹말을 넣어 조리했다.

찜과 초의 구분은 국은 국물이 제일 많고, 지지미는 국물이 바특하고, 초(볶음)는 국물이 더 바특하여 찜보다 조금 국물이 있는 것이라고 한다(《조선무쌍신식요리제법》, 241쪽).

9) 숙채

숙채(熟菜)란 각종 채소를 데치거나 볶아서 갖은 양념해 무친 음식이다. 의례상차림을 위한 맹현의 숙채로는 구절판, 새우무침 등이 있다. 또한 고사리, 도라지, 시금치나물은 각각 일상의 밥상에 오르기도 하나 '3색나물'이라 하여 한 접시에 담아서 잔칫상 혹은 젯상에 올리기도 했다.

구절판

구절판(사진 2, 사진 45)은 육류·채소·버섯·해삼 등을 가늘게 채를 썰

285) 한복진, 《조선시대 궁중의 식생활문화》, 210쪽.

어 양념하여 기름에 볶아서 8칸에 나누어 담고 가운데에는 밀전병을 부쳐 담은 음식이다. 구절판이라는 용어 자체는 팔각형의 목기나 칠기로서 중앙에 한 칸이 있는 기구의 명칭인데 음식 이름이 되었다.

맹현에서는 쇠고기·표고·오이·당근과 황백지단 대신 죽순과 느타리버섯을 썼으며 여기에 목이버섯·해삼을 곁들여 여덟 가지 재료를 사용해 구절판의 재료로 한다. 밀전병은 밀가루 반죽을 묽게 하여 번철에서 가운데에서 밖을 향하여 둥글게 원을 그리면서 구절판의 가운데 칸에 들어가도록 종이처럼 얇게 부친다. 앞 접시를 내고 밀전병에 싸서 초고추장에 찍어 먹는다.

구절판은 우선 각종 재료를 가늘게 채를 썬다. 《음식디미방》(100쪽)에 의하면 '잡채'를 만들 때 "각색 재료를 가늘게 한 치씩 썰어 각각 기름·간장에 볶아 교합하거나 각각 임의로 하되 큰 대접에 담는다"고 한 것으로 보아 채를 길게 썰지 않은 것으로 보인다. 실제로 길게 썬 채는 구절판에 담았을 때 서로 얽히는 반면 적당한 길이로 썬 채는 재료들이 뜨지 않고 아담하게 보인다. 볶는 과정 또한 세심한 주의가 필요한데 센 불에서 살짝 볶은 다음 즉시 식혀야 한다. 그렇지 않으면 뜨거운 잔열이 재료들의 색을 변색시킨다. 맹현에서 구절판은 어채·어만두 등과 함께 주안상·교자상에 오르던 음식이다.

구절판은 《조선요리법》(83쪽)에 소개되기 시작했는데, "양·천엽·무·콩팥·숙주·미나리·표고·석이를 채 쳐서 갖은 양념하여 볶았다. 또한 밀전병 대신 메밀가루를 반죽하여 전병을 만들었고 초장에 찍어 먹는다"고 했다. 반면 《한국의 맛》에서는 구절판의 8가지 재료로 쇠고기·전복(새우)·불린 해삼·오이·당근·표고버섯과 황백지단을 사용했다.

오늘날 구절판은 주요 국빈과 국제 정상회담 같은 중요 만찬석상에서 한국을 대표하는 전통음식으로 자리매김하고 있다

우리의 전통음식은 음양오행(陰陽五行) 사상과도 밀접히 연관되는데 구절판의 재료 중 육류·해삼 등 동물성 식품은 '음'이며, 오이·당근 등 식물성 식품은 '양'이므로 구절판은 '음양'이 서로 상생(相生)하는 이원적 음양사상에 부합한다. 또한 여러 재료들의 색깔이 청·적·황·백·흑 등 5색(色)을 포함하여 5행(行)의 조화를 이루고 있다.[286] 5행설에 따르면 흰색은 폐, 황색을 비장, 적색은 심장, 청색은 간, 흑색은 신장을 보한다고 했다.[287] 또한 구절판의 '아홉 9'는 동양에서 관념상의 완벽한 수인 10에 가까운 양수로 양기를 가진 수중에서는 양기가 가장 극에 달하는 수라고 한다.

영양학적으로 구절판은 육류의 양질의 단백질과 표고 등 버섯류의 구수한 맛을 내는 성분인 뉴클레오티드(nucleotides), 당근은 항암성 등 생리활성물질로 알려진 베타-카로틴(β-carotene)을 포함한다. 이처럼 구절판은 외형적으로 재료들의 다양한 색의 조화로 인한 미적 요소와 함께 영양성·생리활성 측면에서도 중요한 의미를 갖는다.

한편 서울대 박물관은 2000년도에 삼국시대 한강유역의 고구려 요새인 아차산 일대에서 15곳의 보루(堡壘: 군사요새)를 확인하였으며 각각의 보루에서 토기 및 철제 무기류를 발견했다. 토기 가운데 솥, 시루, 부뚜막, 굴뚝, 접시, 뚜껑, 종지, 사발, 항아리, 동이, 반(쟁반) 등 생활도구를 다량으로 출토한 바 있다. 구절판(九折坂)은 아차산(峨嵯山) 제4보루에서 한 점 출토되었다. 납작한 쟁반 모양의 그릇을 가운데를 원형으로 막고 주위를 4개의 판으로 막아 5칸으로 구분한 형태의 그릇(직경 25.4cm)으로 오늘날 반찬 그릇과 유사한 형태이다.[288] 이로부터 적어도 구절판 그릇의 연원은 고구려 시대로 올라갈 수 있

286) 김의숙, 《한국민속제의와 음양오행》, 47쪽.
287) 천인석, 〈음양오행설의 기원에 관한 일고〉, 《동서의학》 1987, 12(3): 62쪽.
288) 서울대학교박물관, 《고구려 한강유역의 요새》, 통천문화사, 2000, 102쪽.

는 것으로 생각된다. 그 옛날 물과 초목을 따라 옮겨 다니던 고구려 유목민들의 간편하면서도 한 그릇에 여러 음식을 담아 먹던 지혜로움을 느낄 수 있다.

새우무침

맹현의 새우무침(사진 46)은 중간 크기의 새우를 껍질을 벗기고 꼬리를 따서 깨끗이 씻어 데친 후 저며 놓는다. 오이·당근·죽순은 얄팍하게 길이 4cm 정도로 썰어 소금물에 넣어 살짝 숨만 죽인다. 아스파라거스·배도 길이 4cm로 잘라서 모든 재료를 오이선에서처럼 식초와 설탕으로 간을 한 육즙으로 무친다. 실백을 어슷하게 썰어 얹은 음식으로 냉식이다. 맹현의 여러 잔칫상에 올랐다. 새우무침은 여러 재료들의 색의 조합이 다채로우며 차갑게 하여 먹으므로 마치 서양의 샐러드(salad)와 같은 느낌을 주는 음식이다. 간을 한 육즙이 드레싱인 셈이다. 특히 환자에게 입맛을 돌이키게 해 준다.

한편 새우를 익혀서 육즙에 무치는 조리방법은 다른 조리서에서는 보이지 않으며 대신 잣즙으로 무친 대하잣즙무침[289]이 소개되어 있었다. "큰새우는 찜통에 쪄서 어슷하게 썰고, 사태는 편육을 만들고, 오이는 길이로 반을 갈라 어슷하게 썰어서 소금에 절였다가 물기를 꽉 짠다. 삶은 죽순은 반으로 갈라 얇게 썰어서 소금과 흰후추로 간을 하여 기름에 볶아 식힌다. 모든 재료를 한데 담고 소금과 흰후추를 뿌린 다음 잣가루·육수·소금·흰후추·참기름으로 만든 잣즙을 넣어 가볍게 무친다"고 했다.

구절판에는 많은 버섯류가 재료로 사용되었는데 다양한 영양성, 생리활성을 포함한다.

---

289) 한복진, 《우리가 정말 알아야 할 우리음식 백가지 2》, 745쪽.

표고·느타리버섯·목이버섯

표고버섯은 특히 핵산 관련 물질인 구아닐산(guanylic acid)과 아데닐산(adenylic acid)을 함유하고 있어 특유의 향과 맛을 내는 기호성이 높은 식품 소재이다. 표고버섯은 건조과정 중 비타민이 활성화되므로 생표고보다는 건조된 표고가 향과 영양이 좋다.[290] 느타리버섯은 우리나라 재배 버섯 생산량의 25.3%로 팽이버섯 다음으로 생산량이 많다.[291] 높은 영양가와 향미를 가지고 있을 뿐 아니라 항암·혈압강하효과·콜레스테롤저하효과·항산화효과 등이 있는 것으로 보고되었다.[292] 목이버섯은 참나무·오리나무·미루나무·포플러나무·팽나무·버드나무 등의 활엽수에서 자란다. 한방에서는 치질이나 이질에 효과가 있다고 한다.[293]

비타민 D는 비타민 D의 활성을 가진 화합물의 총칭으로, 비타민 D_2(ergocalciferol)와 비타민 D_3(cholecalciferol)가 대표적이다. 다른 비타민과 달리 비타민 D는 체내에서 합성될 수 있는데, 비타민 D_3는 피부에서 7-디히드로콜레스테롤(7-dehydrocholesterol)로부터 자외선에 의해 촉매되어 합성된다.[294] 비타민 D_3가 동물의 체내에서 생성되는 동물성 비타민 D라 한다면, 비타민 D_2는 식물성 비타민 D이다.[295]

버섯에는 에르고스테롤이 풍부하게 들어 있다.[296] 에르고스테롤은

---

290) 조덕봉 외, 〈표고버섯의 열풍건조 속도론에 관한 연구〉, 《한국식품영양과학회지》 1981, 10(1): 53쪽.

291) 식량원예정책과 채소특작과, 《2008 특용작물 생산실적》, 농림수산식품부, 2009, 8쪽.

292) 이진실·임정미, 〈자외선 B파 조사가 느타리버섯의 이화학적 특성에 미치는 영향〉, 《한국식품조리과학회지》 2011, 27(1): 55쪽.

293) 김은미·박문옥 외, 《식품재료학》, 광문각, 2011, 165쪽.

294) 최혜미, 《21C 영양학》(제2개정판, 2000), 212-213쪽.

295) 이진실, 〈자외선 B파 조사가 느타리버섯의 비타민 D2 함량, 색도 및 향 패턴에 미치는 영향〉, 《한국식품조리과학회지》 2007, 23(1): 99-106쪽.

296) 김병각 외, 《버섯건강요법》, 가림출판사, 1995, 49쪽.

햇빛(자외선)을 받으면 여러 단계의 화학적 변화를 거쳐서 비타민 D_2로 전환되므로 프로비타민 D로 불려진다.[297] 피부에서 합성된 비타민 D는 식사로부터 섭취한 비타민 D와 함께 혈액을 통해 간으로 이동하고, 간과 신장에서 산화되어 비타민 D의 활성형인 1, 25-dihydroxyvitamin D로 전환되어 칼슘 대사에 중요한 역할을 한다.[298]

10) 회

회(膾)는 물고기·고기·채소 등을 썰어 날로 먹거나 또는 살짝 데쳐서 초고추장·겨자즙·초간장에 찍어 먹는 음식이다. 생회와 숙회(熟膾)가 있다.[299] 회는 7첩 이상의 반상에 올랐다.

(1) 생회

생회에는 어회와 육회가 있다.

어회

맹현에서는 어회(사진 47)는 조기, 민어로도 만드나 특히 병어회를 즐겨 먹었다. 무게가 제법 나가는 병어의 뼈를 발라내고 어육을 도려내는데 등 쪽은 육질이 단단하고 우윳빛이 감돌아 고소한 맛이 절로 느껴진다. 살을 저며 젓가락 굵기로 채를 썰어서 참기름을 약간 넣어 무치고 잣가루를 뿌려 낸다. 초고추장에 찍어 먹는다. 어회는 맹현에서는 식사 전에 먹거나 주안상에 올렸다. 또한 궁중에서는 수라상과 각종 연회상에 오르던 음식이다.[300]

정약전의 《자산어보》(63쪽)에는 병어는 "큰 놈은 2자 정도이다. 머

297) 김동훈, 《식품화학개론》, 수학사, 1996, 213쪽.
298) 최혜미, 《21C 영양학》(제2개정판), 213쪽.
299) 강인희, 《한국의 맛》, 233쪽.
300) 이효지·윤서석, 〈조선왕조 후기의 궁중연회음식의 분석적 고찰〉, 8쪽.

리가 작고 목덜미가 움츠러들고 꼬리가 짧으며 등이 튀어나오고 배도 튀어나와 그 모양이 사방으로 뾰족하여 길이와 높이가 거의 비슷하다. 뼈가 연하여 회나 구이 및 국에도 좋다"고 했다.

《신증 동국여지승람》〈한성부〉[301]에 조선시대 사대부들이 낚시를 즐기며 읊은 시가 나오는데 서거정의 시에 "[…] 낚싯대 들고 찾아가서 푸른 풀 위에 앉으니/백 척 은실에 금 잉어 번뜩이네/가늘게 썰어 회를 치고 불에 익혀 국을 끓이니 […]"라는 구절을 보면 낚은 고기로 회도 치고 국도 끓였는데 오늘날 우리가 먹는 회처럼 썰지 않았다.

어회는《시의전서》(185쪽)에서는 "겨자와 초고추장을 식성대로 곁들여 먹는다"고 했다. 반면《조선무쌍신식요리제법》(219쪽)에서는 여러 생선회를 만들 때 "실백가루를 뿌리거나 막걸리에 씻어 조리하기도 하며 초고추장·겨자·소금과·기름·후춧가루 섞은 것 그리고 간장에 무·산규(山葵: 고추냉이) 섞은 것을 곁들인다"고 했다.

육회

맹현의 육회는 어회처럼 채 썰어 양념한다. 쇠고기를 얇게 저며 가늘게 채를 썬다. 썬 쇠고기를 대접에 담고 기름·후추·마늘 다진 것·설탕을 넣고 소금으로 간을 해 깔끔하고 간간한 맛이 나도록 한다. 상에 낼 때는 접시에 상추를 깔고 배를 볏겨 얇게 저며서 채를 썰어 그 위에 보기 좋게 놓은 다음 육회를 놓고 채를 썬 배를 다시 그 위에 놓는다.

육회는《시의전서》(185쪽)에서 "파·마늘을 다져 후춧가루·깨소금·기름·꿀을 섞어 잘 주물러 재고 잣가루를 많이 섞는다. 깨소금을 많

---

301) 이행 외 편,《신증 동국여지승람 1》,〈색인〉, 346쪽.

이 들면 맛이 탁하니 기름을 많이 친다"고 했다. 《조선무상신식요리제법》(221쪽)에서는 "육회는 우둔이 제일이고 대접살이 다음이고, 홍두깨는 질기고 빛이 희며, 안심은 고기 맛이 시큼하다"고 했다.

굴회

굴회는 맹현에서는 생굴을 소금과 함께 주물러 잠시 두었다가 씻어서 초고추장을 곁들여 먹는다. 《산림경제》(527쪽)에서는 "굴[石花]은 회로 초장을 찍어 먹으면 좋다. 굴은 성질이 냉한데, 밥 위에 쪄서, 소금을 쳐 먹어도 좋다. 두부찌개에 넣어 먹으면 맛이 좋다. 큰 굴[大牡礪]은 살을 떼서 꼬챙이에 꿰어 기름장을 발라 구우면 절미다. 또한 4월에 작약꽃이 만발할 때 석화젓을 담는다"고 했다. 《시의전서》(186쪽)에서는 "초장에 고춧가루를 타서 찍어 먹는다"고 했다.

(2) 숙회

맹현의 숙회에는 어채, 미나리강회, 파강회, 두릅회가 있다. 미나리·파·두릅은 깨끗이 씻어 끓는 물에 살짝 데쳐서 미나리와 파는 돌돌 말아 접시에 올리며 두릅회는 껍질을 벗겨 초고추장에 찍어 먹는다.

11) 숙육

고기를 삶아 물기를 뺀 것을 숙육(熟肉) 혹은 수육(水肉)이라 하는데, 얇게 저미면 편육 또는 숙편(熟片)이라고 한다.[302] 조선시대 고 조리서에는 고기를 삶은 것을 처음에는 '삶음'으로 표현했고 그 후 '숙육'으로 변했다. 19세기 초부터는 숙육은 사라지고 삶은 고기를 누른 후 식혀서 써는 과정이 더 첨가되어 '편육(片肉)'이라고 했다.[303]

---

302) 이성우, 《한국요리문화사》, 119쪽.
303) 김태홍, 〈우육조리법의 역사적 고찰—Ⅳ. 숙육과 편육〉, 《한국식생활문화학회

맹현의 수육에는 양지머리편육·우설편육·제육·족편 등이 있다. 수육하면 쇠고기 편육을 말하고 제육은 돼지 삼겹살을 삶아서 얇게 썬 것으로 새우젓과 함께 먹는다.

양지머리편육

맹현의 양지머리편육(사진 48)은 소의 차돌박이 혹은 업진 부위를 삶아서 고기 건더기는 건져 베보자기에 싸서 눌렀다가 얇게 썰어 편육을 만든다. 맹현에서는 양지머리 중에서 씹을수록 깊은 맛이 배어 나는 업진편육을 좋아했다. 또한 양지머리를 삶을 때에는 젓가락이 쑥 들어갈 정도로 하되 너무 흐물거리지 않게 삶는다. 삶은 고기는 베보자기에 싸서 무거운 것으로 누르는데 오래 누르면 맛난 맛이 다 빠진다. 편육은 씹을 때 입 안에서의 촉감이 촉촉하고 부드러운 음식이다. 초간장에 찍어 먹는다. 수육은 맹현의 주안상, 면상, 교자상에 오르는 음식이다. 또한 조선시대 궁중연회에 자주 올랐던 음식이기도 하다.[304]

《조선무쌍신식요리제법》(224쪽)에서 "양지머리는 차돌박이가 좋다 하나 단단하고 고소할 뿐이다. 가운데는 뻣뻣하여 질기고 맛이 없으며 뒤쪽에 흐들흐들한 것이 구수하고 맛이 제일 좋다"고 했다. 반면 업진편육은 "업진을 날로 갖다 삶으면 장국이 제일이요 혹 살은 맛도 좋고 국수에 놓아 먹는 것이 제일 좋으니 편육 중에서 상등이 된다"고 했다. 업진편육은 《조선요리제법》(246쪽)에도 나와 있는데 "초간장이나 초젓국을 찍어 밥반찬을 하고 국물은 국을 만들어 먹으면 좋다"고 했다. 《시의전서》(193쪽)에서는 편육은 "보자기에 싸서 눌렀다 쓰면 좋다"고 썼다.

지》 1995, 9(5): 506쪽.

304) 김용숙, 《조선조 궁중풍속 연구》, 405쪽.

12) 포

포(脯)는 물고기나 수조육류를 말린 것으로 어포·육포가 있다.

육포

육류를 통째로 말려서 저장하는 방법은 오래전부터 있었다. 반면 쇠고기를 얇게 저며 말린 오늘날의 육포는 《삼국사기》 '신문왕3년(683)'조(208쪽)에 신문왕이 왕비를 맞이하면서 보내는 납채(納采) 품목에 또한 포(脯)가 나오는 것을 보면 삼국시대부터 있었음을 알 수 있다. 한편 고려시대 이규보의 《동국이상국집》 〈제20권 잡저〉(256쪽)에는 생강과 계피를 섞어 말린 고기인 육포라는 말이 나온다. 이규보는 또한 "천원(天院) 최종번이 염소고기의 포를 보내어 병든 어머니에게 드린 것에 사례하다"[305]고 썼다. 염소고기로도 포를 만들었음을 알 수 있다.

맹현의 육포(사진 49)는 쇠고기 우둔살을 너무 얇지 않게 저며 진간장에 꿀, 술, 후춧가루를 넣어 섞어 재운 다음 채반에 펴서 말린다. 꾸덕꾸덕해지면 생강즙을 내어 그 위에 발라서 다시 말리는데 가끔 뒤집어 주고 아주 말리지 않는다. 맹현에서는 육포는 젯상에 올리며 또한 4각 모양으로 작게 잘라서 식혜눈을 만들어 식혜 위를 장식한다. 특히 한식과 추석에 성묘를 지낼 때에는 주로 주(酒), 과(果), 포(脯)를 올리는데 포는 육포를 놓는다. 육포는 살짝 구워 결대로 찢어 자르거나 완자 모양으로 잘라 잣과 함께 주안상에 올렸다. 한편 맹현의 편포는 쇠고기 우둔살을 다져 양념해 반대기를 쳐 네모나게 만들고 참기름을 발라서 채반에서 꾸덕꾸덕하게 말린다, 실백을 다져 가루 내어 뿌리는데 편포가 다 덮이도록 뿌리지는 않는다. 폐백상에 올렸다.

---

305) 《신편 국역동국이상국집 3》, 〈제11권 교율시〉, 151-152쪽.

육포와 편포는 이처럼 맹현에서 제례, 혼례에서 없어서는 안 될 의례음식이었다. 한편 궁중의 여러 잔칫상에는 각색절육(各色截肉)이 올랐는데 쇠고기 포, 꿩·닭의 포, 전복 등 말린 어류 등을 한데 괴어 올렸다.[306)]

일반적으로 육포라 하면 쇠고기를 저며 말린 것을 생각하지만, 《한국의 음식용어》(233쪽)에 의하면 육포는 "쇠고기로 만든 여러 가지 포의 총칭"이라고 한다. 육포는 조리법에 따라 산포(散脯)·편포(片脯)·약포(藥脯)·장포(醬脯)로 크게 나누고 다시 모양에 따라 세분된다. 이 가운데 쇠고기를 다져서 양념해 얇게 펴거나, 또는 얇게 저며서 양념하여 말린 것을 '약포'라 한다. 반면 쇠고기를 다져서 양념하여(파·마늘 제외) 모양을 만들어 말린 것을 '편포'라 한다. 편포는 다시 다져서 양념한 쇠고기를 다식판에 박아 모양을 만들어 말린 다식편포, 대추 모양으로 만들어 말린 대추편포, 큰 목침 같은 크기로 만들어 말린 참기형편포, 숯기왓장 엎어 놓은 것같이 말린 반원주편포로 세분된다.[307)]

쇠고기를 저며서 만든 약포는 여러 조리서에 수록되어 있다. 《임원십육지》(297쪽)의 우육포방(牛肉脯方)은 "쇠고기를 포를 떠서 소금을 뿌려 돗자리 위에 널고 그 위에 다시 돗자리를 널고 밟아 말린다"고 했다. 또한 《증보산림경제》(220쪽)에 따르면 "연한 쇠고기를 얇은 포로 떠서 칼로 잘게 썰되 비껴 썰어 끊어지지 않게 한다. 거기에 참기름·소금을 넣고 버무린 뒤에 쟁반에 올려놓고 볕을 쪼이는데 8부 정도 말려서 먹으면 맛이 좋다"고 했다. 《시의전서》(197쪽)에서는 "연한 쇠고기를 너비아니처럼 저며 유장에 재웠다가 깨끗한 채반에 펴서

---

306) 한복진, 《우리가 정말 알아야 할 우리 음식 백가지2》, 597쪽.
307) 김태홍, 〈우육조리법의 역사적 고찰—Ⅱ. 우육을 사용한 포(脯)류의 조리법을 중심으로〉, 《한국식생활문화학회지》 1995, 7(3): 237-238쪽.

뽀독하게 말린다. 다시 거둬 좋은 진장에 꿀·깨소금·기름·후춧가루·다진 파·마늘을 넣어 주물러 잰다. 채반에 펴 놓고 잣가루를 뿌려 말리되 아주 말리지 말고 촉촉할 때 거둔다"고 했다.

《규합총서》(91쪽)에는 쇠고기를 다져서 만든 약포가 나온다. "연한 고기 기름기 없이 하고 곱게 짓다져 굵은 체에 쳐 힘줄 없이 한다. 기름과 달인 좋은 장과 파·생강을 곱게 다져 후추 등을 다진 고기와 한데 섞어 꿀 조금 쳐 주물러 섞어 넓고 반반한 잎에 꽃전처럼 얇게 펴고 잣가루를 뿌려 말린다"고 했다.

《산림경제》(523쪽)에는 다식 모양의 편포가 나온다. "쇠고기의 힘줄을 떼어 버리고 꿩고기와 함께 난도해서 기름장으로 조미한 것을 작은 다식판에 박아 내어 잠시 볕에 말려서 먹으면 맛이 더 좋다"고 썼다. '치육포'라 했다. 네모난 모양의 편포는《시의전서》(197쪽)에 나온다. "연하고 기름진 쇠고기를 가늘게 다져서 소금으로 간을 맞추고, 기름·후춧가루·실한 깨 볶은 것·잣가루를 섞어 모양을 방정히(네모반듯하게) 만든다. 위에 기름을 발라 잘 말려 쓴다"고 했다. 반면《조선요리법》(105쪽)의 대추편포는 "고기를 곱게 다져서 실백만 내놓고 양념을 간 맞게 해서 대추만큼씩 떼어 대추 모양으로 만든다. 끝에다 잣을 두 개 혹은 한 개 박아 채반에 놓아 꼬득하게 말린다"고 했다.

족편

족편은 쇠족을 장시간 가열하면 불용성 단백질인 콜라겐(collagen)이 수용성 단백질인 젤라틴(gelatin)으로 변화되는데 육수를 따라내어 고명을 넣고 식혀서 젤(gel) 상태로 굳힌 음식이다.

맹현의 족편은 쇠족·양지머리·양을 물에 담가 핏물을 뺀다. 끓는 물에 한 번 데쳐 내어 건져 씻은 뒤 물을 넣어 푹 끓인다. 뼈는 추려

내고 고기 건더기는 건져 씹힐 정도로 곱게 썰어 다시 육수에 넣는다. 마늘·파 다진 것·후춧가루를 넣고 진간장을 조금 넣어 걸죽하게 될 정도로 끓여서 조린다. 쟁반에 부어 한 김 나가면 잣가루·황백지단·실고추·석이버섯채를 넣고 하룻밤 방치하여 굳힌다. 알맞은 크기로 썰어 초간장에 찍어 먹는다. 족편은 궁중의 연회상에 오르던 음식이기도 하다.[308)]

《시의전서》(191쪽)의 족편은 "쇠족과 가죽과 고리를 한 벌 삶고 물은 버린다. 다시 삶을 때 사태와 꿩고기나 닭을 넣어 고아야 맛이 좋다. 다 고고 나서 그릇에 푼 뒤 눅고 된 것을 보아 가면서 건더기를 건지는데 뼈를 모두 추리고 다른 건더기와 각각 다진다. 실고추·석이·달걀 부친 것을 모두 채 친다. 후춧가루와 잣가루, 다진 고기와 채 친 것을 기름을 거른 국에 갖춰 섞어 큰 목판에 얇게 펴 놓고, 위에 채 친 양념과 잣가루를 많이 뿌린다. 식은 후 네모반듯하게 베어 담고, 초장에 잣가루를 넣는다"고 했다.

13) 한과류

《삼국유사》〈기이 제2〉 '가락국기'(247쪽)에는 "해마다 술과 단술을 빚고 떡·밥·다과 등으로 제사 지내기를 그치지 않았다"는 말이 나온다. 제수(祭需)에 '과(菓)'가 있는 것으로 보아 유밀과(油蜜菓) 등은 고려 이전에 만들어진 것으로 보인다.

한과(韓菓)는 과정류(菓飣類)라고도 하는데 우리나라의 전통과자를 말한다. 조리법을 기준으로 유밀과, 유과(油菓), 다식, 정과(正菓, 煎菓), 숙실과, 과편, 엿강정 등으로 나눈다.[309)]

---

308) 이효지·윤서석, 〈조선왕조 후기의 궁중연회음식의 분석적 고찰〉, 10쪽.
309) 김향숙, 〈떡·한과의 품질향상을 위한 조리과학적 고찰〉, 《한국조리과학회지》 2002, 18(5): 561-562쪽.

맹현에서는 약과, 만두과, 매작과, 색강정, 산자, 빙사과, 매화연사, 다식, 정과, 과편, 조란, 율란, 생란, 잣박산 등 숙실과를 만들어 여러 잔칫상과 젯상에 올렸다.

약과

맹현의 약과(사진 11)는 밀가루에 먼저 참기름을 넣고 골고루 섞은 후, 꿀과 설탕물을 넣고 오래 반죽하여 약과판에 넣어 꼭꼭 누른다. 우묵한 그릇에 기름을 넣고 끓인 다음 불에서 내어 놓아 기름을 약간 식힌 다음 약과를 넣었다가 연한 갈색이 되면 다시 불 위에 올려놓아 끓인다. 약과가 속까지 기름이 배어 갈색이 되면 건져서 꿀에 집청한다. 만두과는 약과에서와 같이 밀가루를 반죽하고, 대추는 씨를 빼고 칼로 다져 찐 다음 계핏가루와 꿀을 넣고 속을 만든다. 밀가루 반죽한 것을 조금씩 떼어서 대추 속을 넣고 송편 모양으로 빚은 다음 기름에 튀겨서 꿀에 집청한다. 약과·만두과는 일종의 유밀과이다.

약과는 모양과 크기에 따라 대약과·소약과 모약과·다식과·연약과 등이 있으며, 만두과는 대만두과·소만두과·연사라교 등이 있다.[310] 보통 고배상에는 대약과를 놓고 반과상이나 다과상에는 다식과 매작과와 약과를 쓰며, 웃기로는 만두과를 얹는다.[311]

유밀과는 불교를 국교로 하던 고려시대에는 국가적인 대행사인 연등회·팔관회와 크고 작은 행사의 젯상에 쌓아 올려졌다. 조선시대에는 임금이 받는 어상을 비롯한 잔칫상에 오르던 음식이다.[312] 한편 《고려

---

310) 김향숙, 〈떡·한과의 품질향상을 위한 조리과학적 고찰〉, 561쪽.
311) 한복려, 《한국의 떡과 과자》, 대원사, 1999, 98쪽.
312) 이귀주·정현미, 〈다식의 유래와 조리과학적 특성에 대한 문헌적 고찰〉, 《한국식생활문화학회지》 1999, 14(4): 395-403쪽.

사》〈식화지〉[313]에 의하면 고려시대에는 유밀(油蜜: 기름과 꿀)의 소비가 많아 "고려 정종 7년(1041)에는 여러 도(道)의 지방관이 관할하는 주·부(州·府)의 세공으로 거둬들이는 품목 중에 한 해에 유밀이 한 석 포함되어 있었다"고 했다. 《고려사》[314]에는 또한 각종 연회에 유밀 등의 과도한 소비로 인하여 물가가 폭등하는 등 국가의 재정이 흔들리게 되자 공민왕2년(1353)에는 유밀과의 사용 금지령을 내렸다고 기록했다.

모과정과·앵두편

정과는 제철에 나는 과실이나 채소를 엿물에 무치거나 조린 음식이다. 맹현의 모과정과는 모과 껍질을 벗기고 얇게 저며서 꿀이나 조청을 넣고 조려서 만든다.

정과는 꿀에 조려서 만드는 방법 이외에 꿀에 재워서 만드는 방법도 있다. 《규합총서》(128쪽)에 의하면 '모과쪽정과'라 하여 "모과를 삶기를 무르게 꽤 삶아 국물을 따라 버리고 백청(매우 고운 꿀)을 모과가 잠기게 부어 녹을 만하거든 즉시 그릇에 담아야 빛이 상하지 않는다"고 했다.

한편 맹현의 앵두편은 앵두를 물에 넣고 끓여 체에 밭쳐서 즙을 얻고 설탕을 넣어 조린 다음 녹말을 넣어 엉기게 하여 굳힌 과편이다. 《규합총서》(127쪽)에서는 "앵두를 그릇에 담아 쪄서 중체에 걸러 꿀을 알맞게 타 조린다. 수저로 떠 보아 죽이 되게 엉긴 것만치 되거든 녹말을 조금 넣어 조려서 족편 어리듯 엉기면 사그릇에 담아 굳혀서 베어 쓴다"고 했다.

---

313) 권영국 외, 《역주 고려사 식화지》, 한국정신문화연구원, 1996, 213쪽.

314) 정인지 외, 《신편 고려사 4》[1396년], 〈제38권〉, 고전연구실 역, 신서원, 2008, 30쪽(이하 《신편 고려사 4》).

과편은 서양의 젤리와 같은 것으로 젤리는 젤화제의 종류에 따라서 펙틴젤리, 한천젤리, 젤라틴젤리, 전분젤리 등으로 구분된다. 첨가되는 겔화제에 따라 다양한 조직감을 나타낸다.[315] 과편은 일종의 전분젤리로 잘 끊어지며 약간의 씹힘성을 갖는다.

강정·빙사과

강정은 찹쌀가루에 술을 넣고 반죽하여 쪄서 꽈리치기를 한 다음 반죽을 밀어 갸름하게 썬 다음 말린다. 기름에 튀긴 후 꿀을 묻혀서 깨 등 고물을 묻힌 음식인데 일종의 유과이다.《규합총서》(119-120쪽)의 강정은 반죽을 말려 튀길 때 "기름을 두 그릇에 담고, 꽤 끓여 중탕하여 채워 두고, 서로 번갈아 올려놓아 강정을 알맞게 넣고 뭉긋한 불에 저로 슬슬 저어 오래 저으면 막 일고자 하거든 불을 싸게 하고 자주 기름을 떠 얹으면 잘 인다"고 했다.

유과에는 강정 이외에도 빙사과(氷沙果)·산자 등이 있다. 맹현의 빙사과는 강정을 만들고 남은 부스러기를 기름에 튀겨 조청을 발라 버무려 네모난 쟁반에 굳힌 다음 네모로 썬다. 분홍·연한 연두 등의 색을 낸다

《음식디미방》(96쪽)의 빙사과는 "찹쌀가루에 술을 넣어 반죽해서 쪄서 잘 저어서 안반에 놓고 홍두깨로 밀어 팥알만큼씩 썰어서 알맞게 말린다. 기름에 지진 다음 꿀에 엿을 조금 넣고 달여서 죄어 버무려 고루 편 뒤 엉기면 썬다"고 했다.《시의전서》(228쪽)의 빙사과도 이와 같이 만들었는데, "황색은 기름에 치자를 넣어서 지지고 홍색은 지치(지칫과의 여러 해살이 풀)를 넣어서 지져 낸다. 지치는 지초(芝草)·자초(紫草)라고도 불린다. 또한 흰엿을 녹여 발라서 여러 알을 한

315) 조영·최미용, 〈강황과 비트를 첨가한 젤리의 품질특성〉,《한국식품조리과학회지》 2010, 26(4): 481쪽.

데 붙이는데, 길이와 높이는 1치4푼(약 4.5-5cm)되게 칼로 자른다"고 했다. 반면 《한국의 떡과 과줄》[316]에서는 "강정이나 산자 재료를 만들다 남은 것을 썰어 말려서 튀긴 다음, 흰엿을 섞어서 굳힌 후 네모로 썬 것이다. 엿물 혹은 꿀에다 버무려 반듯하게 고루 편 뒤 굳혀서 네모나게 썰어서 만들기도 한다. 반죽에 각색의 물을 들여 만들기도 한다"고 했다. 이처럼 빙사과는 기름에 색을 내는 물질을 넣거나 혹은 반죽을 물을 들여 색을 내기도 했다.

매화연사

맹현의 매화연사(梅花軟查)는 찹쌀가루를 강정처럼 반죽해 얇게 밀어 실패 모양으로 만들어서 말리지 않고 기름에 지진다. 백·홍·황색의 옷을 입힌다. 《규합총서》(123쪽)의 연사는 "반죽을 강정과 같이 하여 쳐서 얇게 비치게 밀어 썰어서 기름에 수저로 눌러 가며 지져 낸다. 꿀을 듬뿍 바르고 잣가루를 무쳐 쓴다"고 했다. 매화고물은 "찰벼를 4-5일간 밤이슬을 맞혀 습기를 알맞게 한 다음, 술에 담갔다가 건져 다시 하룻밤 재워 뜨거운 무쇠솥에 볶아 매화꽃처럼 만든 것"[317]이라고 한다. 한편 궁중연회에 참석하는 왕이나 대왕대비께 올리는 가장 큰 규모의 상인 진어찬안(進御饌案)에는 '3색매화연사'를 올렸다.[318]

한편 여러 조리서에서는 강정, 빙사과, 연사과 등을 만들 때 "찹쌀가루를 골마지가 끼도록 물에 여러 날 담근 후 건져 맑은 물이 나오도록 씻어 가루를 만든다"고 했다. 이러한 과정은 식품학적으로 중요한 의미를 포함하고 있다. 찹쌀가루를 물에 담그는 과정은 단순

---

316) 강인희, 《한국의 떡과 과줄》, 대한교과서, 1997, 329쪽.
317) 위의 책, 328-329쪽.
318) 한복진, 《조선시대 궁중의 식생활문화》, 208-209쪽.

한 물의 흡수를 위한 것뿐 아니라 침지과정 중 발효가 일어나, 찹쌀 전분의 이화학적 변화를 초래해 반죽의 점도 혹은 최종제품의 조직감과 향미에 영향을 미친다. 또한 곡류의 침지과정 중에는 피트산(phytic acid) 혹은 탄닌 등과 같은 항영양소의 함량도 감소하는 것으로 알려졌다.

곡류를 여러 날 물에 담갔다가 건져 조리하는 방법은 아프리카 여러 나라에서도 볼 수 있다. 옥수수, 수수, 조를 실온에서 물에 담갔다가 건져서 가루를 만들고 이를 실온에서 하루 이틀 더 방치하면 발효(souring)가 지속된다. 가루에 물을 넣어 죽을 만들어 먹거나 혹은 우리나라의 묵처럼 젤(gel) 상태의 음식으로 하여 먹는다.[319)]

생란·조란·율란

과일을 익힌 다음 다져서 꿀로 반죽하여 다시 원래 모양으로 빚은 것을 '란(卵)'이라 한다.[320)] 숙실과이다.

맹현의 생란은 생강을 껍질 벗겨 물에 씻어 얇게 저민다. 저민 생강을 물을 넉넉히 넣고 끓여 매운맛을 없앤 다음 도마에 놓고 곱게 다진다. 다진 생강을 꿀과 물을 약간 넣고 뭉쳐질 수 있을 정도로 조린 후 식힌다. 조금씩 떼어 3손가락을 사용하여 새발 모양으로 빚는다. 잣가루를 뿌린다. '생편(生片)'이라고도 한다. 조란은 대추를 씨를 발라 칼로 다지는데 설탕이나 물을 약간 뿌려서 두들긴다. 다진 대추를 찜통에 찌고 대추 모양으로 빚어서 꿀을 바르고 잣가루에 묻힌다. 반면 율란은 밤을 삶아 찧고 체에 내려서 꿀·계핏가루를 넣고 밤 모양으로 동그랗게 빚어 꿀을 바르고 잣가루를 묻힌다.

---

319) Taiwo O. Osungbaro, 1990, "Effect of fermentation period on amylose content and textural charateristics of '*ogi*' (A fermented maize porridge", *J. Ferment. Bioeng*, 70(1) : 22.
320) 김향숙, 〈떡·한과의 품질향상을 위한 조리과학적 고찰〉, 92쪽.

《시의전서》(220-221쪽)에서는 '생강편'이라 하여 "생강을 가루와 같이 곱게 다져서 꿀을 많이 넣고 조리며 되직하게 되면 퍼서 계피를 섞어 세뿔지게 모양을 만든다"고 했다. 조란은 "대추를 가루같이 곱게 다져서 푹 쪄서, 밤가루에 계피와 꿀을 섞어 만든 소를 넣어 대추 모양으로 빚는다"고 했다.

《한국의 맛》(329-331쪽)의 생란은 "생강을 씻어 껍질 벗겨 얇게 저며 채 썰어 곱게 다진다. 다진 생강은 즙을 짜내고 물을 부어 끓인 다음, 체에 밭쳐 짠다. 냄비에 생강 건더기와 설탕·조청을 넣고 약한 불로 조린다. 거의 조려지면 꿀을 넣어 조리다가 조금 떼어 식혀서 뭉쳐지면 내린다. 한 김 나간 뒤에 대추 크기만큼 떼어 동그랗게 만들어 생강 모양과 같이 세뿔이 나도록 빚는다"고 했다. 조란은 "다진 대추를 쪄 계핏가루를 섞어 빚어 만들고, 율란은 삶아 찧은 밤에 설탕·꿀·소금·계핏가루를 섞어 빚은 다음, 각각 잣가루를 묻힌 것이다"고 했다.

잣박산

맹현의 잣박산(사진 10)은 잣을 눈을 떼어 헝겊으로 닦고 물과 설탕은 끓인 다음 강엿을 넣고 다시 끓인다. 다듬은 실백은 그릇에 담아 끓는 물에서 따뜻해지도록 중탕한다. 끓인 강엿을 실백이 묻힐 정도로 붓고 빨리 젓는다. 쟁반에 참기름을 골고루 바르고 강엿에 버무린 실백을 얇게 펴서 손으로 누른다. 굳어지면 장방형으로 납작하게 썬다. 일종의 숙실과이다.

《한국의 맛》(332-333쪽)에서는 "설탕과 물을 끓인 다음 조청을 넣고 다시 끓여서 숟가락으로 떠 보아 뚝뚝 떨어지게 될 때까지 끓인다. 여기에 잣을 넣은 다음, 판판한 곳에 기름을 바르고 얇게 편다. 굳어지면 나비 4cm 길이 4cm 되게 칼로 썬다"고 했다. 한편 《조선무쌍신식요리》(301쪽)에서는 "잣박산은 잣을 꿀에 버무려 만들기도 하며 너무 먹으면 기름져서 설사하기 쉽다"고 했다.

다식

맹현의 다식에는 녹말다식, 송화다식, 오미자다식, 흑임자다식, 신감초다식 등이 있다. 여러 잔칫상·젯상에 올랐다.

맹현의 송화다식은 송화가루를 꿀로 반죽하여 다식판에 박아 낸다. 한편 《산림경제》(134쪽)에 "송화(松花)는 송황(松黃)이라 하는데 바로 꽃 위의 황분(黃粉)을 가리킨다. 4월 꽃 필 때에 즉시 채취해야 한다. 만약 조금이라도 지체하면 다 떨어진다. 몸을 가볍게 만들고 병을 치료하는 데는 송피(松皮)나 송엽(松葉)보다 낫다"고 했다. 《증보산림경제》(98쪽)에서도 "송화가 피면 송화가 날리고 떨어져 모으기 어려우니 송화가 피려고 할 적에 가지째 꺾어 깨끗한 자리에 펴 말린다. 저절로 떨어진 꽃을 수비하였다가 햇볕에 말린다. 송화다식은 맛이 매우 좋고 향기가 아름답다"고 썼다. 송화로는 또한 송화주를 만들기도 한다. 송화는 한방에서 대장염·감기·두통·외상출혈·염증·습진 및 피부염의 치료에 사용되고 있다.[321] 흑임자다식은 흑임자를 꿀로 반죽하여 다식판에 박아 낸다.

반면 오미자다식은 녹말가루에 오미자(五味子)를 진하게 우려내어 넣어 꿀과 함께 반죽하여 다식판에 박아 낸다. 《규합총서》(126쪽)에서는 녹말가루에 오미자 물을 들일 때 "진한 오미자국에 깨끗한 연지를 씻어 녹말에 묻혀 고루고루 섞어 신맛이 나게 한다"고 했다. 반면 《조선요리제법》(334쪽)에서는 "오미자 물에 분홍색을 조금 섞어 넣는다"고 했다. 한편 여러 조리서에서는 오미자 물을 들인 다식을 '녹말다식'이라고 하고 있다. 또한 조선시대 궁중의 탄일 다례상 발기에는

321) 《동의보감》, 〈草部 (下)〉, 동의보감출판사, 2214쪽.

'오미자다식'이라는 기록도 보인다.[322] 오미자는 다식 이외에도 오미자편, 오미자화채 등을 만드는 데 사용되었다.

오미자는 목련과에 속하는 자생목으로 오미자 열매의 껍질과 과육은 신맛[酸]과 단맛[甘]이 있다. 반면 핵 중에는 매운맛[辛]과 쓴맛[苦]이 있으며 통합하면 짠맛[鹹]도 있으므로 '오미자'라고 불렀다(《산림경제》, 147쪽). 한방에서는 진정·진해·해열 등의 중추억제작용과 간보호 및 혈압강하 알코올에 대한 해독작용 및 항산화 효과 등으로 소용되고 있다.[323]

5색 다식의 청·적·황·백·흑의 5가지 색은 우리나라의 고유한 전통 색상으로 음양오행에 의해 형성된 전형적인 5방색(五方色)을 구성한다. 5방색의 상징성은 크게 3부분으로 나누어지는데 등급, 방위 그리고 감정을 상징하는 색으로 나눌 수 있다. 이 가운데 방위와 색의 관계를 보면 적(赤)은 온화하고 만물이 무성한 남방색(南方色)이다. 청(靑)은 동(東)쪽이므로 해돋이, 밝음, 맑음, 창조, 신생, 생식 등의 상징의미를 지닌다. 황(黃)은 우주의 중심에 해당되고 가장 밝게 빛나며 가장 존귀한 색으로 오색과 방위의 중심이다. 사계절 사방위를 모두 관계한다. 백(白)색은 우리 민족의 기질과 성품을 가장 잘 드러내는 색으로 방위로는 서(西)이다. 흑색(黑色)은 음(陰)의 색으로 빛을 전혀 반사하지 않으므로 태양이 사라진 어두움, 죽음 등을 나타낸다. 슬픔이나 장례식의 상징으로 쓰인다. 방위는 북(北)이다.[324]

《음식디미방》(45쪽)에서 다식은 "밀가루를 볶아서 꿀·참기름에 반죽하여 모래를 깐 기왓장에 담아 기왓장으로 뚜껑을 하여 익힌다"고 했다. 다식판에 박아 내지 않고 반죽하여 구워 먹었다. 반면 《증

322) 김용숙, 《조선조 궁중풍속 연구》, 406쪽.

323) 이상인, 《본초학》, 수서원, 1981, 172쪽.

324) 조영실, 〈음양오행설을 통한 한국적 색채미감 연구—오방색을 중심으로〉, 홍익대학교 대학원 석사학위논문, 2006, 20-27쪽.

보산림경제》(97쪽) 이후에는 지금과 같은 방법으로 녹말가루에 꿀을 섞고 다식판에 박아 내고 있다.

《성호사설》[325]에 의하면 다식은 "송(宋)나라 때 다례에서 대용단(大龍團)과 소용단(小龍團)이란 다병(茶餠: 떡차)으로 만들어 점다(點茶: 다병을 가루로 하거나 말차抹茶를 물에 개어 마시는 것)하던 풍습에서 비롯하였다. 지금 제사에 다식을 쓰는 것은 점다의 풍습에서 비롯된 것으로 그 명칭만 남고 실물이 바뀐 것이다. 초기에는 다말(茶抹)로 하던 것이 유밀과가 성행하던 시기에는 쌀가루로 만들었다. 사회경제적 여건으로 차차 황률가루·홍화가루 등 다른 재료와 바뀌어 꿀로 반죽하여 떡을 만든 다음 목함 속에 넣어 물고기·나비·꽃 등의 모양을 만들었다"고 했다.

이상으로 유밀과·유과·정과·생란·조란·율란·잣박산 등 숙실과는 각색강정·5색다식·3색매화연사·각색정과·각색숙실과 등 다양한 색으로 구색을 맞춰 조선시대 궁중의 여러 연회상 혹은 잔칫상에 오르던 음식이다.[326]

14) 떡

떡은 고래로부터 그 종류와 조리법이 다양하게 발전한 대표적인 의례음식이다. 떡의 시작은 시루의 등장 시기인 청동기시대 또는 초기 철기시대라 할 수 있다.[327] 떡은 밥 짓기가 일반화된 시기까지는 상용음식의 하나였으나 밥의 상용화가 정착된 이후 의례음식화된 것으로 추정되고 있다.[328]

---

325) 이익, 《국역 성호사설 Ⅱ》[1740년대], 민족문화추진회 역, 경인문화사, 1976, 439쪽(이하 《국역 성호사설 Ⅱ》).

326) 한복진, 《조선시대 궁중의 식생활문화》, 209-210쪽.

327) 이효지, 《한국의 음식문화》, 신광출판사, 1998, 200-205쪽.

328) 윤서석, 《한국식품사연구》(개정증보판), 신광출판사, 1993, 252쪽.

떡은 절기와 관련이 깊은 시절음식으로 떡타령[329] 등 민요와 《동국세시기》 등과 같은 세시기에 절기에 따른 떡의 종류가 잘 나타나 있다. 이러한 떡은 만드는 방법에 따라서 일반적으로 찐떡[甑餠]·친떡[搗餠]·지진떡[煎餠]·삶은떡[團子餠]으로 분류되며 종류가 많고 만드는 방법도 다양하다.[330] 《경도잡지》 〈권1 풍속〉(193쪽)에 "남산 아래에서는 술을 잘 빚고 북부에서는 좋은 떡을 많이 만듦으로 서울 속담에 속칭 남주북병(南酒北餠)이란 말이 생겼다"고 했다. 지금도 낙원동을 비롯한 서울의 이른바 북촌에는 떡집이 많이 있다.

조선시대에는 떡은 주재료인 곡물 이외에 쑥, 진달래 등의 부재료를 이용하여 계절감을 즐겼다. 밤·잣·호박 등의 첨가로 영양상 균형을 꾀하였고, 은행·대추 등의 약이성 재료를 활용하여 보양음식으로도 이용했다.[331]

맹현의 떡류로는 절기에 따라 봄에는 쑥굴리, 여름에는 증편, 음력 10월에는 팥고물을 넉넉히 얹은 고사떡·무시루떡·호박고지시루떡을 들 수 있다. 혼례와 같은 경사스러운 때에는 꿀편·백편·신감초편 등 3색편을 만들며 웃기로 조란·율란·화전·단자를 얹었다. 제사 때에는 깨찰떡·녹두찰떡을 쓰며 웃기로는 주악을 썼다. 떡은 이처럼 맹현에서 보통 때에는 별식으로 혹은 의례음식의 주종을 이루었다.

쑥굴리

맹현의 쑥굴리(사진 50)는 쑥을 데쳐 찹쌀가루와 섞어 절구에 넣고 찧은 후 도넛 모양으로 만들어 끓는 물에 삶아서 꽈리가 일도록 방망이로 친다. 여기에 대추소를 넣어 둥글게 만들어 넣고 거피팥고

329) 정혜경·안정혜, 《서울의 음식문화—영양학과 인류학의 만남》, 71쪽.
330) 윤서석, 《한국식품사연구》, 181-182쪽.
331) 차경희, 《부재료를 첨가한 떡의 품질특성》, 동아시아식생활학회 추계학술대회, 2008, 39쪽.

물에 묻혀 만든 친떡[搗餠]이다. 일종의 단자(團子)이다. 대추소는 대추를 깨끗이 씻어 술과 설탕에 버무려서 하룻밤 불린 후, 대추살을 잘게 다져 꿀을 조금 넣고 반죽하여 쪄서 만들었다. 쑥굴리는 맛과 향기가 좋아서 봄날에 별식으로 뿐 아니라 잔치음식에도 오르던 음식이다. 쑥은 멥쌀가루와 버무려 쪄서 '쑥버무리'를 만들어 먹기도 했다.

《도문대작》[332]에서는 서울의 시식으로 봄에 애고(艾糕: 쑥떡·쑥구리)를 들었다. 한편 쑥굴리에 넣는 소는 다양한데, 《조선왕조 궁중음식》(162쪽)에서는 '쑥구리단자'라 하여 거피팥고물에 꿀과 계핏가루를 함께 섞었다. 반면 《한국의 맛》(310쪽)에서는 유자청 건지와 대추를 함께 섞었다.

쑥은 단군신화에도 등장하는 역사가 깊은 식품이다. 쑥은 다년생 초본식물로 어린잎을 식용으로 한다.[333] 쑥은 우수한 녹엽단백질과 필수지방산 함량이 많아서 영양적으로 매우 우수한 식품이다. 쑥은 또한 비타민 A와 C·칼슘·철분이 풍부하여 쑥떡이나 쑥국[艾湯] 등 음식재료로써 봄철의 미각을 돋우어 주는 좋은 식품이다.[334] 한방에서는 위장병·변비·신경통·냉병·부인병 및 천식 등에 효과가 있는 한방 약재로도 이용되었다.[335]

물호박떡

맹현에서는 가을에 햇곡식이 나오고 늙은 호박의 황금색이 짙어지고 단맛을 더해 갈 때 물호박떡을 만들었다. 물호박떡은 멥쌀가루에

---

332) 허균, 《도문대작》[1611], 황혜성 역, 《한국요리백과사전》, 삼중당, 1976, 500쪽 (이하 《도문대작》).
333) 육창수, 《약용식물학개론》, 진명출판사, 1977, 293쪽 .
334) 김정규, 《21세기 원색세계대백과》 19권, 태극출판사, 1999, 240쪽.
335) 《동의보감》, 동의보감출판사, 218쪽.

늙은 호박을 섞어 버무리 하고 거피팥고물을 켜켜이 얹어 찐 떡으로 가을의 시절음식이다.

맹현의 물호박떡(사진 51)은 멥쌀가루에 찹쌀가루를 조금 섞고 또한 늙은 호박뿐 아니라 가을에 갓 수확한 동부·넝쿨콩(울타리콩)도 함께 넣어 버무리 하여 쪘다. 호박은 켜로 넣지 않고 쌀가루에 버무렸다. 생으로 넣기도 했고 약간 말리면 맛이 달고 모양새가 난다. 혹은 호박고지를 만들어 두었다가 쓰기도 했는데 호박고지를 쌀가루에 넣을 때에는 설탕물에 넣고 자작하게 삶아야 부드러워진다. 호박고지는 멥쌀가루에 섞고 팥고물을 얹어 호박고지시루떡을 만들어 10월 고사(告祀)를 지내기도 했다.

호박떡은 《시의전서》(224쪽)에서도 "껍질을 벗겨 낸 달고 좋은 호박을 잘게 썬다. 찹쌀가루와 멥쌀가루를 각각 반씩 넣어 버무려 팥고물에 켜를 두껍게 하여 푹 찐다"고 했다. 《조선요리제법》(85쪽)에서는 "늙은 호박을 얇게 썰어서 떡가루에 섞어 시루에 안쳐 찌는데 거피팥을 두고 찐다. 호박오가리를 물에 불려 떡가루에 섞기도 하는데 호박떡은 그 두께를 조금 두껍게 하는 것이 좋다"고 기록했다.

늙은 호박은 전분과 당류 그리고 비타민 A와 C가 많고 짙은 노란색일수록 비타민 A가 많다. 특히 이뇨작용이 현저하여 전신부종·산후부종·기관지천식으로 인한 부종 등에 현저한 반응을 얻고 있기도 하다.[336]

화전

맹현의 화전은 찹쌀가루를 반죽해 동글납작하게 빚은 다음 진달래꽃·국화꽃잎을 얹어 번철에 지진 꽃지짐이다. 3월에는 진달래화전,

336) 김민지 외, 〈늙은 호박 부위별 추출물의 항산화 효과 및 생리활성에 관한 연구〉, 《한국식품과학회지》 2011, 43(2): 195쪽.

9월에는 국화전을 만들었다. 가루를 반죽해 기름에 지지는 떡으로 유전병(油煎餠)이라고도 한다.[337)]

꽃은 계절과 관련이 깊으며 특히 봄에는 진달래꽃·복숭아꽃·배꽃 등이 피고, 여름에는 장미·맨드라미, 가을에는 국화가 핀다. 한국인은 예로부터 각 계절마다 피는 꽃을 이용하여 떡이나 술을 만들어 꽃의 향기와 계절의 풍류를 즐겼다.[338)] 삼짇날은 교외로 나가 봄을 맞이하는 봄놀이 하는 날이라 했다.[339)]

꽃을 이용한 떡류는 대부분 찹쌀이 주재료였다. 반면 《음식디미방》(82쪽)의 전화법(煎花法)에서는 찹쌀가루에 거피한 메밀가루를 조금 넣고 꽃을 많이 넣고 눅게 만들었다. 또한 《주방문》(543쪽)의 곶전[花煎]은 "메밀가루와 찹쌀가루의 비율을 2 대 1의 비율로 하며, 버석버석하며 누릇하게 지져 더울 때 꿀물에 재웠다 꺼낸다. 진달래 꽃잎을 많이 섞어야 좋다"고 했다.

흰주악·쑥주악·대추주악

주악은 찹쌀가루를 반죽하여 속을 넣고 송편처럼 양귀가 나게 빚어서 기름에 지진 떡이다. 맹현의 주악(사진 52)은 찹쌀가루를 반죽할 때 들어가는 재료에 따라서 흰주악, 쑥주악, 대추주악 등이 있다. 흰주악은 찹쌀가루를 쓰고, 대추주악은 찹쌀가루에 대추 다진 것을 넣고, 쑥주악은 찹쌀가루에 데친 쑥을 다져 넣은 뒤 각각 끓는 물로 익반죽한다. 대추·깨·밤으로 속을 만들어 넣는데 송편보다는 크지만 양 귀가 나게 납작하게 빚는다. 번철에 기름을 두르고 양면을 눌지 않게 지져서 꿀에 잰 것이다. 맹현의 주악은 클수록 자손이 번창

337) 고려대학교 민족문화연구소, 《한국민속대관 2—일상생활·의식주》, 465쪽.
338) 정현미, 〈진달래 음식의 종류와 조리법 고찰〉, 《생활문물연구》 2007, 제20호: 5쪽.
339) 최남선, 《조선상식문답》(본편), 동명사, 1947, 103쪽.

한다고 하여 큼직하게 만들었다.

《시의전서》(218쪽)의 흰주악은 "찰가루를 물에 반죽하여 달떡 모양 같이 만들어 가운데 구멍을 뚫어 삶아 건져서 생가루를 조금 넣고 반죽하여 빚는다. 소는 팥소를 넣어 송편만큼씩 빚어 번철에 기름을 많이 붓고 지져 낸 후, 집청해서 잣가루·계핏가루를 뿌린다"고 했다. 찹쌀가루 반죽을 삶았다가 다시 기름에 지져 내고 있다. 또한 대추주악은 "대추를 가루같이 곱게 다져 생반죽하여 빚는다"고 했다.

주악은 조리서에 따라서 찹쌀을 반죽하여 튀기기도 했으며 주악의 모양, 안에 들어가는 소의 재료·고명이 달랐다. 《조선왕조 궁중음식》(165쪽)에서는 "찹쌀가루를 삼등분하여 각기 끓는 물에 식용 염료(청·홍·황)를 타서 연한 색이 나도록 익반죽한다. 소는 대추씨를 발라내고 곱게 다져서 꿀과 계핏가루를 섞어 만든다. 찹쌀반죽을 새알만큼 떼어 내어 송편 빚듯이 소를 넣고 빚은 뒤 기름에 튀긴다. 뜨거울 때 꿀에 집청한다"고 했다. 반면 《한국의 맛》(452-453쪽)에서는 "청·홍·백·황색으로 색을 낸 찹쌀가루를 익반죽하여 동글납작하게 빚어 기름에 지진다. 볶은 팥가루에 계핏가루·꿀·유자청을 넣어 팥소를 만들어 가운데 놓고 송편 싸듯이 반을 접어 가장자리를 눌러 준다. 다른 색으로도 똑같이 만들어 등을 맞붙여 놓는다. 밤채, 대추채, 석이채를 고명으로 얹는다"고 했다.

대부분의 조리서에서는 찹쌀가루를 끓는 물로 익반죽하여 주악을 만든다. 반면 《규합총서》(117쪽)의 대추주악은 "날반죽하여야 연하고 좋다. 익반죽하면 질기고 빛이 없다"고 했다.

1800년대 중엽의 《음식방문》(36쪽)에는 석이주악, 국화잎주악이 나온다. 석이주악은 "석이를 잘게 두드려 가루를 조금 넣고는 절구에 많이 찧어서 어레미에 쳐 낸다. 가루로 반죽하여 소를 넣고 빚은 것을 지져서 꿀에 재워 먹는다"고 했다. 국화잎주악은 "국화잎을 가루에 찧고 물을 끓여 구무떡을 만들어 떠오르도록 삶은 뒤 반죽하여 소를 넣고 빚은 것을 지진다. 꿀에 반죽하여 쓰면 향기로워서 좋다"고 했다.

이익의 《성호사설》〈각서〉(143쪽)에는 "중국 초나라 때 멱라수(汨羅水)에 빠져 죽은 굴원(屈原)의 혼을 조상하기 위하여 단오에 줄잎으로 찹쌀을 싸서 먹던 풍속에 '각서'란 것이 있다. 우리 풍속에 이를 본떠 만든 것에 '조각(造角)'이란 떡이 있는데 '각(角)'의 음이 전해서 '악(岳)'이 되었다. 이 조악(造岳)이란 쌀가루로 만들어 콩가루로 소를 넣은 것인데 역시 양쪽으로 뿔이 나고 기름에 튀긴 것이다"고 썼다. 이 조악의 주재료가 찹쌀가루로 변한 것이 주악이라고 한다.

석이단자·대추단자

맹현의 단자는 찹쌀가루에 들어가는 재료에 따라 석이단자, 대추단자가 있다(사진 53). 또한 찹쌀가루를 끓는 물로 익반죽해 삶아 건져서 잡아당겨 소를 넣어 빚어 만든 밤단자가 있다.

맹현의 석이단자(사진 9)는 찜통에 베보자기를 깔고 그 위에 밤채·대추채를 썰어 골고루 편다. 찹쌀가루에 물을 내리고 석이가루를 섞어서 여러 채들 위에 고루 펴고 다시 밤채·대추채를 고루 얹어 찐다. 찐 떡을 도마 위에 올려놓고 손으로 눌러서 편편하게 한 후 네모나게 잘라서 잣가루를 묻힌다. 한편 찹쌀가루에 물 내리기는 쌀가루에 물을 넣은 다음 두 손으로 골고루 비벼서 손으로 쥐면 뭉쳐지고 도로 풀면 풀어질 정도로 물을 가한다. 채는 석이채를 함께 넣기도 하고 또한 여러 채들은 녹말가루를 입혀 사용하기도 한다. 대추단자는 불린 대추살을 씨를 발라 칼로 다져 찹쌀가루를 섞어서 반죽한 후 석이단자와 같은 방법으로 하여 찐다.

《시의전서》(219쪽)의 석이단자는 "석이를 바싹 말려 가루로 만들어서 곱게 체에 쳐 둔다. 쓸 때에 놋그릇에 담고 백비탕(팔팔 끓인 물)을 끓여 적셔 가며 자주 저어 가루가 부드러워지면 기름을 조금 치고 꿀에 잰다. 대추를 가루같이 곱게 다져 찹쌀가루에 석이와 합하여 버무려 백지에 기름을 발라 깔고 쪄서 잣가루에 묻힌다"고 했다. 찹쌀가루에 석이가루와 대추가루를 함께 섞어 쪘으며 잣가루에 묻혔다. 《이조궁정요리통고》(178쪽)의 석이단자는 "석이를 보드랍게 다져 찹쌀가루에 섞어 반죽하여 납작하게 반대기를 지어서 끓는 물에 삶아서 건져 낸다. 물기를 없이한 후 조금씩 떼어서 잣가루를 묻힌다. 대추단자도 대추 씨를 빼고 다져서 찹쌀가루에 섞어 반죽을 한 후 석이단자와 같이 만든다"고 했다. 반죽을 삶아서 단자를 만들었다.

밤단자

맹현의 밤단자는 찹쌀가루를 끓는 물로 익반죽해 도넛 모양으로 만들어 가운데 구멍을 내고 끓는 물에 삶아 건진다. 그릇에 담고 방망이로 꽈리가 일도록 친다. 밤은 삶아 껍질을 까서 절구에 넣어 찐 후 체에 내린다. 밤가루와 계피에 꿀을 넣어 버무려 소를 만든다. 양손에 꿀을 무치고 반죽한 찹쌀반죽을 잡아당기듯 해서 그 속에 밤가루와 계피로 만든 밤속을 넣고 동글게 밤만 하게 모양을 만들어 꿀을 바르고 밤고물에 무친다. 《시의전서》(218쪽)의 밤단자도 이와 같은데 "새알처럼 만든다"고 했다. 밤단자는 햇밤이 나오는 가을철의 시절음식이다.

《임원십육지》〈정조지〉(234쪽)에서 밤단자는 "찹쌀가루를 반죽하여 손바닥 크기로 조각을 만들고 손가락 끝으로 여러 개의 구멍을 내어 끓는 물에 넣어 익혀서 방망이로 힘껏 쳐 마치 묽은 죽 같은 농도로 한다. 소는 밤가루에 꿀을 넣는다. 반죽에 소를 넣어 빚은 것을 삶아 내어 꿀에 담갔다가 밤가루를 뿌린다"고 했다. 반면 《한국의 맛》(309쪽)에서는 "찹쌀가루를 찬물로 반죽하여 반대기를 지어 찜통에서 찐 다음 꽈리가 일도록 저으며, 유자청 건지를 곱게 다져서 밤가루·계핏가루와 잘 섞어 소를 만들어 넣는다. 밤가루 대신 잣가루를 뿌린다"고 했다.

이와 같이 단자는 조리서에 따라서 반죽을 찌는 대신 물에 삶아 조금씩 떼어 모양을 만들었다. 또한 소의 재료도 달랐으며 고명으로 잣가루 혹은 밤가루를 묻히기도 했다.

편과 웃기

우리의 전통풍속에 큰상에 떡을 괼 때에는 편(片)을 쓰는데, 편이란 시루에 곡물가루를 얇게 켜켜이 쌓고 켜 사이사이에 고물을 얹어 찐 떡이다.[340] 단자와 주악은 혼례·제례 때 편을 편틀에 괴고 그 위에 웃기로 얹거나 혹은 잔칫상에 그대로 올리기도 한다. 특히 석이단자·대추주악 등은 왕의 탄일어상 및 궁중가례 시 잔칫상에 오르던 음식이다.[341] 한편 《시의전서》(217쪽)에서는 "제사주악은 송편만 하게 하고, 잔치주악은 대추만 하게 빚는다. 각색 웃기는 모두 찹쌀가루로 한다"고 했다.

단자와 주악은 이처럼 주재료인 찹쌀가루에 석이버섯·대추·밤·잣·깨 등의 재료들을 소로 넣거나 혹은 고명으로 얹음으로써 외형적으로 색채감을 부여하는 것은 물론 씹을수록 깊고 은은한 맛을 느끼게 한다.

석이·대추·밤

석이·대추·밤은 조선시대에는 주악·단자뿐 아니라 여러 떡의 부재

---

340) 윤서석, 《우리나라 식생활문화의 역사》, 449쪽.
341) 이효지·윤서석, 〈조선왕조 후기의 궁중연회음식의 분석적 고찰〉, 11쪽.

료로 이용되었다. 먼저 《도문대작》(494쪽)의 석이병은 "메밀을 곱게 갈아 백 번 체에 친 후 꿀물로 개면서 석이를 같이 섞어 놋시루에 찐 것이다"고 했다. 《증보산림경제》(70쪽)의 석이병(石耳餠)은 소를 만들어 넣는데, "불린 석이를 쭉 펴 놓고, 꿀을 섞은 찹쌀가루로 차지게 하여 풀어지지 않게 한다. 대추와 밤 따위에 꿀을 넣어 떡소를 만들고 양편을 서로 합쳐 떡 모양을 만든 뒤에 참기름 발라 대나무 체에 안쳐 찐다. 꿀을 바르고 잣가루를 묻힌다"고 했다.

대추는, 《시의전서》(222쪽)에 대추인절미[大棗粘餠]가 나오는데 "좋은 찹쌀을 불린 후 건져 1말을 하려면 대추 1말을 씨를 바르고, 지에밥을 찔 때 위에 얹어 푹 쪄서 함께 찧으면 좋다. 거피팥고물이나 콩가루를 묻힌다"고 했다. 대추는 고명(糕銘)의 유래와도 연관되는 식재료이다. 이익의 《성호사설》(145쪽)에 의하면 "《예원자황》에, 한식날 밀가루로 증병처럼 만들어 대추를 뭉쳐 붙인 것을 '조고(棗糕)'라 한다. 지금 우리 풍속에도 또한 이를 증병이라 하는데, 팥가루로 소를 넣고 겉에 대추를 붙인 것은 고명(糕銘)이라 한다. 이는 맨 처음 만들 때 대추를 썰어서 떡 위에 글자를 만들어 붙였던 까닭에 떡 이름을 '고명'이라 한 듯하다. 지금은 글자를 붙여 만들지는 않으나 고명의 이름만은 남아 있다"고 했다.

밤은, 《산림경제》(519쪽)에 '율고(栗糕)'가 나오는데, "말린 밤을 가루로 만들어 그 ⅔가 되는 찹쌀가루에 섞어 알맞게 물을 내려서 쪄서 익힌다"고 했다. 《임원십육지》 〈정조지〉(233쪽)의 '고려율고방'은 "밤을 그늘에 말려 껍질을 벗기고 절구에 찧어 가루를 낸다. 밤가루와 찹쌀가루를 1 : 2의 비율로 섞고 꿀물을 넣어 촉촉하게 버무려 찐다"고 했다.

이처럼 석이·밤·대추는 여러 조리서에서 가루를 만들어 쌀가루와 섞어서 찌거나, 꿀과 버무려 속으로 넣거나, 채를 썰어 고물로 썼다. 특히 석이는 어채·어만두를 상에 낼 때 고명으로 그 위를 장식하기도 했다. 밤·대추는 또한 혼례 때 신부가 시부모를 뵙는 의례인 현구고례(見舅姑禮)의 폐백음식이기도 하다.

15) 음청류

우리의 음료 중에 차게 마시는 음료를 화채 또는 음청류라 한다.[342)] 화채는 과일이나 꽃잎 등을 오미자국물 또는 꿀물에 실백과 함께 띄운다.

맹현의 음청류에는 진달래화채, 창면, 보리수단, 배숙 등이 있다. 궁중의 잔칫상에 오르던 음식이기도 하다.[343)]

진달래화채

맹현의 진달래화채(사진 12)는 진달래꽃의 술을 따 버리고 녹두녹말을 묻혀 데친 후 건져 찬물에 담갔다가 채반에 건져서 오미자국에 띄운다. 실백을 얹어 낸다. 여러 조리서에서는 화면(花麵)이라고도 한다.《규합총서》(118쪽)의 화면은 "진달래꽃을 꽃술 없이 하고 물에 적셔 녹말을 고루고루 묻혀 삶아 오미자국에 잣 띄워 쓴다"고 했다. 한편《음식방문》(33쪽)에서는 화면은 진달래꽃 이외에 봉선화로도 만든다고 했다.

창면

맹현의 창면(昌麵, 사진 2, 사진 54)은 가마솥에 물을 끓이고 녹두녹말 반죽을 되지 않게 해서 얗은 쟁반에 부은 다음 끓는 물 위에서 돌려가며 익힌다. 녹말 반죽이 어느 정도 익으면 쟁반을 눌러서 끓는 물

---

342) 한복진,《우리 음식의 맛을 만나다》, 서울대학교출판문화원, 2009, 218쪽.
343) 한복진,《조선시대 궁중의 식생활문화》, 214쪽.

속에 잠기게 하여 마저 익힌다. 반죽이 투명하게 되면 꺼내어 찬물에 담갔다가 수저 끝으로 가장자리를 돌려서 꺼낸다. 여러 장을 평평하게 놓고 면(국수)처럼 길게 썰어 창면을 만들어 꿀을 탄 오미자 국물 넣고 통잣을 띄워 냈다.

창면은 여러 고 조리서에서 착면(着麵)·책면 등으로 불리기도 한다. 《음식디미방》(80쪽)의 착면은 "녹두녹말가루 반죽을 물에 되지 않게 타서 혹 양푼 행기에 한 술씩 담아 더운 솥의 물에 띄워 고루 두르면 잠깐 사이에 익거든 찬물에 담갔다가 썰을 때 편편히 겹쳐 썰어 오미자에 얼음을 넣어 쓰라"고 했다. '녹두나화'라고도 했다. '토장 녹도나화'는 착면을 참깨를 볶아 찧어 냉수에 걸러서 말은 것이다. 《시의전서》(188쪽)의 '착면'은 "여러 장을 해 내어 묵 치듯이 곱게 썰어 꿀을 타고 잣을 뿌린다"고 했다. 반면 1957년도 방신영의 《우리나라 음식 만드는 법》[344]에서는 "녹말을 물 4홉에 개어 가지고 체에 밭쳐서 치자물을 조금 쳐서 빛을 곱게 해서 풀 쑤듯 한참 주걱으로 저으면서 끓인다. 그릇에 담아 차게 두어 굳은 후에 가늘게 채를 쳐서 화채 그릇에 담고 오미자물을 치고 실백을 띄운다"고 했다. 녹말가루 반죽에 치자물을 들이고 또한 녹말 반죽을 중탕하지 않고 끓여서 단단히 굳힌 후에 썰어서 책면을 만들었다.

묵이 본격적으로 문헌에 나타나기 전 초기단계에서는 녹말전분이나 메밀전분은 묵으로 굳혀서 먹기보다는 세면과 같이 가느다란 면류로 뽑거나 창면과 같이 종이처럼 얇게 익혀서 썰어서 면류나 음청류로 만들어 먹은 것으로 보인다.[345]

---

344) 방신영, 《우리나라 음식 만드는 법》, 269쪽.

345) 차진아 외, 〈고문헌(1400년대-1800년대) 및 근대 문헌(1900년대-1960년대)에 나타난 묵의 변천과 묵 쑤는 방법에 대한 고찰〉, 82쪽.

보리수단

맹현의 보리수단(사진 12)은 햇보리를 삶아 건져서 다시 녹두녹말을 입혀 끓는 물에 데쳐 낸다. 찬물에 담갔다가 건져 그릇에 담고 꿀을 탄 오미자국에 띄운 것이다. 통잣을 얹어 냈다. 《시의전서》(224쪽)에서는 "보리는 고갱이가 나오도록 세게 비벼서 삶아 건진다. 여기에 녹말을 씌워서 다시 삶아 냉수에 씻어 건져 오미자국에 넣고 잣을 띄운다"고 했다. 한편 《한국의 맛》(339-340쪽)에서는 "삶은 통보리 대신 보릿가루를 반죽하여 써도 좋으며 보리수단에는 국화잎을 띄워 내도 운치가 있다. 또한 녹말가루는 녹두녹말이어야 한다"고 했다.

배숙

맹현의 배숙[梨熟]은 배를 깎아서 4등분하고 속을 도려내어 통후추를 박아서 꿀물에 끓여 차게 해서 먹는 음료이다. 《도문대작》(495쪽)에는 "대숙이(大熟梨, 문배)가 단단하여 배숙을 만들 때 합당하다"고 기록되었다. 《규합총서》(130쪽)에는 '향설고(香雪膏)'가 나오는데, "시고 단단한 문배를 껍질을 벗겨 꿀물을 달게 타서 통노구(질이 나쁜 놋쇠로 만든 냄비)에 붓고 문배에 통후추를 많이 박아 생강 얇게 저며 넣어 숯불에 뭉근한 불로 지어라. 빛이 붉고 속속들이 꿀이 들어 씨까지 윤지거든 쓰되 배가 시어야 빛이 붉고 곱다. 수정과를 하려면 얼 조려(어중간하게 조려) 국물을 넉넉히 하고, 계핏가루 약간 타고 잣 흩어 쓰라"고 했다. 향설고는 궁중요리의 '배숙'과 같다고 한다.

맹현에서는 또한 천도(天桃)복숭아도 꿀물에 삶아 차게 해서 먹었는데, 통후추는 넣지 않았다. 반면 대부분의 조리서에서는 복숭아화채는 삶는 대신 복숭아를 4등분하고 다시 얇게 썰어서 꿀 혹은 설탕에 재워 두고 상에 놓을 때 미리 끓여서 식힌 설탕물이나 꿀물을 타고 실백을 띄운다. 복숭아화채는 또한 오미자국에 띄우기도 한다.[346)]

3. 맹현음식의 특징

이상으로 조선시대 한성부의 북촌 가회동에 위치한 맹현의 일상음식과 의례음식의 종류와 조리방법을 알아보았으며, 그 특징을 살펴보면 다음과 같다.

1) 일상음식

일상음식은 크게 주식과 부식으로 나눌 수 있다. 밥을 비롯한 죽, 미음, 범벅, 국수 등은 맹현의 주된 주식이었다. 흰밥이 밥 가운데는 주종이었고 때로 팥을 맷돌에 타 불려 삶고 멥쌀을 넣어 중등밥을 지었다. 제사를 지낸 뒤에는 전·나물·다시마튀각을 얹어 참기름·진간장으로 비빔밥을 해 먹었다. 또한 갱(국)에 전·산적·나물을 얹어 장국밥을 만들어 먹었다. 타락죽은 멥쌀가루를 말려 볶아서 우유를 넣어 끓였다. 깨죽은 멥쌀과 깨를 맷돌에 갈아 체에 밭쳐 끓였는데 수란과 함께 이른 아침에 먹었다. 한편 가을에 나는 늙은 호박과 갓 수확한 넝쿨콩을 찹쌀가루에 넣고 끓여서 일명 풀떼기를 만들었다.

설날에 끓이는 떡국, 떡볶이, 만둣국 또한 맹현의 주식이었다. 떡

---

346) 강인희, 《한국의 맛》, 339쪽.

볶이는 양지머리 국물에 떡·편육·숙주·버섯류를 넣어 끓이는데 고추장을 넣지 않았다. 맹현의 메밀국수는 메밀가루를 끓는 물로 익반죽해 국수틀에 넣어 면을 만들어 장국으로 만들어 먹거나 냉면으로 먹었다. 냉면 육수는 양지머리로 육수를 내어 동치미국물을 섞어 만들고 꿩살을 발라 양념하여 볶아서 냉면 위에 웃기로 얹었다. 또한 자기 전 밤참으로 양즙을 만들어 마셨다.

철따라 나오는 채소와 생선은 맹현의 주요 식재료였다. 이른 봄에 나오는 냉이를 비롯해 소루쟁이·쑥, 여름에는 애호박이 달린 호박잎·풋배추, 가을에는 아욱·토란·솎음배추 등으로 국을 끓였다. 특히 배추는 풋배추·솎음배추·배추겉(속)대·배추꼬리·시래기 등으로 계절에 따라 다양한 국을 끓였다. 여름에는 냉국으로 미역창국을 만들기도 했다.

호박·가지 등으로는 나물을 만들고 특히 가을 김장 때 말려 놓은 시래기로 시래기나물을 무쳤다. 무·얼갈이·배추·봄동·노각 등으로는 생채를 만들었다. 한편 상추·쑥갓·실파·고수 등은 된장쌈장과 고추장쌈장을 만들어 쌈을 싸 먹었는데, 쌈장은 볶지 않고 냄비에서 중탕했다. 무·오이·마늘·깻잎은 장아찌를 만들어 오래 저장하여 먹었다. 무·오이를 간장에 절여 눌러서 쇠고기와 함께 볶아 양념하여 숙장아찌도 만들었다.

김치는 물을 넉넉하게 해 슴슴하게 담갔다. 그릇에 담을 때에는 썰어서 세워 놓아 마치 꽃이 핀 것 같았다. 여름에 물김치는 열무김치가 보통이지만 맹현에서는 오이소박이를 만들어 물을 부어 오이물김치를 만들었다. 오이물김치는 오이지와 함께 여름의 주된 반찬이었다. 배추·무는 간장으로 절여서 장김치를 만들기도 했다. 무·갓·미나리·쪽파·배 등으로 소를 만들어 배추 사이사이에 넣어 백김치를 만들었는데 무채로 만든 소에 실고추를 약간 넣어서 연분홍빛 국물이 마치 주스와 같았다.

김장 때는 무를 큼직하게 썰어 갓·대파와 함께 각종 젓갈로 삭혀서 섞박지를 만들어 설 지난 후에 먹었다. 고추로는 지고추(소금에 절인 고추)를 만들어 동치미 담글 때 갓과 함께 넣었다. 겨우내 먹던 김장이 싫증날 때쯤이면 짠무김치를 헐어 납작하게 썰고 파를 송송 썰어 물에 띄워 내어 담백한 짠맛을 음미하였다. 김장김치에는 조기젓, 새우젓, 황석어젓을 넣었다.

한편 철따라 나오는 조기·도미·병어·민어 등과 새우·조개·게 등으로는 찌개·조림·젓갈·밑반찬 등을 만들었다. 찌개는 무·쇠고기를 밑에 깔고 된장을 풀어 볶다가 나중에 생태와 고추장을 조금 넣어 시원하면서도 칼큼한 동태찌개를 끓였다. 콩으로는 청국장을 만들어 돼지고기 삽겹살을 제육으로 해서 김치와 함께 넣어 청국장찌개를 끓였다. 특히 강된장찌개는 뜬숯 위에서 뭉근하게 끓였는데, 그 맛이 별미였다고 한다. 또한 절기로 상강이 되면 민물게장을 담가 두 달은 묵혀서 먹었다. 그 밖에 명란젓찌개·새우젓두부찌개·계란찌개 또한 맹현의 조촐한 일상의 반찬이었다.

소와 닭 등 육류도 부식의 주요 재료이었다. 특히 소는 근육살뿐 아니라 우족·꼬리·반골·수지·갈비갓대·도가니 등의 뼈 붙은 고기와 양·곱창·곤자소니 등 다양한 내장과 허파·염통·콩팥 등을 사용하여 내장국·곰국·설렁탕을 끓였다. 곰국·설렁탕은 파를 어슷어슷 굵직하게 썰고 다시 가로로 썰어 얹고 소금·후춧가루를 넣어 먹었다. 염통·콩팥으로는 구이를 만들었으며, 닭으로는 닭구이·닭찜을 만들었다. 삼복더위에는 양지머리를 삶아 찢어서 대파를 넣고 육개장을 끓였는데 고춧가루를 먼저 넣고 고추장은 나중에 넣었다. 또한 영계로는 영계백숙을 끓였다.

그 밖에 청포를 굵게 채 썰고 쇠고기·숙주·미나리·실고추를 넣어 참기름·간장·식초로 무치고 김을 부셔 넣어 탕평채를 만들었다. 젖은 굴비는 그늘에 말려 껍질을 벗겨 결대로 찢어서 찹쌀고추장에 찍어 먹었다. 통북어를 불려 수저로 긁어 보푸라기를 내어 양념하여 무쳐서 만든 북어보푸라기는 입맛을 돋우는 맹현의 밑반찬이었다.

2) 의례음식

맹현의 잔칫상, 혼례, 젯상에는 개개 절차의 의미에 합당한 의례음식이 올랐다. 만두류, 탕, 전골, 찜, 선, 초, 전, 적, 숙채, 회, 숙육, 포, 한과, 떡, 화채류 등 종류가 다양했다. 이들 의례음식은 맹현의 밥상에 별식으로 오르기도 했다.

일상음식과 달리 의례음식에 쓰인 식재료는 육류와 생선의 비중이 채소보다 컸다. 쇠고기는 근육살은 물론 콩팥·염통으로부터 양·곱창·곤자소니 등 다양한 내장 부위와 허파·등골·두골·우설 등 그 밖의 부위를 사용하여 탕·찜·전골·숙육·육회·육포를 만들었다. 쇠고기를 다져 두부와 섞어서 동그랗게 하여 석쇠에 구워 섭산적을 만들었다. 또 쇠고기를 다져 양념해 반대기를 지어 석쇠에 구운 다음 다시 간장에 조려 내어 장산적을 만들었다. 탕으로는 두골탕·우설탕 등을, 찜은 도미찜·내장찜 등을, 그리고 양지머리편육·업진편육 등 편육과 육포·편포 같은 포를 만들었다. 특히 맹현에서는 불고기, 갈비찜보다 내장찜을 좋아해 설날에는 함지박에 가득 만들어 놓고 놋국자로 퍼서 떡국에 고명으로 얹었다. 기타 육류로는 꿩이 있는데, 생치만두의 재료로 쓰거나 꿩살을 발라 양념하여 메밀국수로 만든 냉면의 웃기로 얹었다. 닭고기 음식은 꽤 다양해 영계백숙·영계찜 등이 있고, 냉식으로는 초계탕이 있다.

생선으로는 조기·도미·병어·민어·준치 등과 전복·홍합·해삼·새우 등으로 만두·탕·찜·초·어회 등을 만들었다. 만두로는 어만두·준치만두, 탕으로는 해삼탕, 찜으로는 도미찜·전복찜·새우찜을 만들었다. 모두 살을 에어 소를 만들어 넣었으며 특히 전복찜은 전복살을 다시 전복 껍질에 넣어 육수를 부어 끓였다. 그 밖에 전복초, 생선전, 민어산적 등 다양한 음식을 만들었다. 민어 등 흰살생선으로는 어채도 만들었다. 어채·어만두 등을 만들 때에는 녹두를 맷돌에 타 물에 불려 거피한 후 다시 맷돌에 갈아 수비(水飛)하여 녹두녹말가루를 만들어 두고두고 썼다.

오이로는 오이선을 만들었는데 어린 오이를 열십자를 내어 소금에 절인 뒤 쇠고기·표고버섯을 다져서 갖은 양념해서 볶아 소를 만들고 녹두녹말 묻혀서 물에 데치고 육즙을 내어 찍어 먹었다. 육즙은 다진 쇠고기를 갖은 양념하여 치대어 볶아서 걸러 얻은 즙이다. 맹현에서는 육즙을 만들어 다양한 음식을 만드는 데 썼다. 중간 크기의 새우를 데치고 여러 채소를 길이로 썰어 데쳐서 식초와 설탕으로 간을 한 육즙으로 무쳐서 새우무침을 만들었다. 냉식으로 먹었다. 또한 낙지 혹은 민어를 도톰하게 썰어 육즙에 볶아서 낙지볶음이나 민어볶음을 만들었다. 송이는 송이산적·송이탕·송이구이를, 움파로는 파산적을 만들었다.

쇠고기, 생선, 어패류, 채소류는 전골의 주요 재료이기도 했다. 신선로, 삼육전골, 갖은전골이 그것이다. 신선로는 우선 쇠고기전·생선전·간전과 미나리초대·황백지단·다홍고추를 겹치게 색색이 놓고 쇠고기로 완자를 만들어 돌아가며 채운다. 그 다음에 호두·은행·잣·석이채를 고명으로 하여 전골그릇 밑에 양념한 쇠고기·삶은 양·곱창·편육을 깔고 육수를 부어 끓인다. 그야말로 입을 즐겁게 해 주는 음식이었다. 이전에는 소의 두골, 등골도 썼다. 삼육전골은 쇠고기·양·콩팥과 표고·오이·당근 등 채소류가 들어가는 데 비해, 갖은 전골은 쇠고기에 전복·해삼·홍합 등 어패류와 송이·표고 등 버섯류가 들어갔다. 두부로는 두부전골을 만들기도 했다. 새우를 다져 소금·설탕으로 양념해 기름에 지져서 소를 만들어 두부에 맞붙이고 미나리로 한 바퀴 동여맨 다음 냄비 바닥에 쇠고기·양파를 썰어 넣고 새우소를 맞붙인 두부를 넣어 끓였다.

쇠고기와 도라지·오이·당근 등 채소와 표고 등은 길이로 잘라 간을 하여 밀가루를 묻히고 계란 씌워 기름에 지져서 꼬챙이에 꿰어 화양적·잡누름적 등을 만들었다. 또한 쇠고기·표고·오이·당근과 황백지단 대신 죽순·느타리버섯과 목이버섯·해삼을 곁들여 가늘게 채를 썰어 기름에 볶아서 여덟 칸에 나누어 담고 가운데 밀전병을 부쳐 담아 구절판을 만들었다.

한과·떡·음청류는 혼례·제례 등의 맹현의 의례상에 없어서는 안 될 음식이었다. 한과로는 약과·만두과 등 유밀과, 강정·매화연사 등 유과, 정과·과편과 생란·조란·율란·잣박산 등 숙실과, 흑임자다식·오미자다식·신감초다식·송화다식 등 5색다식을 만들었다. 떡으로는 봄날의 쑥굴리, 삼짇날 화전, 중양절 국화전, 가을 물호박떡과 밤단자·석이단자·대추단자 등 단자와 대추주악·쑥주악 등 주악을 만들었다.

또한 음청류로는 진달래꽃을 녹두녹말을 묻혀 데쳐 찬물에 담갔다 건져 오미자국에 띄워서 화면을 만들었다. 또한 녹두녹말가루를 묽게 반죽해 양은 쟁반에 부어서 끓는 물 위에 띄워 익힌 뒤 오미자국에 띄워서 창면을 만들었다. 햇보리를 삶아 녹두녹말을 입혀 끓는 물에 데쳐 찬물에 담근 다음 오미자국에 띄워서 보리수단을 만들었다. 모두 통잣을 띄워 냈다. 또한 배를 깎아 4등분해 통후추를 박아서 꿀물에 끓인 배숙과 천도복숭아를 꿀물에 삶아 복숭아화채를 만들었다.

이상과 같이 맹현의 일상음식과 의례음식은 종류가 다양했다. 이들 음식은 1670년 경 조선시대 고 조리서인 《음식디미방》을 비롯하여 1800년대 말엽의 《시의전서》 등 조선시대 고 조리서와 1900년대 일제강점기 및 근대의 여러 조리서에 이어져 내려왔다.

맹현음식은 궁중음식을 다수 포함하였다. 이러한 사실은 궁중음식 관련 조리서인 《이조궁정요리통고》, 《조선왕조 궁중음식》, 《한국의 맛》 등을 통해 알 수 있었다. 맹현의 타락죽, 흑임자죽, 깨죽, 북어보푸라기 등은 궁중의 초조반에 오르던 음식이다. 팥으로 만든 중등밥은 홍반이라 하여 왕의 수라상에 올랐다. 또한 신선로·초계탕·영계찜·전복초·화양적·어산적·편육과어채·어만두·준치만두·간전·양전과 오색다식·대추단자·석이단자·대추주악·배숙 등은 왕의 수라상, 궁중의 가례 시 잔칫상, 중전·대비·왕자들의 탄일 다례상에 오르던 음식이었다. 또한 맹현의 의례음식은 기존의 궁중음식 조리서와 비교했을 때 독특한 조리방법이 많았다.

한편 어만두·어채 등 의례음식은 국화잎·석이버섯 표고버섯·다홍고추를 녹두녹말을 씌워 끓는 물에 데쳐서 얹어 장식하여 상에 올렸다. 떡은 대추, 잣, 밤, 석이버섯으로 장식했고 지나치지 않게 했다. 또한 편(片: 켜가 얇은 떡)에는 주악·단자·화전 등 웃기를 얹어 고임상으로서 격을 갖추었다. 이러한 고명은 은은했고 정성이 배어 있어 맹현의 안목(眼目) 있는 의례상차림에 기여했다.

구절판·신선로·5색다식 등 맹현의 많은 의례음식은 우리 전통음식의 기본 사상을 이루는 '음·양'의 원리에 부합하고 '5행(五行)'의 조화를 이루었다. 또한 오늘날 식품학적인 견지에서 볼 때 맹현음식의 식재료인 곡류·두류·육류·어패류·채소·버섯류·건과류 등은 식이섬유·핵산 관련 물질·이소플라본·아미노산·단백질·오메가 3계 지방산 및 여러 천연 항산화물질 등 단순한 영양성분 이외에 여러 생리활성 물질을 포함하므로 건강기능성식품이라고 할 수 있다. 음식과 약의 근원은 같다는 약식동원(藥食同原)의 전통사상을 뒷받침하여 주고 있다.

제4장. 맹현의 음식문화

1. 맹현의 일상식 상차림

아침·저녁으로 밥과 반찬을 주로 한 반상(飯床: 밥상)과 장국상·주안상 등이 있다.

1) 맹현의 밥상

우리의 전통 일상 상차림에서 아침과 저녁으로 밥과 반찬을 주로 한 상차림을 반상이라 한다. 반상은 밥상 또는 높여서 진지상(進支床)이라고도 하며 외상(독상)을 기본으로 한다. 반상은 반찬 수에 따라서 3첩·5첩·7첩·9첩이 있는데 종류에 따라서 그 격식이 정해져 있다. 첩이란 접시를 가리키는데, 접시에 담은 반찬들의 가짓수에 따라 달리 불렀다. 3첩반상은 밥·국·김치 이외에 생채 혹은 숙채 그리고 구이와 장아찌로 세 가지 반찬을 놓는다. 5첩반상은 반찬 종류에 마른 반찬·젓갈 중 하나, 장아찌 그리고 전(煎)류가 더해진다. 따라서 간장 이외에 초간장을 더 놓는다. 7첩에는 숙채와 생채 그리고 구이와 조림을 더 놓는다. 9첩에는 숙채와 생채, 구이와 조림 그리고 전류 이외에 회(膾) 혹은 편육이 더해진다. 따라서 간장·초간장·초고추장을 놓는다.[347] 찌개는 3첩에는 올리지 않는다. 5첩에는 찌개 한 그릇, 7첩 이상이면 찌개 두 그릇과 찜 혹은 전골 가운데 하나를 올린다. 9첩에는 쌍조치(찌개 2가지)에 찜과 전골을 더한다. 쌍조치일 경우에는 토장조치와 맑은조치를 올린다. 반가의 보편적 밥상차림은 7첩이었다. 궁중에서 왕에 올리는 상은 수라상이라 하며 12첩에 이르고 혹은 그 이상인 경우도 있었다.[348]

맹현에서는 이른 아침에 타락죽 혹은 미음과 수란을 먹었으며 후식으로는 배숙을 차게 해서 먹었다. 천도복숭아도 삶아서 차게 해서 먹었는데 통후추는 넣지 않고 삶았다. 일제강점기에는 아침에 버터와 잼을 바른 식빵을 먹기도 하였으며 오트밀과 애플파이도 집에서 구워 먹었다. 후식으로는 립턴 홍차를 마셨다. 이러한 상차림은 새로운 서양문화와 식료품이 도입되고 있음을 시사한다.

아침·저녁 밥상은 계절에 따라 달랐다. 필자는 맹현음식으로 봄철 5첩반상을 차려 보았다. 밥·국·김치 이외에 무생채·취나물 가운데 하나, 닭구이·장조림·생선전, 그리고 굴비자반·튀각·무말랭이장아찌 가운데 하나를 놓는다. 또한 새우젓두부찌개 혹은 명란젓찌개 가운데 하나를 더 올리고 장류로는 간장과 초간장을 놓는다.

밥상에 오르는 생채, 숙채, 구이, 조림, 전, 찌개 등은 제철 재료를 이용하여 다양한 음식을 만들어 올렸다. 봄철에 무생채·봄동, 여름에는 노각생채와 콩나물·무나물·가지나물·호박나물 등 나물과 상추·쑥·고수는 쌈장을 만들어 쌈을 싸서 먹었다. 찌개류는 강된장찌개, 청국장찌개, 새우젓두부찌개, 명란젓찌개, 달걀찌개(달걀찜), 게찌개 등이 올랐다. 특히 겨울에는 동태찌개를 올렸다. 조림은 배자반(佐飯)조림과 겨울에는 꽁치조림·동태조림·장조림·도미조림·도두

347) 윤서석, 《한국민속종합조사보고서 제10집—서울편》, 292-293쪽.
348) 강인희 외 12인, 《한국의 상차림》, 효일문화사, 1999, 35-36쪽.

묵조림·양미리조림과 사철로는 풋고추조림·멸치조림·감자조림 등이 밥상에 올랐다. 너비아니구이·닭구이·북어구이·섭산적·뱅아포구이 등 구이와 봄철에 청포묵·탕평채, 겨울에 메밀묵·도토리묵무침과 양지머리편육·제육과 굴비를 말려서 만든 굴비자반·대구포·새우보푸라기·북어보푸라기 등 마른반찬은 특히 여름날 밥상에 올랐다. 어리굴젓·민물게장 등 젓갈과 장조림·장산적·볶은 고추장 등 밑반찬과 생선전·굴전·튀각·김구이와 닭찜·굴회·파강회 등이 일상의 밥상에 올랐다. 첩 수에 들어가지 않는 국은 이른 봄 냉이국·쑥국·소루쟁이국으로부터 시작해 가을에 배추속대국·토란국과 사계절 먹는 콩나물·미역국과 곰국·설렁탕 등이 상에 올랐다. 김치류 가운데 무짠지는 이른 봄에, 오이지·오이소박이는 여름에 밥상에 올랐으며 때로 백김치·장김치가 오르기도 했다.

잠자리 들기 전 밤 11시경에는 밤참을 들었는데 여름에는 과일, 겨울에는 호두를 말아 만든 엿·사과즙·곶감·연시·식혜·수정과를 먹었다. 특히 보양을 위해 자기 전 양즙을 마셨다. 별식으로 봄에는 쑥굴리와 창면을, 여름에는 닭으로 만든 냉국인 초계탕(醋鷄湯)을 만들어 상에 올렸다.

맹현에서는 이와 같이 매일 이른 아침과 밤참 그리고 하루 3시 모두 5차례의 밥상을 차렸다. 맹현의 이른 아침상에 오르던 타락죽과 북어보푸라기는 궁중의 초조반에 오르던 찬품이기도 했다.

맹현의 일상식 구조는 궁중과 유사했는데, 왕은 하루에 5차례 수라를 드셨다고 한다. 이른 아침 자릿조반[初朝飯]과 조반(朝飯), 석반(夕飯), 낮것상과 자기 전 야참이 그것이다. 초조반에는 응이 또는 낙죽·깨죽을 드셨고, 야참으로는 면·약식·식혜 또는 타락죽을 드셨다.[349)]

349) 김용숙, 《조선조 궁중풍속 연구》, 404쪽.

한편 1800년대 말엽 조리서인 《시의전서》(153쪽)에는 〈표 3〉과 같이 5첩반상, 7첩반상, 9첩반상을 그림으로 보여 준다. 지렁은 간장의 옛 서울말이다.[350)]

〈5첩반상〉	〈7첩반상〉	〈9첩반상〉
반, 갱, 구이, 숙육, 나물, 조치, 지렁, 초장, 김치, 좌반, 젓갈	반, 갱, 젓갈, 구이, 맑은조치, 초장, 게자, 좌반, 쌈, 생선, 조치, 지렁, 숙육, 김치, 회, 나물	반, 갱, 육구이, 젓갈, 생선구이, 맑은조치, 초장, 게자, 좌반, 전유어, 지렁, 양볶기, 생선조치, 쌈, 나물, 회, 김치, 숙육

〈표 3〉 1800년대 말엽 《시의전서》의 반상차림

또한 1957년도 방신영의 《우리나라 음식 만드는 법》(312쪽)에서는 계절에 따른 상차림이 나온다. 봄철의 밥상을 보면 〈표 4〉와 같다. 요즘엔 흔하지 않은 골탕이 올랐다.

〈3첩반상〉	〈5첩반상〉	〈7첩반상(쌍조치)〉
시금치국, 두부구이, 산나물, 햇무 나박김치, 생선고추장찌개	솎음배추국, 너비아니구이, 미나리나물, 열무김치, 무숙장아찌, 명태찌개	골탕, 너비아니, 나물(쑥갓·당근·숙주), 채소장아찌, 마른찬(어란·북어무침), 조치(도미찜), 조치(애호박오가리찌개), 햇김치, 깍두기

〈표 4〉 1957년도 《우리나라 음식 만드는 법》의 반상차림

2) 장국상(면상)

맹현에서는 점심을 주로 면상으로 차렸는데 여름에는 콩국수를, 겨울에는 떡국 혹은 만둣국을 먹었다. 후에 떡국에다 만두를 넣어 떡만둣국을 먹기도 했다. 그 밖에 맑은장국국수·수제비·메밀국수와 때로는 냉면·제물국수도 먹었다. 면상에는 전 혹은 편육과 나박김치

350) 정혜경·안정혜, 《서울의 음식문화—영양학과 인류학의 만남》, 83쪽.

혹은 장김치가 따랐다. 후식으로는 석이단자나 약식을 놓았고, 음료로는 식혜·수정과나 오미자화채를 올렸다.

1938년도 조자호의 《조선요리법》(235쪽)에는 점심상에 겨울에는 국수장국, 여름에는 냉면을 말고 편육과 전을 곁들이고 생실과, 겨울에는 식혜, 여름에는 화채, 그리고 김치·간장·초장·떡을 갖추어 담고 꿀이나 설탕을 놓았다. 한편 조선시대 궁중의 면상을 보면 온면·냉면 또는 떡국이나 만두 중 한 가지를 차리고, 찬물로는 편육·회·전유화·채·신선로와 침채로는 나박김치·장김치·동치미 등을 놓고 병과류는 떡과 조과(유밀과·강정·다식·정과 등)와 생실과·음청류도 올렸다.[351]

맹현의 밥상은 외상 이외에도 겸상, 교자상, 두레상으로도 차렸다. 식사는 안방에서 했는데 할아버지가 외상으로 먼저 들고 다음에 할머니가 들었다. 식사가 끝날 때까지 남자들은 양수거지(두 손을 마주 잡고 서 있음)하고 서 있었다. 상물림의 관습을 볼 수 있다. 조흥윤[352]은 이러한 음식문화는 "조선시대 중상류층에 통용되던 가부장제적 식사 면모이며 비인간적인 성격이 강하다"고 비판했다. 식사 때에는 옥양목으로 정사각형(50×50cm) 모양의 서양의 냅킨에 해당하는 휘건(揮巾)을 만들어 앞가슴 쪽에 두르고 식사를 했다. 또한 토구(吐口)를 마련해 생선의 가시나 뼈를 버렸다. 어린아이, 며느리, 딸들은 할머니가 식사할 때 윗목에서 둥근 두레상에서 함께 먹었다.

3) 주안상

주안상은 술과 안주를 올린 상이다. 맹현의 주안상에는 어채·어만두·오이선·구절판과 마른 구절판이라 하여 육포·어포·건어 등을

---

351) 한복진, 《조선시대 궁중의 식생활문화》, 154쪽.
352) 조흥윤, 〈한국 음식문화의 형성과 특징〉, 《한국식생활문화학회지》 1998, 13(1): 1쪽.

함께 올렸다. 한과로는 약과·다식·강정을 올리고, 침채류로는 나박김치 혹은 장김치를, 찬물로는 편육·전류 누름적과 찌개 혹은 전골 등이 오른다. 장류로는 간장·초간장이 올랐고, 꿀도 있었다.

《시의전서》(156쪽)에 주안상을 보면 정과, 김치, 초장, 마른안주, 생실과, 주전자, 잔, 진안주를 놓았다.

2. 혼례상차림

조선시대는 혼례의 예를 반친영(半親迎)의 예로 변경하였을 뿐 아니라 혼례절차에 따라 그 절차의 의미를 함축한 의례음식이 규범화되었다. 혼례음식은 신랑집에서 신부집에 예물을 보내는 절차인 납폐례(納幣禮)를 행할 때 혼수함을 올려놓는 봉치시루, 신부집에서 초례(醮禮)를 행할 때 신랑·신부 앞에 차리는 동뢰상(同牢床)에 차리는 음식, 시집에서 신부가 처음 구고(舅姑: 시부모)를 뵙는 예(禮)인 현구고례(見舅姑禮)를 행할 때 신부가 준비하는 폐백음식, 구고예지(舅姑禮之)라 하여 시부모가 새며느리를 위하여 차리는 큰상으로 구분된다.[353)]

맹현의 혼례음식에는 납폐례를 행할 때의 봉치떡, 폐백음식, 초례를 치른 신부가 신랑과 함께 시댁으로 가는 절차인 신부례를 행한 후 시부모가 신부에게 내린 입매상차림이 남아 있다.

봉치떡

납폐의식은 혼인 전날 저녁 신랑집에서 신부집으로 함(函)을 보내는 의례이다. 함을 지고 가는 사람을 '함(函)진아비'라 한다. 혼수함에는

353) 윤서석, 《우리나라 식생활문화의 역사》, 442쪽.

혼서(婚書)와 채단이 들어 있는데 채단은 붉은색과 푸른색의 비단 치마감이다. 신부집에서는 마루에 상을 놓고 홍보를 펴서 봉치떡을 시루째 올려놓는다. 봉치떡은 찹쌀과 붉은 팥 두 켜만을 시루에 안친 찹쌀 시루떡이다. 위에는 대추를 얹는다. 혼수함이 들어오면 함을 잠시 시루 위에 얹어 놓았다가 내려놓는다. 신부 아버지가 함을 열어 혼서를 꺼내고, 다음에 채단을 꺼내는데 홍단이 먼저 나오면 딸을, 청단이 먼저 나오면 아들을 낳는다고 전해진다.

폐백음식

혼례를 올린 신부가 시부모에게 올리는 폐백(幣帛)음식으로는 밤·대추·편포·육포가 있다. 편포는 쇠고기 우둔살을 다져서 양념하여 반대기를 만들고 채반에서 꾸덕꾸덕하게 말랐을 때 실백을 다져서 가루 내어 뿌린다. 다진 고기가 완전히 덮이지 않게 뿌린다. 종이에 근봉이라 써서 띠를 만들어 편포 가운데를 두른다. 대추는 굵고 흠 없는 것들을 깨끗이 씻은 뒤 술을 뿌리고 뚜껑을 덮어서 따뜻한 방에 놓아 불린다. 불린 대추 양쪽으로 실백을 박고, 실에 한 줄로 꿰어서 쟁반에 돌려가며 높이 괴인다. 솔잎으로 잣을 꿰어 10개씩 모아서 붉은 실로 묶어서 꿰어 올린 대추 위를 장식한다. 한편 여름에는 편포 대신 쇠고기를 저며 간장, 술, 꿀로 양념해서 말린 육포를 쓴다.

어머니의 신부례

맹현에서는 신부례를 행하는 날 신부에게 큰상을 내렸다. 입매상도 차렸는데 입매상은 수모(手母)에 의지하여 "조금만 입으로 먹어 보는 상"이라는 뜻이라고 한다. 궁중에서는 미지상(味之床)이라 한다.[354] 수모는 전통혼례 때, 신부의 단장 및 그 밖의 일을 곁에서 거들어 주는

354) 윤서석, 《우리나라 식생활문화의 역사》, 472쪽.

여자다. 맹현에서는 입매상차림의 품목을 적은 음식발기[355)]가 남아 있다. 필자의 어머니가 신부례를 행하던 날 받은 것으로 '35기(三十五器)'라 한다. 〈사진 13〉의 '기'란 그릇이라는 뜻이며 35기는 음식의 종류가 35종류라는 뜻이다. 그 자세한 품목은 〈표 5〉에 있다. 발기는 단자(單子) 혹은 명단이라고도 한다.

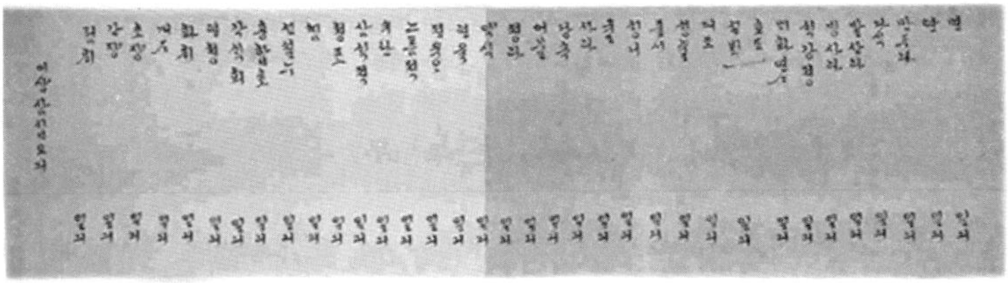

〈사진 13〉 맹현의 입매상 음식발기

면, 편, 만두과, 다식, 발산과, 빙사과, 색강정, 매화연사, 호두, 실백, 대조, 생뉼(생률), 준시, 생니(배), 귤, 사과, 당축(당류), 어물, 졍과(정과), 약식, 편육, 전유어, 느름젹(누름적), 슈란(수란), 삼색젹, 청포, 찜, 신셜누(신설로), 홍합초, 각색회, 편청, 화채, 개자, 초장, 간장, 침채. 이상 각 일기씩 삼십오기.

〈표 5〉 삼십오기: 맹현의 입매상 음식발기 품목

〈표 5〉를 정리하면, 면, 편, 조과(만두과·다식·발산과·빙사과·매화연사), 건과류(호두·실백·대조·생률), 생실과[준시·생리(배)·생귤·사과], 당속(당류), 어물, 정과, 약식, 편육, 전유어, 적(누름적·삼색적), 슈란(수란), 묵(청포), 찜, 전골(신설누: 신설로), 홍합초, 각색회, 편청, 화채, 장류(개자·초장·간장), 침채, 이상 각 1기(一器)씩 35기이다.

면으로는 메밀국수가 올랐다. 편으로는 백편·꿀편·신감초편 등 삼색편을 놓았으며 그 위에 웃기로 조란·율란·화전·주악·석이단자 등을 얹었다. 또한 메떡·찰떡 위에 두텁떡을 웃기로 덮거나 혹은 두텁떡

355) 맹현의 입매상 음식발기는 크기가 96×25㎝이다.

만 따로 놓기도 한다. 조과로는 만두과·다식·발산과·빙사과(氷査果)·매화연사과[軟絲果]를 놓았다. 다식은 송화다식·흑임자다식·오미자다식·녹말다식·신감초다식을 한 접시에 괴어서 5색다식으로 놓았다. 정과는 모과정과, 건과류는 호두·실백·대조·생률을 놓았다. 생실과로는 준시(樽枾: 감)·생리(生梨: 배)·생귤·사과를 놓는다. 그 밖에 당속·어물(문어·어포·마른 전복)·약식과 양지머리편육 혹은 업진편육, 전유어로는 생선전·육전·간전을 놓았다. 또 누름적·수란, 화양적을 포함한 삼색적, 청포로는 탕평채를, 찜으로는 연계찜·도미찜·내장찜 가운데 하나를, 전골로는 신선로를 놓는다. 홍합초와 각색회를 놓는다. 편청(꿀)과 화채로는 창면 혹은 진달래화채(화면)를, 장류로는 개자·초장·간장이 올랐다. 침채로는 장김치 혹은 백김치가 올랐다. 반면 필자가 면담한 맹현의 후손 가운데에는 입매상차림 중 '발산과'에 대해 아는 사람이 없었으며 문헌상으로도 찾을 수 없었다.

서울 반가음식을 포함하는 것으로 알려진 《시의전서》(154쪽)의 입매상차림을 보면 정과, 탕평채, 장김치, 수란, 찜, 생실과, 초장, 전유어, 수정과, 국수, 숙육을 올렸다.

한편 신부에게 내린 큰상의 규모는 입매상에 오른 음식들이 올랐을 것으로 생각된다. 큰상은 고임상이므로 여러 음식들을 높이 괴었을 것이다. 한희순 등의 《이조궁정요리통고》(4-5쪽)에 의하면 궁중에서는 탄신, 5순절(五旬節), 회갑, 진갑, 관혼(冠婚) 등의 경축일에 큰상을 차렸다. 큰상에 괴는 음식은 계절에 따라 다소 다르나 대체로 잡과(약과·만두과·다식과·모과·한과), 다식, 유과(빈사과·매화연사·세반연사), 강정, 당속, 생실과, 건과, 어물, 정과, 낫배기(실백), 편육, 전유어, 초, 적, 편을 들고 있다. 이처럼 맹현의 입매상차림은 궁중가례 때 잔칫상·어상 등에 나오는 음식을 다수 포함했다. 궁중연회에서 왕이 받는 진어상(進御床) 또는 어상은 주로 고임상이며 음식에 따라 괴는 높이가 다르다. 고임상 상차림을 보면 떡류·각색당·연사과·강정·다식 등 병과류와 생과류는 1자3치에서 1자7치 정도로 높이 괸다. 율란·조란·생란 등 숙실과와 각색정과는 이보다 조금 낮게 괸다. 전유어·편육·화양적·회 등의 찬품은 조과류보다 낮게 괸다. 그 밖에 화채, 찜, 탕, 열구자탕, 장류 등 물기가 많은 것들은 괴지 않는다.[356]

봄이 되면 맹현의 안마당에는 진달래꽃, 살구꽃이 만발하였고 특히 작약꽃은 한 무리를 이루었다고 한다. 어머니는 생전에 금혼과 고희를 기념하여 《인종의 계단》[357]이라는 책을 출간하였다. 이 책에서는 1932년 봄 어머니가 맹현에서 신부례를 치르던 날을 회고하는 대목도 있는데, "수줍고 먹을 용기 없어 화채 국물만 마셨다"고 그 날을 술회하였다. 다음은 그 책의 내용을 발췌한 것이다.

신부례

여학교 나온 지 한 달도 못 된 오늘, 내가 간절히 바라던 일본 유학의 꿈은 무너지고 신부례(新婦禮)란 의식을 치르게 되었다. 경기도 포천 친정서 구식 혼례를 치르고, 어제 서울 와서 사처(임시 숙소)에서 하룻밤을 지내고 가회동(嘉會洞) 시댁으로 들어가는 것이다. 진다홍 숙고사 겹치마에 진노랑 반회장 관사 저고리에 원삼을 입고 낭자족두리를 하고 낭자머리엔 눈눈이 옥으로 만든 바르르 떠는 자장을 꽂고, 꽃 사인교(가마)를 타다. 큰 대문을 들어가 사인교에서 내려 중문(中門)으로 들어서면 대청까지 색깔 있는 포목이 깔려 있고 그 위로 수모 부축받아서 걸어 대청 층층대까지 다다랐다. 거기서 몇 계단을 올라서 대청으로 오른다.

육간(六間) 대청엔 색채 황홀한 카페트가 깔리고 남스란치마(긴치

356) 한복진, 《조선시대 궁중의 식생활문화》, 201쪽.
357) 신계완, 《인종의 계단》, '신부례', 탐구당, 1982, 82쪽.

마), 다홍스란치마가 반눈을 뜬 내 눈에 비친다. 옥색 두루마기를 입은 어린 소년의 모습도 눈에 뜨인다. 나중에 안 바에 의하면 이 모든 분들은 젊은 동서·시누이·질녀들의 모습이고 소년은 시동생·조카의 모습이었다. 원칙은 새색시는 눈을 꼭 감기는 것인데 학교 갓 나온 색시라서 반눈을 뜨게 한 것이다.

시부님께서는 처음 보는 사모를 쓰시고 관대를 입으시고, 시모님께 선원삼에 어염머리(儀式 때 궁에서 하는 머리)를 하시고 위품 있게 내외분 나란히 앉으시고 대청엔 일가친척 어른분들이 가득이시었다. 두 분께 4배씩 절하고 일가 여러분들께 수없는 절이 있었고, 나중엔 신랑 유모에게, 취사장에 있는 연로(年老)한 사람에게까지 수없는 절이 계속되었다.

넓은 안마당의 화단에는 진달래꽃이 한창이고, 화창한 봄이 피어 있었다. 시부님께선 오늘 못 보면 못 본다고 대청 끝 난간에 신부를 내세워 구경시키시고 희색이 만면에 도셨다. 또 색시에게 큰 음식상을 내리셨다. 생과(生菓)·숙실과(熟實菓) 등 이름 모를 음식들이 교자상으로 하나 가득이었다. 나중에 안 것인데 '삼십오기'라 한다. 옛날 신화(神話)에나 있음직한 현상이며 수줍고 먹을 용기 없어 화채 국물만 마셨다.

사방이 환히 열리고, 아랫목에 다홍 보료가 갈리고, 백자동 병풍이 쳐 있는 건넌방으로 들어갔다. 미색 노랑 반회장 저고리에 남치마 입으신 분이 시모님이신 듯 들어오시는데, 50이 되신 분이 새색시같이 고우시고 우아하시다. 산호에 진주 달린 노리개를 내 옷고름에 채워 주신다. 고풍(古風)스러운 자장궤(노리개, 귀금속만 넣는 궤)가 내 앞에 놓여 있다. 그 궤 속은 패물로 가득 차 있었다. 비녀 종류로는 낭자비녀·비취 옥비녀·금비녀·흑각비녀(제사 때 꽂는) 등이 있고, 반지로는 금·은·비취·옥반지와, 가락지 등속으로는 진주·산호·자만호 등, 또 산호·비취·진주가 달린 대삼적(원삼 당의 입을 때 차는 큰 노리개) 등 다시금 신화(神話)에 있는 일같이 생각되는 순간이었다.

귀금속과는 연이 먼 생활을 했고 사회생활을 모르는 시야 좁은 나는 어리둥절할 뿐이었다. 인형(人形)같이 모든 분들이 만지고 칭찬하시고 한다. 수모(둘러리)에게 의존하고 조용히 정중히 몸가짐을 가졌을 뿐이다.

잔칫집이 너무 조용하고 규율 있는데 놀랐다. 사뿐사뿐 스란치마를 발로 밀고 다니는 모습이 우아했고 엄숙한 분위기가 신기스러웠다.

시부모님 내외분께서 맞아들인 새며느리에게 사랑을 아끼지 않으셨고 귀여워하시는 모습 역력한 가운데 나는 저절로, 내 어찌 이분들의 뜻을 잘 받들 것인가에 마음이 숙연해졌다. 이제부터 나는 엄청난 법규 속에서 충실히 살아나가야겠다는 마음의 맹세가 굳혀졌다.

80년 전 어머니의 신부례를 통해서, 초례를 마치고 신랑과 함께 시댁으로 가서 처음 시부모를 뵙는 예(禮)인 현구고례(見舅姑禮)와 시부모가 새며느리를 맞는 환영의 표시로 큰상을 차려 주는 구고예지(舅姑禮之)의 예를 볼 수 있다. 현구고례의 폐백상차림은 알 수 없지만 구고예지의 예를 행할 때 입매상차림을 볼 수 있다. 35기로 된 입매상에는 어머니의 표현대로 신화에나 있음직한 음식들이 가득했다. 어머니가 가신 지 오랜 시간이 지났건만 신부례를 행하던 날의 엄숙했던 분위기와 어머니가 가졌던 마음의 맹세가 내 마음에 다가와 떠나지 않는다.

3. 젯상차림

조선시대에는 봉제사의 준행과 함께 봉제사를 위한 음식도 규범에 따라 엄격했다.[358] 맹현에서는 이전에 사당제·정초차례·한식과 추석에 행하는 성묘·기일제·묘제 등을 지냈다. 조부는 아침에 일어나면 사당을 찾아 아침인사를 고(告)하였고, 집안에 경사나 변동이 있을 때에도 사당에 고했다. 또한 여름에는 갓 나온 수박과 참외를, 가을에는 팥죽을 사당에 천신했다. 조상의 영혼이 살아 있는 사람의 삶 속에 함께 있는 것이다. 오늘날 몇몇 명문 종가를 제외하곤 사당을 모시는 집은 드물다. 하지만 돌아가신 영혼에게 마음으로 고(告)하는 예(禮)는 사당이 없어도 가능하지 않을까 생각된다.

화상다례

사당은 조상의 신주를 모시지만 원래는 조상의 화상(畵像)을 모셨고, 따라서 영당(影堂)이라고 했다.[359] 사당과 관련해서 맹현에서는 화상다례(畵像茶禮)를 지냈다. 이는 삼짇날 맹현의 사당에서 의자에 앉은 조상의 전신 그림인 화상을 모셔와 안방 앞뜰에다 놓고 거풍하는 의례이다. 진달래꽃전을 올리지만 국화를 따다가 국화잎을 찹쌀반죽에 붙여서 부친 국화전을 올리기도 했다. 진달래화채와 함께 내놓는데 1년에 한 번 지냈다.

한편 맹현에서는 정초에 차례를 지내는데 정초차례에는 메(밥) 대신 떡국을 올린다. 기일제도 지낸다. 또한 한식과 추석에는 산소에서 주(酒), 과(果), 포(脯: 육포)를 놓고 간소하게 제사를 지낸다. 《동국세시기》 '3월'조(72-73쪽)에 의하면 "도시 풍속에 산소에 올라가 제사를 올리는 것을 설날, 한식, 단오, 추석 네 명절에 행한다. 술, 과일, 포, 식혜, 떡, 국수, 탕, 적 등의 음식으로 제사를 드린다. 이것을 절사(節祀: 명절

358) 윤서석, 《우리나라 식생활 문화의 역사》, 457쪽.

359) 한복려 외, 〈제2부 불천위제례〉, 《다시보고 배우는 음식디미방》, 궁중음식연구원, 1999, 169쪽.

제사)라 한다. 집안에 따라 약간 다르지만 한식과 추석에 가장 성하다"고 했다. 또한 "지금의 설날·단오·추석과 더불어 한식이 네 절사로 된 것이 곧 우리나라의 풍속인데, 조정에서는 여기에 동지를 더하여 다섯 절사가 되었다"고도 했다. 요즈음은 한식과 추석에 편리하게 성묘를 미리 지내기도 하는데 한식과 추석이 아닌 날의 성묘는 명절 제사가 아닌 단순한 성묘에 지나지 않는다고 한다. 또한 이전에는 5대조 이상은 묘제를 지냈는데 역시 주, 과, 포를 놓고 지냈다. 묘지 앞에서 4배를 한 후 양수거지하고 서서 처음에는 "왔습니다" 하고, 갈 때에는 "갑니다"라는 마음가짐으로 제를 지냈다고 한다.

젯상

제례는 가가례(家家禮)라 하여 집안이나 고장에 따라 제물의 종류와 진설방법이 다르다. 맹현의 젯상에는 반(飯)·갱(羹)과 적(炙)·전(갈랍)·탕(湯)과 편·면과 대추·밤·감 등 생실과, 약과·산자 등 한과와, 육포·식혜와 삼색나물·젓갈·간장·초장 등을 놓는다. 적은 육적(肉炙)·소적(素炙)·어적(魚炙)의 3적(三炙)을 놓는데 모두 날것으로 한다. 3적의 사이사이에는 백사지(白絲紙)[360]를 끼워 넣으며 초헌·아헌·종헌에 맞추어 차례로 내 놓는다. 《한국요리문화사》(178쪽)에서는 "구이는 젯상이나 큰상에 올릴 때는 적(炙)이라 한다. 제사에는 백지, 혼인·회갑에는 황·홍·청 삼색 종이를 오골오골 주름잡은 사지를 감아서 곱게 장식하여 쓴다"고 했다. 《이조궁정요리통고》(234쪽)에서는 "잔치 때에 오색의 사지를 사용한다"고 했다.

궁궐, 왕가, 사대부들은 적을 익히지 않고 날로 올렸다. 이는 중국에서 "유교의 성자인 공자의 젯상에는 적을 날것으로 한다"는 데서

360) 백사지는 나무젓가락 한쪽 끝을 돌돌 말아서 늘어트린 하얀 종이를 말한다.

유래했다.[361] 또한 종묘에서도 "제물은 일절 날것으로 하는데, 쌀·좁쌀·수수 등의 곡물도 날것으로 하고, 육류도 날것으로 크게 각을 떠서 올린다"고 했다.[362] 《우리나라 식생활 문화의 역사》(462쪽)에서는 이것이 "먼 옛날 화식(火食)을 하기 이전의 것을 상고(尙古)하는 의미를 담은 것"이라고 썼다. 또한 《조선시대 궁중의 식생활문화》(226쪽)에서는 "옛날의 제왕은 화식할 줄 모르고, 익히지 않은 나무열매나 새고기·짐승의 고기나 그 모혈(毛血: 짐승의 피와 털)을 먹었으므로, 이들 물건으로서 천지에 사(祀)하고 귀신에 향하였던 것이다. 후에 사람이 화식할 줄 알게 되면서부터 음식물을 포(炮: 싸서 구울 포)하고, 번(구울 燔)하고, 팽(삶을 烹)하고, 적(지질 炙)하여 귀신과 상제를 섬기게 되었으나 동시에 성생(胜牲: 날고기)·모혈(毋血)·목실(木實: 나무열매)·빈(蘋)·번(繁)·생물 등도 여전히 제찬으로 썼다"고 했다.

맹현의 탕은 육탕·어탕·소탕 3탕(三湯)이다. 육탕은 갱(국)을 끓일 때 아롱사태 혹은 양지머리와 무를 함께 넣어 삶아 꺼내 식힌다. 고기·무를 두툼하게 썰어서 제기 가운데에는 고기를 넣고 양쪽에는 무를 썰어 딱 들어맞게 넣는다. 육탕 위는 계란지단과 다시마를 폭 1cm로 길게 잘라서 번갈아 놓아 장식한다. 탕은 후에 단탕(單湯)으로 간소화했다. 단탕이면 단적(單炙)을, 3탕이면 3적(三炙)을 놓는다. 궁중에서는 5탕5적을 놓는다. 5탕은 3탕에 봉탕(鳳湯)과 잡탕을 더하고 5적은 3적에 봉적(鳳炙)·채소적을 더한다. 5적이면 나물도 5색나물을 갖춘다.[363]

전은 생선·간·쇠고기로 만든 3갈랍으로 한다. 육전 대신 민어산적을 쓰기도 한다. 3갈랍은 간전을 맨 아래 놓고 그 위에 생선전, 맨

361) 이훈석, 〈한국 음식문화의 철학과 사상〉, 한국식량영양경제학술협의회 학술세미나(1992), 1-28쪽.
362) 한희순 외, 《이조궁정요리통고》, 11쪽.
363) 위의 책, 13쪽.

위에 육전 혹은 민어산적을 놓는다. 3색나물로는 시금치·도라지·고사리나물을 한 접시에 놓는다. 편(片)이 있으면 반드시 면(麵)을 놓는데 면은 제기에 국수를 삶아서 건더기만 놓는다. 《시의전서》(236쪽)에서는 "사리를 합(盒: 제기)에 담고 위에 계란채를 뿌려 쓴다"고 했다. 맹현에서 젯상에 올리는 떡은 깨찰편(깨찰시루떡)·녹두찰편(녹두찰시루떡)을 주로 놓는데 켜가 얇으며, 그 위에 흰주악·쑥주악·대추주악 등 삼색주악을 놓는다.

생실과로는 밤, 대추, 감, 사과, 배 등을 놓는다. 밤은 이전에는 '생률치기'라 하여 겉껍질을 벗기고 물에 담가 놓고 제기에 잘 고일 수 있도록 잘 드는 칼로 하나씩 속껍질을 벗기고 깎아 잘 다듬었다. 또한 산자, 강정, 약과, 다식을 놓는다. 다식은 오미자다식·송화다식·흑임자다식·신감초다식·녹말다식으로 5색다식을 놓는다. 포는 육포를 놓고, 식혜는 식혜밥만 따로 건져서 제기에 놓아 육포를 1cm 정도 4각 모양으로 5개를 잘라 식혜눈을 만들어 얹는다. 그 밖에 나박김치와 장류로는 간장·초장을 함께 놓고 젓갈로는 새우젓을 놓는다.

젯상에 제물을 진설할 때에는 먼저, 글씨나 그림이 없는 민 병풍을 치고 그 앞에 젯상을 놓는다. 젯상에 고·비(考·妣: 돌아가신 부모)의 신위는 지방 대신 사진을 남좌여우(男左女右)로 놓는다. 그 앞 1열에 메(밥)·갱(羹)·시접(匙楪: 수저 담는 제기)을 놓는데 시접이 중앙에 있고 반서갱동(飯西羹東)의 형식을 따른다. 양쪽에 잔반(盞盤: 술잔과 잔받침)을 하나씩 놓는다. 2열에는 적·전·면(麵)·병(餠)을, 3열에는 탕을, 4열에는 육포·3색나물·간장·초간장·젓갈(새우젓)·나박김치·식혜를 놓는다. 5열에는 생실과·한과를 놓는다. 제물은 종류와 색에 따라서 반서갱동(飯西羹東)·홍동백서(紅東白西)·좌포우혜(左脯右醯)·동두서미(東頭西尾)·조율이시(棗栗梨柿) 등의 격식을 따른다. 젯상 아래에는 곁상을 따로 놓아 향로·향합·모사기를 놓고 그 좌우에는 제주병·퇴주그릇을 놓는다.

맹현에서는 제물은 굽이 달린 제기에 괴어 담는다. 제기에 제물을 괼 때 바닥에 놓지 않고 작은 상에 놓았다. 이전에는 여자는 남끝동 자주고름이 달린 명주 옥색 저고리와 옥색 치마를 입고, 제사를 지낼 때에는 다시 흰 명주 저고리와 옥색 모시 겹치마를 입었다고 한다.

한편 제사를 지낸 후 전은 채를 썰고 튀각·나물과 함께 진간장·참기름을 넣고 놋주걱으로 비벼서 비빔밥을 해 먹었다. 또한 제수로 올린 국에 밥을 말아 갈랍(전), 산적으로 웃기를 얹어서 장국밥으로 하여 음복했다. 남은 술도 나누어 마셨는데 그리피스(Griffis)는《은자의 나라 한국》[364]에서 "죽은 사람을 추모하는 매우 유쾌한 방법은 제사를 지낸 술을 음복하는 것"이라고 썼다.

4. 반빗간·반비다치·동자치 및 기타 식생활 문화

맹현에서는 반빗간에서 음식을 장만하고 상을 차렸는데 반빗간은 대갓댁에만 있는 별채의 부엌간이다. 반빗간은 '안악 제3호 고분벽화'에서 보이듯 고구려에서 시작되었고 조선 말기까지 지속되었다고 한다.[365] 맹현의 반빗간은 안채와 통했으며 여러 온돌방과 마루로 되어 있다. 반빗간에는 그릇과 제기를 보관하는 찬장과 뒤주가 있었으며, 함지박·놋그릇과 벽에는 여러 종류의 작은 상들을 걸어 놓았다. 반빗간 주변에는 여러 개의 광이 있어서 김장김치는 물론 곡류를 저장했고, 채소는 움을 파서 저장했다. 놋그릇은 조선 초기만 해도 극

364) W.E. Griffis(1882),《은자의 나라 한국》, 신복룡 역, 집문당, 1999, 350쪽.
365) 신영훈,《조선의 궁궐》, 조선일보사, 1998, 48쪽.

소수의 양반 관료만 사용했다. 17세기 이후에는 상공업이 발달하여 부상대고(富商大賈)들이 대두하고, 또 놋그릇의 사용이 널리 보급되었다.[366] 《경도잡지》〈권1 풍속〉(188쪽)에서도 "통속적으로 놋그릇을 중요시하여 사람들은 밥, 국, 나물, 고기까지 일체의 식탁용에 반드시 놋그릇을 사용한다"고 했다.

맹현에서는 또한 조리 솜씨가 뛰어난 전문 인력들이 있었다. 반빗간에서 음식을 장만하는 사람을 '반빗아치'라고 했으며 발음 그대로 '반비다치'다. 찬모의 낮춤말이다. 찬모는 '찬비'라고도 불렀는데 종의 딸이 찬모가 된 데에서 유래했다.[367] 찬모의 수는 많았으며 서열이 있었으나 특별히 이를 지칭하는 이름은 없었다. 찬모는 의례음식과 일상음식을 만드는 일에 구분이 있었고 음식을 준비하여 올리는 대상이 달랐다. 연륜이 있는 찬모는 윗분의 상을 차렸고 연륜이 낮은 찬모는 일하는 사람들의 상을 차렸다. 그런가 하면 밥만 하는 사람은 '동자치'라 했는데 '동자아치'의 준말이다. 이처럼 맹현에서는 조리기술이 뛰어난 전문 인력들이 음식 만드는 일을 분담하였다.

맹현은 고급 식재료를 용이하게 조달했다. 또한 반빗간이라는 특정 시설을 갖추고 찬모를 동원해 음식을 솜씨 있게 조리했다. 따라서 품격 있는 고급 의례음식 문화가 발달할 수 있었다. 그 조리법은 맹현의 후손들과 주변으로 전수되었다. 실제로 맹현의 한 찬모의 아들은 음식 솜씨가 좋아서 6·25전쟁 후 서울의 한 호텔 주방에서 우리의 전통음식을 만드는 일에 종사한 바 있다. 맹현은 수많은 식솔들이 사는 대가족으로 살림 규모가 컸는데도 안방 주인이 제일 연륜 높은 찬모에 내 놓는 한 달치 양식은 자로 잰 듯 어김이 없을 정도로 정확했다고 한다.

---

366) 최완기, 《조선시대 서울의 경제생활》, 46쪽.
367) 김광언, 《한국의 부엌》, 대원사, 2000, 108쪽.

맹현에서는 연료로 장작과 함께 참숯을 썼다. 장작은 주로 난방을 위해 땠는데 장작이 완전히 타고 남은 것을 뜬숯이라고 한다. 뜬숯은 조리용 열원으로 적합했다. 전과 주악 등 기름에 지지는 음식은 풍로에 뜬숯을 넣고 그 위에 가마솥 뚜껑을 엎어 놓아 고깃기름 덩어리로 문질러 가면서 지졌다. 또한 뜬숯 위에 기왓장을 올려놓고 그 위에 뚝배기를 올려놓아 하루 종일 된장찌개를 뭉근하게 끓였다. 뜬숯에서 나오는 열은 강도가 세지 않으며 잔열이 오래 남아 있어서 식재료에 열이 서서히 침투하는 효과가 있었다. 그래서 센 불에서 급하게 조리한 음식과 전혀 다른 독특한 맛을 냈던 것 같다. 맹현의 안방·건넌방·사랑방·별당과 수많은 식솔들의 방에서 나오는 뜬숯은 필요하지 않을 때에는 물을 뿌려 불씨를 꺼 두었다가 필요할 때 다시 피웠다. 참숯은 풍로에 넣고 위에는 양철로 만든 통을 엎어 통 안에서 뒤집어 가며 음식을 굽기도 했다.

안주인의 생활 공간인 안방의 다락에는 꿀, 곶감, 잣, 호두, 은행, 대추, 북어, 사과 등 제물거리를 보관했다. 광에는 쌀 등 오곡과 참깨, 마늘, 김장을 위한 독을 파묻었다. 겨울 동안 무, 배추 등은 광 안에 움을 파서 저장했다. 그 움은 사람이 드나들 수 있도록 땅을 파고 입구를 짚으로 막았다. 맹현의 반빗간·부뚜막·가마솥·뒤주·광과 안방의 다락과 맷돌·채반 등은 지금의 우리에게는 생소한 단어이다. 어머니가 생전에 쓴 뒤주, 맷돌은 이제는 고풍 어린 장식품이 되어 아파트의 한 구석을 차지하고 있고 체와 채반은 가끔씩 쓰인다.

근대화 이전 시기의 서울 전통음식과 음식문화는 오늘날 쉽사리 접근하기 힘든 부분이 많다. 그러나 시대 상황에 맞게 새롭게 변화시켜 바람직한 전통문화로 발전시켜 나가야 할 것이다.

제5장 맺음말

한국 전통음식의 일반적 특징은 다음과 같이 요약될 수 있다. 이 가운데 이 책의 주제인 서울의 전통음식은 우리나라 전통음식의 일반적 특성 이외에도 독특한 점들이 많아 바로 뒤에 다시금 요약·정리하기로 한다. 그리고 요즘 화두인 한식 세계화와 관련해 서울 전통음식이 어떤 역할을 할 수 있는지를 덧붙였다.

한국 전통음식의 특징

1. 일상음식은 주식과 부식으로 나뉜다. 삼국시대부터 주·부식 분리형의 일상식 구조가 형성됐다.

2. 일상음식의 재료와 조리방법이 다양하다. 농경민족인 까닭에 쌀과 잡곡 등 곡물로 밥·죽·국수·묵·떡·술 등 다양한 음식을 만들었다. 철따라 나오는 채소·생선으로는 국·나물·생채·쌈·장아찌·김치나 국·찌개·조림·구이·젓갈과 마른 반찬류 등을 만들었다.

3. 양념이 발달하였다. 파, 마늘, 생강, 고추가루 등 양념은 음식의 맛과 영양가를 향상시켰다.

4. 다양한 발효식품이 발달했다. 김치·장류·젓갈 등 발효식품은 발효과정을 통해 깊은 맛과 저장성·기호성을 증진시킨다.

5. '음·양'의 원리에 부합하고 '5행(行)'의 조화를 이루었다. 동물성과 식물성 식품의 배합을 통해 음양의 원리에 부합하고 5색(色)·5미(味) 등으로 5행의 조화를 이루었다.

6. 약식동원(藥食同原)의 전통사상을 담고 있다. 한국 전통음식의 식재료와 발효식품은 오늘날 과학적 연구를 통해 건강기능성을 풍부하게 갖춘 것으로 드러나고 있다. 우리가 일상적으로 섭취하는 음식이 몸에 이로운 보약과 같다는, 즉 먹을거리와 약의 근원이 같다는 사상을 뒷받침하고 있다.

서울 전통음식의 특징

1. 의례음식이 특히 발달했다. 다양한 궁중음식이나 반가(양반)음식이 그것이다. 서울 전통음식의 특징은 유교가 지배하던 조선시대 한성부의 사회환경과 자연환경의 영향을 받았다. 대가족 제도하에서 빈객을 대접하는 일이나, 관혼상제 등 통과의례를 행하는 일이 잦아 절차와 격식을 따지는 의례음식이 발달했다. 또 한성부는 왕이 거처하는 궁궐의 소재지라 서울의 전통음식은 궁중음식의 영향을 많이 받았다. 궁중과 반가의 음식 교류가 빈번하게 되면서 궁중음식의 조리법이 가미된 반가음식도 유행했다.

2. 재료와 조리방법이 다양하다. 의례음식의 재료로는 육류와 생선의 비중이 컸다. 쇠고기는 근육살 이외에 양·곱창·곤자소니 등 다양한 내장 부위와 콩팥·염통·허파·등골·두골·우설 등 기타 부위를 사용하여 탕·찜·전골·전·적·육회·숙육·육포 등을 만들었다. 닭으로는 탕·찜·구이 등을, 꿩으로는 만두 등을 만들었다. 조기·도미·병어·민어·준치 같은 생선과 전복·홍합·해삼·새우 등 해산물로 만두·탕·찜·초·어회 등을 조리했다. 쇠고기·생선·어패류·채소류·버섯류는 전골의 주요 재료였다. 멥쌀가루·찹쌀가루·밀가루 등 곡

류로는 한과·떡을 만들었다. 진달래꽃·녹두녹말가루·보리·배 등으로는 화면·창면·보리수단·배숙 등 음청류를 만들었다.

3. 손이 많이 간다. 신선로, 구절판, 화양적, 석이단자 같은 음식이 전승되는 데는 대가집의 풍부한 조리 인력이 있었기에 가능했다. 음식을 전문적으로 만드는 찬모가 여럿 있어 다양한 음식을 분담해서 만들었다.

4. 절기마다 다른 시절음식이 발달했다. 떡으로는 봄날의 쑥굴리, 삼짇날 화전, 중양절 국화전, 가을 물호박떡·밤단자 등이 있다.

5. 서울 전통음식의 맛은 담백하고 슴슴하고 맵지 않다. 서울 김치의 경우 물을 넉넉하게 해 슴슴하게 담갔다. 백김치는 속으로 넣는 무채에 실고추를 약간 넣어서 연분홍빛 국물을 내 마치 주스 같았다. 배추·무를 간장으로 절여 만든 장김치는 김치의 또 다른 맛과 색감을 지녔다. 김장 때 담는 동치미, 섞박지는 시원하고 담백하다.

6. 서울 전통음식은 은은하고 정성이 배어 있고 안목이 있다. 어만두·어채 등 의례음식은 국화잎·석이버섯·표고버섯·다홍고추를 녹두녹말을 씌워 끓는 물에 데쳐 얹어 장식한다. 떡은 대추·잣·밤·석이버섯으로 장식한다. 또한 편(片: 켜가 얇은 떡)에는 주악·단자·화전 등 웃기를 얹어 고임상으로서의 격을 갖추었다.

서울 전통음식의 세계화

한국은 1988년 서울올림픽과 2002년 월드컵축구대회 등 지구촌 최대 스포츠 대회와 2000년 아시아·유럽 정상회의(ASEM), 2010년 주요 20개국(G20) 정상회의 등 세계적 정치외교 행사를 잇따라 개최하면서 국제사회에 그 존재를 널리 알렸다. 이를 계기로 한국 음식의 뛰어난 맛과 건강친화적인 특성이 소개되면서 한국 음식에 대한 해외의 관심이 날로 커지고 있다. 음식이 단순한 먹거리가 아닌 한국을 상징하는 문화상품이자 미래의 고부가가치 산업으로 인식되면서 정부는 한식 세계화 전략을 추진했다. 이를 위해 2009년 5월 민관합동 '한식 세계화 추진단'을 발족하고 출범행사에서 한국 전통음식 세계화를 위한 음식으로 비빔밥·떡볶이·김치·전통술 등을 선정·발표하기도 했다. 또한 2010년 3월에는 민간 차원의 한식세계화사업 집행기구인 '한식재단'을 설립했다.

수도 서울의 이미지를 높이고 국제적으로 마케팅하는 방안도 강구되기 시작했다. 수도로서의 600년 역사를 자랑하는 서울의 역사·문화·전통 등을 문화상품으로 특화하여 상품화하겠다는 것이다. 이 가운데 오랜 역사를 지니고 오늘날까지 전승돼 온 서울 전통음식을 세계화 상품으로 가꾸는 것이 핵심과제의 하나임은 분명하다.[368)]

서울 전통음식의 세계화를 위한 그간의 전문가 제안을 종합하고 필자의 소견을 덧붙이면 다음과 같다.

1. 서울음식 맛을 지닌 서울의 전통음식을 선정한다.

이를 위해 서울의 전통 궁중음식과 반가음식을 재현하는 것이 한 가지 방법이 될 수 있다. 또한 사라진 서울 전통음식을 복원하는 일도 필요하다. 가령 김치는 매운맛 때문에 외국인이 다가서기 어려운 면이 있다. 따라서 매운 맛이 없는 백김치나 지금은 거의 사라진 장김치를 외국인을 위한 특화 김치로 집중육성할 수 있겠다. 오이소박이로 물김치를 만든 오이물김치도 세계화 김치 후보가 될 수 있다.

또 서울의 전통음식에는 원래 간장이 빠지지 않았다. 그리고 오늘날 우리가 즐겨먹는 비빔밥·떡볶이·육개장은 조선시대에는 맵지 않았다. 따라서 간장을 기본으로 한 음식을 다양하게 개발할 수 있다.

---

368) 이종수, 《전통 음식문화 디지털스토리텔링 개발전략—서울 전통음식을 중심으로》, 한국IT서비스학회 2008년도 추계학술대회, 571쪽.

타락죽은 멥쌀가루를 볶아 우유를 넣어 만들므로 외국인의 입맛에 맞을 수 있다. 섭산적 또한 서양의 햄버거와 유사한 면이 많아 세계화 품목으로 육성 가능하다.

2. 코스요리 개발을 위한 종합연구가 필요하다.

서울 전통음식 가운데 닭구이·민어산적·송이산적·섭산적과 영계찜·도미찜·사태찜 등은 육류·생선·닭요리로 적합하다. 어채·어만두·오이선·구절판·호박법벅 등은 서양의 전채요리에 해당한다. 육즙으로 무친 새우무침은 서양의 샐러드를 연상케 한다. 석이단자·대추단자 등 단자와 율란·생란 등 숙실과, 화면·창면·보리수단 같은 화채는 후식으로 적합하다.

3. 한국의 전통 장류인 간장·고추장·된장의 맛을 외국인 입맛에 맞게 개량한다.

장류는 서양요리의 소스(sauce)에 해당한다. 소스를 개발해 외국인이 다가갈 수 있는 다양한 맛을 갖는 음식을 개발한다.

4. 세계화에는 스토리가 필요하다.

스토리에는 음식의 역사·문화 이외에도 음식의 과학적 근거가 포함되어야 한다. 예컨대 김치·장류에는 항암효과 등 수많은 건강기능성이 있다. 흔히 주식으로 먹는 밥에도 생리활성 성분이 들어 있다. 한식이 몸에 좋다는 과학적 근거를 많이 제시할수록 좋다.

5. 조리방법과 재료단위나 양의 표준화가 절실하다.

신선로·구절판·화양적 등 손이 많이 가고 조리법이 까다로운 서울 전통음식을 세계화하려면 레시피만 보고도 대강 음식을 만들 수 있도록 표준화가 진전돼야 한다.

제6장

맹현음식 따라하기

맹현음식 재현 이병주
음식사진 제공 studio 416

타락죽

사진 14

재료 및 분량

볶은 멥쌀가루 3큰술, 우유 2컵
소금 1/4작은술, 꿀

조리방법

① 멥쌀을 물에 담갔다가 건져 물기를 뺀 뒤 소금을 넣고 빻아 가루를 만든다.
② 처음에는 팬을 센 불로 가열한 다음 불을 약하게 해 창호지를 얹고 그 위에서 멥쌀가루를 나무 주걱으로 저으면서 볶는다. 처음에는 가루가 바닥에 붙지 않게 자주 나무 주걱으로 저어 주며, 수증기를 날려 보낸 후 약간 노르스름해질 때까지 볶는다.
③ 냄비에 우유와 볶은 멥쌀가루를 넣고, 냄비 가장자리의 우유가 갈색이 되지 않을 정도로 중간 불에서 나무 주걱으로 저으면서 4-5분간 끓인다. 마지막에 소금을 약간 넣는다.
④ 꿀과 함께 내어 놓는다.

수란

사진 15

재료 및 분량

달걀 1개, 참기름 약간, 식초 약간.
초간장 = 진간장 1큰술, 식초 $1/2$작은술, 설탕 약간

조리방법

① 국자에 참기름을 붓고
손가락으로 넓게 펴 바른 다음 그 위에
달걀을 깨어 놓는다.

② 냄비에 물을 붓고 끓인 다음
식초를 조금 넣고,
달걀이 들어 있는 국자의 밑을 끓는 물에 담근다.
흰자위가 반쯤 익으면
국자를 조심스럽게 끓는 물에 담갔다가
다시 빼는 과정을 2-3번 반복한다.

③ 반숙된 달걀의 가장자리를
수저로 돌려 수란접시에 미끄러뜨려 담는다.

④ 초간장을 곁들여 내어 놓는다.

호박범벅

사진 16

재료 및 분량

늙은 호박 1.3kg, 찰수수가루 3컵, 넝쿨콩 1컵,
서리태 풋콩 1컵, 동부(노란색) 1컵, 소금 1/2컵

조리방법

① 늙은 호박은 껍질을 벗기고 깨끗이 씻어서 속을 파낸 후 4-5cm 폭으로 자르고 다시 세로로 얇지 않게 썰어 놓는다.

② 호박에 물 6컵을 붓고 호박 덩어리가 완전히 물러질 정도로 끓인다.

③ 넝쿨콩, 서리태 풋콩, 동부는 물에 담가 불린 뒤 건져 물기를 빼 두었다가 끓고 있는 호박에 넣고 끓인다.

④ 찰수수는 물에 담갔다가 건져서 소금을 넣고 가루를 만든다. 찰수수가루에 물 1컵을 넣고 반죽한 뒤 끓고 있는 호박에 넣고 끓인다.

⑤ 소금으로 간을 한다.

콩국수

사진 17

재료 및 분량

흰콩 500g, 밀가루 $1\frac{1}{2}$컵, 소금

조리방법

① 흰콩은 하룻밤 물에 불린 뒤
체로 건져 물에 삶는다.
콩을 넣고 끓기 시작하면 2분간 더 끓이고
불을 끈다.

② 삶은 콩을 손으로 비벼 껍질을 벗기고
흘려 버린 다음 체로 건진다.
믹서에 넣고 삶은 콩의
약 2배 정도 분량의 물을 넣고 간다.
체에 걸러 콩국수를 만든다.

③ 밀가루 반죽을 하여 칼국수를 만들고,
끓는 물에 삶아 건진 후 흐르는 찬물에 식힌다.

④ 그릇에 칼국수를 담고
소금으로 간을 한 콩국을 얹어 낸다.

메밀국수

사진 18

재료 및 분량

메밀국수 반관, 양지머리(업진 1근 · 차돌박이 1근),
다시마(길이 20cm 1줄), 대파(길이 20cm 3개 정도),
표고버섯 4-5개
육수 양념: 집간장 1/2컵, 후춧가루 1/2작은술,
설탕 1/4작은술, 소금 약간
다진 쇠고기(우둔살) 300g
갖은 양념: 집간장 1큰술, 참기름 1큰술, 깨소금 1/2작은술,
설탕 1/2작은술, 후춧가루 1/4작은술, 파 1작은술, 마늘 1작은술
달걀 2개, 석이채, 소금 약간

조리방법

① 양지머리는 찬물에 1시간 정도 담가 핏물을 뺀다.
물을 넉넉히 넣고 끓인 다음 양지머리를 넣고
다시마, 대파, 표고버섯도 함께 넣어 끓인다.
처음에는 불을 세게 하고,
끓기 시작하면 그 다음부터는 불을 약하게 하여 끓인다.
양지머리 건더기는
젓가락이 쑥 들어갈 정도로 삶아지면 건진다.
육수는 양념을 하는데
기호에 따라서 소금으로 간을 맞추기도 한다.

② 달걀은 소금을 약간 넣어 저은 다음
지단을 부치고 채를 썬다.

③ 석이는 깨끗이 씻어서 채를 썬 다음 팬에 콩기름을
두르고 볶다가 참기름과 소금을 넣어 무친다.

④ 다진 쇠고기는 양념을 하고 물을 넣고 볶으면서
기호에 따라 소금으로 간을 한다.

⑤ 메밀국수는 적당히 사리를 만들어 그릇에 담고
끓는 육수로 토렴을 한 후 다시 육수를 붓는다.
달걀지단, 석이채, 양념고기로 고명을 하여 내어 놓는다.

떡볶이

사진 19

재료 및 분량

흰떡 500g
양념: 진간장 1 작은술, 참기름 1작은술, 깨소금 1작은술, 설탕 1작은술
쇠고기(우둔) 200g
갖은 양념: 집간장 $1\frac{1}{2}$큰술, 마늘 1큰술, 참기름 $\frac{1}{2}$작은술,
깨소금 1작은술, 설탕 $\frac{1}{4}$작은술, 후추 $\frac{1}{4}$작은술
무 200g, 숙주 100g, 느타리버섯 70g, 불린 목이버섯 40g, 움파 40g,
황백지단, 석이버섯, 실고추, 물 $2\frac{1}{2}$컵

조리방법

① 떡은 4-4.5cm로 자른 뒤 다시 길이로 2등분해
양념에 재어 놓는다.
② 쇠고기는 결대로 폭이 0.8cm 되게 저미고
다시 1.5×5cm가 되도록 썰어서 갖은 양념을 한다.
③ 무는 떡 길이에 맞추어
1×1×4.5cm가 되도록 썬다.
④ 느타리버섯은 반나절 햇볕에 꾸덕꾸덕하게 말린 후
씻어서 결대로 떡 길이로 찢는다.
⑤ 목이는 물에 불려서 깨끗이 씻어 놓는다.
⑥ 움파도 떡 길이로 자르고 숙주는 깨끗이 씻어 놓는다.
⑦ 황백지단은 1×4cm로 썰어 놓는다.
⑧ 쇠고기 양념한 것에 무를 넣어 버무려서
냄비에 넣어 물을 붓고 끓인다.
⑨ 불을 중불로 하여 느타리버섯과 불린 목이버섯과
숙주를 차례로 넣고 끓인다.
⑩ 떡은 맨 위에 놓고 끓이다가 움파를 넣고 조금 더 끓인다.
⑪ 상에 올릴 때에는 여러 재료를 섞어서
석이버섯채, 황백지단, 실고추로 장식하여 내어 놓는다.

동태찌개

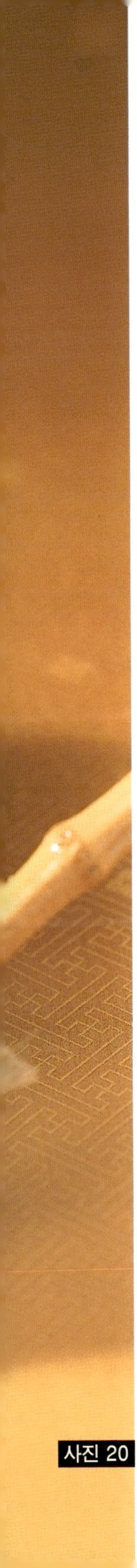

사진 20

재료 및 분량

생태 2마리(중간 크기), 무 350g, 된장 2큰술,
고추장 1큰술, 마늘 1큰술, 파 약간,
소금 1/4작은술, 물 10컵, 쇠고기(채끝) 100g
양념: 마늘 1/2작은술, 설탕 · 후춧가루 약간

조리방법

① 생태는 표면을 칼로 긁어내고
내장을 빼낸 다음 깨끗이 씻어서 토막을 내어 놓는다.
② 쇠고기는 어슷어슷 저미고
다시 잘게 썰어서 양념한다.
③ 무는 4×1×3cm 크기로 얄팍하게 썬다.
④ 된장은 수저로 으깨어 놓고,
파는 5-6cm로 자른 후
다시 세로로 채 썰어 놓는다.
⑤ 냄비에 무, 쇠고기와 으깬 된장을 넣고
물을 약간 붓고 저어 가면서 볶은 뒤,
고기가 익으면 물을 붓고 끓인다.
⑥ 찌개 국물이 끓어 달으면 생태를 넣고 끓인 뒤
고추장, 마늘, 파를 넣고
경우에 따라서 마지막에 소금으로 간을 한다.

된장쌈장

사진 21

재료 및 분량

쌈 재료: 상추, 쑥갓, 실파, 고수

된장 250g, 쇠고기(우둔) 50g, 양파 1개,
풋고추 4개

갖은 양념: 파 3큰술, 마늘 $1\frac{1}{2}$큰술, 생강 $1\frac{1}{2}$큰술,
참기름 1큰술, 깨소금 1큰술, 설탕1 큰술

조리방법

① 쇠고기는 잘게 썬 후
다시 칼로 두드려 칼집을 낸다.

② 파, 마늘, 생강은 다져 놓는다.

③ 양파는 가로로 채를 썰고 다시 세로로 잘게 썬다.

④ 풋고추는 가로로 잘게 썰어 놓는다.

⑤ 된장에 쇠고기, 양파, 풋고추를 넣고 갖은 양념하여
끓는 물에 중탕한다.

염통구이

사진 22

재료 및 분량

염통(소) 600g
갖은 양념: 진간장 4큰술, 참기름 2큰술,
설탕 2큰술, 깨소금 1/2큰술, 후추 1/4작은술,
마늘 1/2큰술, 파 4작은술

조리방법

① 소의 염통은 물에 담가 씻은 다음
4등분하여 얇은 막을 벗겨 내고 주물러서 핏물을 뺀다.
다시 씻어서 면 보자기로 물기를 닦는다.
② 불고기처럼 얇게 저며서
다시 가로세로로 잔칼질을 하여 갖은 양념을 한다.
양념이 배어들도록 잘 주무른다.
③ 양념한 염통을
석쇠에서 뒤집어 가며 굽는다.

닭구이

사진 23

재료 및 분량

닭 1마리(중간 닭)

갖은 양념: 진간장 $1\frac{1}{2}$큰술, 참기름 1큰술, 설탕 $\frac{1}{2}$큰술, 후춧가루 $\frac{1}{4}$작은술, 깨소금 1작은술, 파 1작은술, 포도주 $\frac{1}{2}$작은술

조리방법

① 닭은 토막을 내어
깨끗이 씻은 뒤 껍질을 벗겨 내고 살을 저민다.
저민 살을 칼등으로 두드리고
가로세로 칼집을 내어 놓는다.

② 저민 닭을 갖은 양념한 것에 무쳐서 주무른 뒤
겹쳐 놓아 양념이 배어들게 한다.

③ 석쇠에 올려놓고 센 불 위에서
석쇠를 높이 들어 뒤집어 가며 굽는다.

④ 접시에 담아 상에 올린다.

오이김치

사진 24

재료 및 분량

오이 6개, 실파 100g, 새우젓 1큰술,
고춧가루 1큰술, 마늘 $1\frac{1}{2}$작은술, 생강 1작은술,
소금 · 설탕 약간

조리방법

① 작은 오이를 3등분해
소금에 2시간 정도 절인 후 열십자를 낸다.

② 실파를 송송 썰어서
새우젓을 넣고
고춧가루와 기타 양념을 넣어 버무린 뒤
열십자를 낸 오이 속에 넣는다.

③ 1시간 정도 지난 다음
끓는 물을 식혀서 붓고
소금으로 국물 간을 맞춘다.

④ 오이는 깨끗한 차돌로 눌러 준다.

백김치

사진 25

재료 및 분량

배추 2포기, 무 2개(1400g)
석박지 무양념: 소금 1/2큰술, 설탕 1큰술, 고춧가루 1/2큰술,
새우젓 1/2큰술, 마늘 1/2작은술
무채 양념: 1차 양념: 소금 2큰술, 설탕 2큰술, 실고추 2큰술
2차 양념: 마늘 2큰술, 생강 1큰술
갓 100g, 미나리 50g, 쪽파 30g(양념: 소금 1큰술, 설탕 1큰술)
배 1개, 물 15컵(간: 소금 1 1/2큰술, 설탕 1큰술)

조리방법

① 배추는 겉껍질을 다듬고 4등분한 뒤
배추 잎 사이사이에 소금물을 부어 절인다.
소금물은 소금과 물의 비율이 1:5 정도가 되게 한다.
배추가 소금물에 잠기도록 위아래로 가끔 배추를 바꿔 준다.
절인 배추를 깨끗이 씻어 채반에 건져 물기를 빼고
밑동을 다듬는다. 무는 깨끗이 씻는다.

② 섞박지용 무는 길이 4cm로 썬 후 다시 2cm 폭으로 썰어
양념을 하여 까불러 놓는다.

③ 배추소 만들기
ⓐ 무는 채를 썰어 1차 양념을 한다.
ⓑ 배는 껍질을 벗겨 4등분하고 심을 도려낸 후
일부는 세로로 저며서 굵게 채를 썰고,
일부는 가로로 2등분하여 다시 세로로 납작납작하게 저민다.
ⓒ 양념한 무채에 배를 섞고 2차 양념을 한다.
ⓓ 갓은 깨끗이 씻어 연한 것으로 골라 4cm 길이로
썬 후 대와 잎파리를 다시 세로로 썬다.
ⓔ 미나리는 깨끗이 씻어 윗부분을 약간 잘라 내고
4cm 길이로 썬다.
ⓕ 쪽파는 깨끗이 씻어서 4cm 길이로 썬다.
ⓖ 갓, 미나리, 쪽파를 섞고 간을 하여
양념한 무채에 섞어서 버물버물 주무른다.

④ 절여 놓은 배추 잎 사이사이에
여러 재료가 골고루 섞이도록 하여 소를 넣는다.
배추 잎 부분을 오무려 접고
겉잎으로 잘 싸서 그릇에 차곡차곡 채운다.
또한 그릇 밑과 배추와 배추 사이에 섞박지 무를 넣는다.

⑤ 국물을 간을 해 그릇에 붓고
배추가 물에 잠기도록 깨끗한 돌로 누르고 뚜껑을 덮는다.

짠무김치

사진 26

재료 및 분량

무(중간 크기의 통통한 무) 20개, 굵은소금 1500g
소금물(무가 잠길 만큼의 물에 굵은소금 300g을 탄다)
실파 약간, 고춧가루 약간, 식초 약간

조리방법

① 무는 깨끗이 씻어서 채반에 건져 놓는다.
② 크고 평평한 그릇에 무를 넣고
굵은소금을 뿌려 하룻밤 절인다.
가끔 무를 뒤집어 준다.
③ 항아리에 절인 무를 차례차례 넣고
절인 무에서 나온 물을 붓는다.
무가 소금물에 잠기지 않으면
다시 소금물을 만들어 무가 잠기도록 붓는다.
④ 볏짚으로 덮고 무거운 돌로 누른 후에 뚜껑을 덮는다.
겨우내 숙성시킨다.
⑤ 숙성된 짠무김치를 꺼내어 씻고
네모 납작하게 썰어서 그릇에 담고 물을 붓는다.
⑥ 실파를 쫑쫑 썰어 넣고
고춧가루와 식초를 넣는다.

게장

사진 27

재료 및 분량

민물게 20마리, 진간장(게 20마리를 덮을 정도)
마른 붉은 고추 3-4개, 마늘 4-5쪽, 생강 2-3쪽

조리방법

① 산 게의 등딱지가 손바닥에 닿게 뒤집어
손가락으로 등 양쪽을 단단히 잡고 솔로 문지른 후
여러 번 물로 헹구어 체에 놓으면 거품을 내뱉는다.

② 게를 항아리에 넣고
진간장을 잠길 만큼 붓는다.
간장은 매번 끓일 때마다 졸아들므로 넉넉히 붓는다.

③ 3일째 되는 날 간장을 따라내고
간을 보아 짜지 않게끔 물을 넣고 끓인 다음(게 20마리에 물 한 공기의 비율) 완전히 식혀서 항아리에 붓는다.
너무 오래 끓이지 않는다.

④ 다시 3일째 간장을 따라내고 끓여 식혀서 붓는다.
간장에 물은 넣지 않는다.

⑤ 다시 3일째 3번째 간장을 부을 때에는
숙성 중 간장이 몸통 안으로 들어가게 하기 위해
게의 발끝을 약간 자르고
항아리에 게의 배딱지가 위로 오게끔 놓는다.
붉은 고추는 1×2cm로 자르고 마늘과 생강은 얇게 저며서
게의 배딱지 위에 층층이 놓은 다음
끓여 식힌 간장을 붓는다.
양념의 양은 층마다 70% 정도가 되게끔 놓는다.

⑥ 오지항아리 입구를 창호지로 밀봉한 다음
뚜껑을 덮어 약 두 달 동안 익힌다.

무말랭이장아찌

장아찌모음

사진 28

사진 29

재료 및 분량

무말랭이 200g, 고추 잎 50g, 배추 잎 50g,
오이 50g, 집간장:진간장(1:1), 소금
갖은 양념: 마늘 1큰술, 참기름 1큰술,
깨소금 1/2큰술

조리방법

① 말려 놓은 무말랭이, 고추 잎, 배추 잎을 미지근한 물에 각각 3번씩 씻어 건져서 꼭 짠다.
배추 잎 말려둔 것이 없으면
통배추를 4등분하여 김치 담글 때와 같이
소금물에 절였다가
줄에 걸어서 물기를 빼고 하루 동안 말린다.
② 무말랭이, 배추 잎, 고추 잎을 항아리에 넣고
간장을 넉넉히 붓고
3일 후에 다시 끓여 식혀서 붓는다.
③ 오이는 다른 그릇에 넣고
끓인 간장을 약간 식힌 후에 붓는다.
④ 5-7일 후에 간이 배면 꺼내어
배추 잎은 0.5×4cm,
오이는 0.2×0.2×4cm로 각각 썬다.
⑤ 무말랭이와 기타 재료를 섞어서 갖은 양념한다.

굴비자반

사진 30

재료 및 분량

굴비 한 줄(10마리), 찹쌀고추장

조리방법

① 축축한 굴비를
줄줄이 엮여진 대로 줄에 걸쳐 놓아
약 40여 일 동안 말린다.
② 말린 굴비를 머리와 등지느러미를 잘라내고
껍질을 벗긴다.
③ 알과 내장을 따로 발라내고,
살과 뼈를 바른 다음
굴비 살을 너무 크지 않게 결대로 찢는다.
④ 접시에 낼 때에는
살은 살대로 놓고 알과 내장도 함께 곁들인다.
찹쌀고추장에 찍어 먹는다.

밑반찬

사진 31

장산적

재료 및 분량

쇠고기(우둔살) 600g, 간장, 물, 후춧가루, 꿀, 참기름, 잣

갖은 양념: 간장, 파, 마늘, 참기름, 후추, 깨소금, 설탕

조리방법

① 쇠고기를 갖은 양념하여 주무른다.

② 동그랗게 떼어서 양손으로 치대고 납작하게 만들어 치댄다.

③ 가장자리를 칼로 반듯하게 네모지게 한 다음 가로세로 칼집을 낸다.

④ 프라이팬에 불을 달군 다음 다시 약하게 하고
기름을 조금 부어 지져서 식은 다음 네모나게 자른다.

⑤ 간장에 물을 넣고 끓인 다음
꿀과 후춧가루, 참기름, 고기를 넣고 끓이고 잣을 넣어 뒤적인다.

북어보푸라기

재료 및 분량

북어 30g, 양념: 참기름 1큰술, 소금 1/4작은술, 설탕 1작은술

조리방법

① 통북어를 깨끗이 씻어서 아가미를 통해서 물을 넣어 불린 후,
껍질을 벗기고 뼈를 바른다.
북어 살을 순차적으로 작게 자른 후, 보푸라기를 낸다.

② 양념하여 주무른다.

볶음고추장

재료 및 분량

쇠고기(우둔살) 50g, 고추장 2컵, 물 1컵, 꿀 2큰술, 볶은 통깨 1큰술,
설탕 1작은술, 통잣 1큰술, 참기름 1큰술

갖은 양념: 간장 1큰술, 마늘 1/2작은술, 참기름 1/2작은술, 깨소금 1/2작은술,
후춧가루 1/4작은술, 설탕 약간

조리방법

① 갖은 양념한 쇠고기에 물을 넣고 치대면서 볶는다

② 고추장을 넣고 섞어 볶다가 꿀, 설탕을 넣고 약한 불에서 볶는다.

③ 참기름, 볶은 통깨, 잣을 넣어 마저 볶는다.

양즙

재료 및 분량

양(깃머리, 벌집양) 550g, 잣가루 2큰술,
참기름 1/2큰술

조리방법

① 양은 끓는 물에 살짝 담갔다 꺼내어
검은 피막을 칼로 긁어 내고
안쪽의 기름덩어리도 떼어 내어 깨끗이 씻는다.
칼로 다진 후 잣가루와 함께 섞는다.

② 밑이 넓고 판판한 양은그릇에 양을 얇게 펴고
가장자리에 참기름을 두르고
끓는 물 위에서 30분 정도 중탕한다.

③ 베보자기 위에 쏟아 꼭 짜서 즙을 낸다.

④ 소금과 후춧가루로 간을 하여 마신다.

사진 32

어만두

재료 및 분량

도미 300g, 표고버섯 2개, 석이버섯 2개, 다홍고추 1개,
국화잎, 녹두녹말, 잣

육소 재료: 쇠고기 150g, 표고버섯 2개, 두부 약간

갖은 양념: 마늘 2작은술, 파 2작은술, 간장 1큰술,
설탕 2작은술, 후춧가루 1작은술, 깨소금 2작은술, 참기름 1큰술

초간장 = 간장 : 식초(4:1)

조리방법

① 도미는 살을 3cm 너비로 잘라서 도마 위에 놓고
어채보다 길고 얇게 저민다.

② 다진 쇠고기는 핏물을 빼고,
두부는 물기를 짜고,
표고버섯은 채를 썰어서 다시 잘게 자른다.
모두 합하여 갖은 양념을 해서 육소를 만든다.

③ 저민 생선에 육소를 놓고 잣을 2개 정도 놓고
송편같이 마주 덮어 가장자리를 꼭꼭 눌러 아물린다.

④ 빚은 어만두를 녹두녹말을 흠뻑 묻혀 모양 있게 만든 뒤
끓는 물에 살짝 삶아 낸다.
즉시 찬물에 담갔다가 꺼내어 채반에 건져 놓는다.

⑤ 표고버섯, 석이버섯, 다홍고추, 국화잎은 어채에서와 같이
녹두녹말을 씌워 끓는 물에 데친다.

⑥ 접시 바닥에 어만두를 놓고, 그 위에
데친 표고버섯, 석이버섯, 다홍고추, 국화잎으로 장식한다.

⑦ 잣가루를 뿌린 초간장과 내어 놓는다.

사진 33

어채

사진 34

재료 및 분량

도미 300g, 표고버섯 2개, 석이버섯 2개, 국화잎,
다홍고추 1개, 녹두녹말, 잣
초간장 = 간장 : 식초(4:1)

조리방법

① 도미는 3cm 너비로 살을 발라
횟감처럼 도톰하게 저며 놓는다.
② 저민 도미에 녹두녹말을 묻혀 끓는 물에 데친다.
찬물에 담갔다가 즉시 꺼내어 채반에 건져 놓는다.
③ 표고버섯은 길이로 2-3개가 되게 저미고,
석이버섯도 같은 크기로 자른다.
다홍고추는 너비 1cm, 길이 3cm로 자르고
국화잎과 함께 녹말을 씌워
끓는 물에 데친 뒤 찬물에 헹구어 건져 놓는다.
④ 접시에 어채를 놓고
어슷어슷하게 썬 잣을 조금 뿌린다.
데쳐 낸
표고버섯, 석이버섯, 다홍고추, 국화잎으로 장식한다.
⑤ 초간장에 잣가루를 뿌려 내놓는다.

준치 만둣국

재료 및 분량

준치살 750g
갖은 양념: 파 15g, 마늘 20g, 참기름 2큰술, 소금 1작은술, 후춧가루 1/2작은술,
설탕 1/4작은술, 깨소금 2큰술
녹두녹말 1 큰술, 달걀 황백지단, 통잣
장국 재료: 양지머리(업진) 1근, 다시마 반 줄, 표고버섯 5개
육수 양념: 조선간장 3큰술, 후추 1/2작은술, 설탕 1/4작은술, 소금 1/2작은술

조리방법

준치만두 만들기

① 준치는 비늘을 긁어내고 내장을 꺼내어 깨끗이 씻어서
3토막을 내어 찜통에서 찐다. 가시를 손으로 제거해 살만 발라 놓는다.
② 준치생선살에 다진 마늘을 넣어 버무린 뒤
송송 썬 파를 넣어 섞고
녹두녹말과 달걀 흰자를 넣어 준치 살을 반죽한다.
③ 15g씩 떼어 손바닥에 쥐고 주무른 뒤 가장자리를 반반하게 하고
오른손 엄지손가락 옆면으로 반죽을 살짝 눌러서
작은 배 모양이 되도록 빚는다. 통잣을 2개 박아 녹말을 입힌다.
④ 찜통에 베보자기를 얹고 찐 후 꺼내어 식힌다.

장국 만들기

① 양지머리에 국물을 넉넉히 붓고
표고버섯, 다시마와 함께 1시간 30분 정도 끓여서
표고버섯, 다시마, 고기는 건져 내고
육수는 하룻밤 냉장고에 방치한 후 기름을 걷어낸다.
② 육수는 갖은 양념하여 끓여 장국을 만든다.

준치만둣국 끓이기

① 장국에 준치만두를 넣고 끓이다가 쑥갓을 넣고 살짝 끓인다.
② 그릇에 낼 때에는 황백지단을 부쳐서 완자 모양으로 썰고,
건져 낸 표고버섯은 저며서 채를 썰어 준치만둣국 위에 얹는다.

초계탕

사진 36

재료 및 분량

닭 1마리, 찹쌀 1/2컵, 대추 5-6개, 참깨, 통잣

깻국 양념: 식초 · 소금 약간

고명: 오이, 당근, 해삼, 죽순

조리방법

① 닭의 뱃속에
　찹쌀을 넣고 대추와 함께 백숙한다.

② 체에 건져 닭 육수를 얻고,
　삶은 닭은 찢어서 소금, 마늘로 간을 해 놓는다.

③ 참깨는 씻어서 체에 건져
　팬에서 물기를 말리듯이 볶는다.

④ 볶은 깨와 닭국물을 동량으로 섞은 뒤
　믹서에 간 다음
　체에 나머지 닭국물을 부어 가며 내려 깻국을 만든 후
　양념한다.

⑤ 오이, 당근, 죽순은 깨끗이 씻어서
　3-3.5cm 너비로 자른 다음
　폭이 2cm가 되게끔 얇게 자른다.

⑥ 불린 해삼도 다른 고명처럼 얇게 저민다.

⑦ 그릇에 찢은 닭을 넣고
　깻국을 넉넉히 부은 후 고명을 얹어 낸다.

신선로

재료 및 분량

장국 재료: 양지머리(차돌박이) 1근, 무 400g, 표고 10개, 다시마 100g

장국간: 조선간장 1큰술, 마늘 $1\frac{1}{2}$큰술, 소금 1작은술, 후춧가루 $\frac{1}{2}$작은술, 설탕 $\frac{1}{4}$작은술

전의 재료: 쇠고기(채끝) 300g, 대구 500g, 곁간 1개, 미나리 200g, 달걀 1개

소고기 갖은 양념: 참기름 $\frac{1}{2}$작은술, 깨소금 1작은술, 후추 $\frac{1}{4}$작은술, 소금 $\frac{1}{4}$작은술, 설탕 약간

완자 재료: 쇠고기(우둔) 100g

갖은 양념: 참기름 1작은술, 깨소금 1 작은술, 마늘 1작은술, 설탕 · 소금 약간

냄비 밑에 까는 재료: 채끝 200g, 양(깃머리) 300g, 곱창 300g, 무우

갖은 양념: 조선간장 1작은술, 참기름 1작은술, 깨소금 1작은술, 다진 파 1작은술, 설탕 · 후춧가루 약간

은행 5-6알, 호두 5-6쪽, 통잣 $\frac{1}{2}$큰술, 석이채, 밀가루 2컵, 달걀 5개, 콩기름

사진 37

조리방법

장국 끓이기

① 양지머리는 물을 넉넉히 넣고 끓이다가 무, 다시마, 불린 표고를 넣고 끓인다.

② 건더기는 건져 내고 장국은 간을 한다.

내장 삶기

① 양과 곱창은 처음에는 밀가루로 주무른 후 깨끗이 씻는다. 다시 소금을 써 같은 방법으로 씻는다.

② 양은 물을 끓여서 김을 살짝 뺀 뒤 담갔다가 검은 피막을 벗겨 낸다.
또한 안쪽의 기름 덩어리와 점막도 떼어 낸 다음 깨끗이 씻는다.

③ 곱창은 수도꼭지에 대고 물을 튼 상태에서
곱창을 손가락으로 비벼 속에 있는 내용물이 밑으로 흘러 나가게 하고 깨끗이 씻는다.

④ 양과 곱창을 끓는 물에 넣어 삶는다.

전 부치기

① 쇠고기는 물기가 없도록 면 보자기로 닦아서 0.5cm 두께로 저민 뒤 칼등으로 두드린다.
다시 사선으로 칼집을 내어 갖은 양념을 해 놓는다.

② 대구는 두께 0.5cm로 썰어서 소금을 약간 넣은 물에 담갔다가 체에 건져 놓는다.

③ 곁간은 저며서 체에 밭쳐 피를 뺀다.

④ 쇠고기, 생선, 곁간은 밀가루에 무쳐 달걀을 입힌 뒤 전을 부친다.

⑤ 미나리는 줄기를 다듬어 깨끗이 씻어서 초대를 부친다. 황백지단은 조금 도톰하게 부친다.

⑥ 완자는 다진 쇠고기를 갖은 양념하여 주무르고 손바닥으로 치댄 뒤
은행 크기만 하게 떼어 동그랗게 빚는다. 밀가루를 묻히고 달걀을 입혀 부친다.

재료의 썰기

① 장국을 끓일 때 삶은 무는 [1~1.5]×4×2cm로 썬다.
양지머리는 편육으로 썬 뒤 다시 2.5×3cm로 썰고, 표고버섯은 세로로 2-3등분하여 저민다.

② 삶은 깃머리는 폭이 1cm, 길이 4cm 되게 썰고, 곱창은 길이 4cm로 썬다.

③ 썰어 놓은 무, 양, 곱창은 마늘, 파, 후추, 깨소금을 약간 넣어 버무려 둔다.

④ 밑에 까는 쇠고기는 나무젓가락 두께로 저민 후 갖은 양념을 해 놓는다.

⑤ 고기전, 생선전, 간전, 미나리초대, 황백지단, 붉은 고추는 2.5×3cm로 썰어 놓는다.

신선로 밑 채우기

① 신선로(지름 16.5×높이 10cm) 밑에 삶은 무를 깔고 그 사이사이에
양념한 쇠고기, 삶은 양, 곱창, 편육을 깐다. 무와 고기의 비율은 대략 1:2의 비율로 한다.

② 그 위에 생선전, 고기전, 간전, 미나리초대, 황백지단, 표고버섯,
붉은 고추 순서로(순서가 정해져 있는 것은 아님) 약간 겹치게 하면서 비스듬히 채운다.

③ 깐 호두는 1/4쪽을 내어 끓인 물을 부어 1시간 정도 놓아 두어 불린 후 껍질을 벗겨 낸다.

④ 은행은 뜨거운 번철에 기름을 두르고 소금을 약간 넣어 볶아 식힌 후 껍질을 벗긴다.

⑤ 신선로의 가운데 화통 주위는 완자로 빙 돌아가며 채운다.
나머지 부분은 여러 전들이 보이도록
완자, 쪼갠 호두, 은행을 각각 5-6개, 통잣을 자연스럽게 놓고 석이채를 뿌려 장식한다.

⑥ 신선로 그릇에 장국을 붓고 뚜껑을 덮은 다음 화통 속에 숯불을 넣어 상에 올린다.

영계찜

사진 38

재료 및 분량

영계 2마리, 쇠고기(채끝) 200g
속 재료: 다진 쇠고기 100g, 두부 50g, 불린 표고 2개
갖은 양념: 조선간장 1/4큰술, 마늘 1/2큰술, 파 1/2큰술, 참기름 1/4큰술, 깨소금 1/4큰술, 설탕 · 후춧가루 약간
갖은 양념: 진간장 1/2큰술, 마늘 1/2큰술, 참기름 1/2큰술, 설탕 1/4작은술, 후춧가루 1/4작은술
밑에 까는 채소: 감자 400g, 당근 100g, 불린 표고 4개, 양파 3개, 대파 40g, 녹말가루

조리방법

① 영계는 겉과 안을 깨끗이 씻어서 통째로 찜통에서 슬쩍 찐다.
② 속 만들기
  ⓐ 불린 표고는 저민 뒤 가로로 채를 썰고 다시 세로로 잘게 썬다.
  ⓑ 두부는 베보자기에 짜서 물기를 짠다.
  ⓒ 다진 쇠고기에 표고와 두부를 섞고 갖은 양념하여 속을 만든다.
③ 찐 영계 속에 갖은 양념한 속을 넣고 겉에는 녹말가루를 입힌다. 특히 영계의 밑 부분에는 녹말가루를 많이 입힌다(실로 꿰매기도 한다).
④ 냄비 밑에 까는 재료
  ⓐ 쇠고기는 1cm 두께로 저미고 다시 2.5×3cm로 썰어서 갖은 양념한다.
  ⓑ 감자는 반으로 잘라서 3등분한다.
  ⓒ 당근은 2cm 두께로 썰어서 2등분한다.
  ⓓ 표고는 반으로 저민다.
  ⓔ 양파는 반으로 자르고 크기에 따라 다시 2-3등분한다.
  ⓕ 대파는 4cm 길이로 잘라서 2등분한다.
⑤ 이상의 재료를 함께 섞어서 냄비 밑에 깔고 재료가 충분히 잠길 만큼 표고 불린 물을 붓는다. 그 위에 녹말가루를 입힌 영계를 앉은 자세로 안치고 처음에는 센 불로 가열하고 김이 나면 중불에서 20분간 더 끓인다. 끓이면서 간을 다시 맞춘다.

내장찜

재료 및 분량

깃머리 반근, 벌집 양 반근, 곱창 1근, 곤자소니(홍창) 1근, 허파 반근, 양지머리 200g, 무 1개, 양파 2개, 표고버섯 10개, 다시마, 파 80g

갖은 양념: 다진 마늘 1큰술, 깨소금 2큰술, 참기름 1큰술, 설탕 1큰술, 후춧가루 1/2큰술, 조선간장 1/3컵, 소금 1큰술

조리방법

내장 씻기

① 깃머리, 벌집 양, 곱창, 곤자소니, 허파는 각각 처음에는 밀가루로 빨래하듯 주무른 뒤 수돗물로 깨끗이 씻어 낸다. 다시 소금을 써서 같은 방법으로 씻는다.

② 깃머리와 벌집 양은 뜨거운 물에 잠깐 넣었다가 꺼내어
칼로 검은 피막을 벗겨 내고 깨끗이 씻는다.
물이 너무 뜨거우면 양이 익어서 잘 벗겨지지 않으므로 적당히 뜨겁게 한다.

③ 안쪽의 기름 덩어리와 점막도 떼어 낸 뒤 깨끗이 씻는다.
곱창은 수도꼭지에 대고 물을 튼 상태에서 곱창을 손가락으로 비벼
속에 있는 내용물이 밑으로 흘러 나가게 하여 깨끗이 씻는다.

내장 삶기

① 큰솥의 2/5가량 물을 넣고 끓여서 깃머리, 벌집양, 곱창, 곤자소니,
허파와 양지머리를 넣고 끓인다. 내장을 한번에 다 넣으면 끓지 않으므로
한 종류씩 끓는 물에 넣었다가 끓으면 다른 내장을 넣는 등 순차적으로 넣는다.
허파는 따로 끓는 물에 넣어 삶는다.

② 약 1시간 30분 정도 끓인 후에 무는 크게 3등분하고, 양파는 4등분한 뒤 다시 2등분하고,
불린 표고버섯과 다시마를 함께 넣고 30분 정도 다시 끓인다.

③ 삶은 내장과 양지머리, 무, 다시마, 표고버섯을 넓은 양은그릇에 꺼내어 식히고
육수는 하룻밤 차가운 곳에 방치해 굳은 기름을 걷어낸다.

재료 썰기

① 삶은 깃머리는 1×4cm가 되도록 썬다.

② 삶은 벌집양도 1×4cm가 되도록 썬다.

③ 삶은 곱창은 가장자리의 기름을 정리하면서 길이 5cm가 되도록 썬다.

④ 삶은 곤자소니는 결대로 2×4~5cm가 되도록 썬다.

⑤ 삶은 허파는 겉의 피막을 잘라내고 네모나게 정리한 후 1×4×4cm가 되도록 저민다.

⑥ 삶은 양지머리는 1×4~5cm가 되도록 썬다.

⑦ 삶은 표고버섯은 큰 것만 반으로 어슷하게 저민다.

⑧ 삶은 무는 골패짝처럼(2×2×4cm) 썬다. 무와 양은 고기 건더기의 1/3가량 되도록 한다.

⑨ 대파는 흰 부분을 칼등으로 몇 번 찧은 다음 통째로 4cm 길이로 자른다.

양념하여 끓이기

① 썬 내장과 양지머리와 표고버섯을 양은그릇에 함께 넣고 갖은 양념을 한다.

② 무와 대파는 양념한 그릇에 넣어 그릇에 묻은 양념을 씻는 듯 무쳐 놓는다.

③ 큰솥에 육수를 붓고, 끓으면 양념한 내장, 양지머리, 표고버섯을
넉넉히 잠길 만큼 넣고 끓인다. 끓기 시작해서 10분 후에 무를 넣고 중불에서 20분 간
끓인 후 다시 대파를 넣고 10분가량 더 끓인다. 너무 끓이면 국물이 탁해진다.

도미찜

재료 및 분량

도미 1마리 (길이 35cm), 녹두녹말, 소금 약간
고명 재료: 달걀 2개, 표고버섯 5개, 석이버섯 10잎,
데친 쑥 50g, 잣가루
초간장 = 간장 : 식초(4 : 1)

조리방법

① 도미는 너무 붉은 빛이 돌거나 크지 않은 것으로 골라 배를 가르지 않고 아가미를 통해 내장을 빼내고 잘 씻는다. 면 수건으로 물기를 닦아 내고 녹두녹말을 묻혀 찜통에 보를 깔고 그 위에 놓아 통째로 찐 다음 식힌다.
② 불린 표고는 꼭 짜서 칼로 저민 뒤 다시 채를 썰고 소금을 약간 넣어 무친다.
③ 쑥은 끓는 물에 소금을 약간 넣고 데친 뒤 꼭 짜서 소금을 약간 넣어 무친다.
④ 불린 석이버섯은 깨끗이 씻어서 채를 썰고 소금을 약간 넣어 무친다.
⑤ 찐 도미의 칼집을 낸 사이사이에 채 썬 고명을 색스럽게 채운다.
⑥ 초간장에 잣가루를 뿌려 찍어 먹는다.

오이선

사진 41

재료 및 분량

어린 오이 300g, 석이버섯 4g, 다홍고추 2개, 실백 약간, 녹두녹말 약간

육소 재료: 쇠고기 150g, 표고버섯 1개

갖은 양념: 마늘 2작은술, 파 2작은술, 간장 1큰술, 설탕 2작은술, 후춧가루 1작은술, 깨소금 2작은술, 참기름 1큰술

육즙 재료: 쇠고기 200g

갖은 양념: 마늘 1큰술, 파 2작은술, 간장 1큰술, 설탕 2작은술, 후추 2작은술, 깨소금 2작은술, 참기름 3작은술

육즙 양념: 식초 · 설탕 약간

조리방법

① 어린 오이를 3cm로 잘라 소금에 절여 씻은 후 열십자를 낸다.

② 다진 쇠고기는 베보자기에 짜서 핏물을 빼고 갖은 양념을 한다. 표고버섯은 어채에서와 같이 다져서 양념한 고기와 합해 볶아 놓는다.

③ 열십자를 낸 오이에 육소를 집어넣은 뒤 실백 두 개씩 넣고 녹말가루에 묻혀 끓는 물에 소금을 약간 넣고 녹말이 익을 정도로 데친다. 찬물에 담갔다가 즉시 꺼내 채반에 건져 놓는다.

④ 쇠고기는 다져 갖은 양념을 해서 볶다가 물을 넣고 수저로 치대면서 계속 볶는다. 즉시 체에 밭쳐 육즙을 얻고 냉장고에 넣었다가 기름을 걷어낸다. 차가운 육즙에 식초와 설탕을 달지 않게 넣어 조미한다.

⑤ 석이버섯은 가늘게 채를 썰어 참기름과 소금에 볶은 뒤 식힌다. 다홍고추는 채를 썰어 놓는다.

⑥ 접시에 오이선을 담고 육즙을 부은 뒤 어슷어슷하게 썬 잣을 뿌리고 석이버섯과 실고추를 약간 얹어 장식한다. 육즙에 찍어 먹는다.

민어산적

사진 42

재료 및 분량

민어살 200g, 쇠고기(우둔) 250g, 꼬챙이
양념: 참기름 1/2작은술, 소금 1/4작은술, 설탕 약간
갖은 양념: 파 1작은술, 마늘 1작은술, 간장 1큰술, 참기름 1/2큰술, 설탕 1/4작은술, 후춧가루 1/4작은술, 술 1/2작은술

조리방법

① 민어는 살을 저며 내어 0.5×2×8cm로 썰어 칼등으로 약간 두드려 준다.
② 소금, 후추, 설탕을 함께 섞은 후 민어를 양념한다.
③ 쇠고기는 0.5×1.8×8cm로 썰어서 칼등으로 두드려 준 후 갖은 양념한다.
④ 민어 3쪽, 고기 2쪽을 순차적으로 꼬챙이에 꿴 후 석쇠에 얹어 숯불에 굽거나 혹은 팬에 기름을 적게 하여 앞뒤로 지져 낸다.

송이산적

사진 43

재료 및 분량

송이 6개, 쇠고기(채끝등심) 1근
송이 양념: 참기름 1/2작은술, 소금 1/4작은술
갖은양념: 진간장 3큰술, 참기름 1큰술,
설탕 1큰술, 꿀 1/2작은술, 마늘 2/3큰술,
파 1/3큰술, 술 1/3큰술, 양파 간 것 1/3큰술,
깨소금 2/3큰술, 후춧가루 약간, 꼬챙이

조리방법

① 송이는 소금물에 담갔다가 꺼내어
갓과 자루의 갈색 피막을 긁어내고 깨끗이 씻어 놓는다.
지저분한 송이자루 밑을 잘라 버리고
송이를 길이로 3등분하여 양념해 놓는다.

② 쇠고기는 흐르는 물에서 주물러 핏물을 빼고
베보자기에 싸서 물기를 제거한다.
쇠고기를 4×1cm로 자른 후
칼등으로 두드리고 칼집을 내어 갖은 양념한다.

③ 송이와 쇠고기를 순차적으로 꼬챙이에 꿰어
석쇠에 얹어 양면으로 굽는다.

섭산적

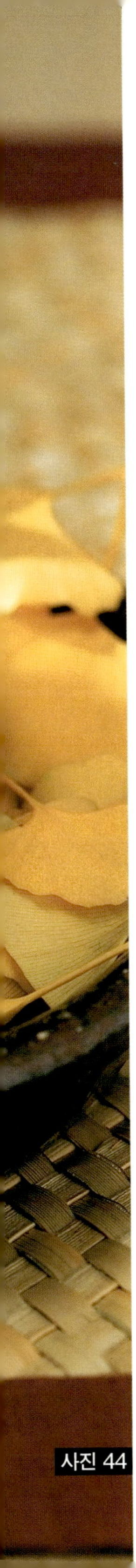
사진 44

재료 및 분량

쇠고기(우둔살) 300g, 두부 100g, 소금 $\frac{1}{4}$작은술, 파 $1\frac{1}{2}$큰술
갖은 양념: 조선간장 1큰술, 참기름 1큰술, 깨소금 1큰술, 마늘 1작은술, 설탕 1작은술, 후춧가루 약간

조리방법

① 다진 쇠고기는 베보자기에 싸서 살짝 누르거나
혹은 체에 밭쳐 놓아 핏물을 뺀다.
두부는 베보자기에 넣어 물기를 짠 후
소금으로 간해 놓는다.
② 다진 쇠고기와 두부를 함께 섞어서 갖은 양념을 해
오래 주무른다.
③ 파는 적당히 등분하여 가로로 썬 다음
다시 세로로 잘게 썰어
갖은 양념한 쇠고기와 함께 두부에 넣고
파가 으깨지지 않도록 섞어 준다.
④ 50g 정도씩 떼어 두 손바닥으로 여러 번 치댄 다음
동글납작하게 빚어서 석쇠 위에서 굽는다.

구절판

사진

재료 및 분량

쇠고기(우둔살) 150g, 양념: 참기름 1작은술, 진간장 1작은술,
다진 마늘 1/4작은술, 설탕 1/4작은술, 후춧가루 약간

돼지고기(목삼겹살) 150g, 양념: 참기름 1작은술, 소금 1/4작은술,
다진 마늘 1/4작은술, 설탕 1/4작은술, 후춧가루 약간

해삼 3개, 목이버섯 50g, 양념: 콩기름 1작은술, 다진 마늘 약간, 소금 약간,
참기름 1/4작은술, 진간장 1/4작은술

오이 3개, 당근 1개, 죽순 1캔, 표고 10개, 양념: 콩기름 1작은술,
다진 마늘 약간, 소금 약간, 참기름 1/4작은술

밀가루반죽(밀가루 2컵 : 물 = 1:1), 달걀흰자 1개, 소금 약간

잣 약간, 초고추장: 고추장 1컵, 식초 1컵 1/2큰술, 진간장 1/2작은술, 설탕 1/4작은술, 꿀 1큰술

조리방법

① 쇠고기는 얇게 저며 채를 썰고 갖은 양념하여 팬이 뜨거울 때 볶는다.
즉시 접시에 펼쳐 놓아 식힌다.

② 돼지고기는 쇠고기와 같이 채 썰고 양념하여 기름에 볶거나
혹은 삶아서 식힌 다음 저며 채를 썰어서 양념해 무친다.

③ 해삼은 물에 불린 다음 얇게 저며 채를 썬다. 팬이 뜨거울 때
다진 마늘과 소금을 넣은 콩기름에 살짝 볶는다.
참기름과 진간장 약간으로 맛을 내어 접시에 펼쳐놓아 식힌다.

④ 목이버섯은 물에 불려 물기 없이 짜서 채를 썰어 해삼과 같이 볶은 다음 양념한다.

⑤ 오이는 3~4cm 정도로 잘라 껍질을 얇게 저며 채를 썬다. 팬이 뜨거울 때
다진 마늘과 소금을 넣은 콩기름에 살짝 볶은 다음 양념하여 식힌다.

⑥ 당근은 3~4cm 정도로 자르고
다시 채를 썰어 오이에서와 같이 볶아서 양념하여 식힌다.

⑦ 죽순은 얇게 저며 채를 썰고 오이에서와 같이 볶아서 양념하여 식힌다.

⑧ 표고버섯은 물에 불려 물기 없이 짜서 얇게 저며 채를 썰고
오이와 같이 양념하여 식힌다.

⑨ 밀가루 반죽은 밀가루와 물을 동량으로 하고 달걀 흰자 하나를 넣어
반죽해서 체에 밭친 다음 30분간 놓아둔다. 반죽이 되면 물을 넣어 묽게 한다.

⑩ 팬에 기름을 약간 두르고 밀가루 반죽을 한 수저로 가운데에서 밖을 향하여
둥글게 원을 그리면서 구절판의 가운데 칸에 맞게 종이처럼 얇게 부쳐 식힌다.

⑪ 구절판에 여덟 가지 볶은 재료를 보기 좋게 담고 그 위에 잣가루를 각각
조금씩 뿌린다. 가운데 칸에는 밀전병을 놓는다.

⑫ 앞 접시를 내어 밀전병에 싸서 초고추장에 찍어 먹는다.

새우무침

새우무침의 배경그림은 영친왕 妃 故 이방자 여사가 생전에 고희와 금혼(金婚)을 함께 맞은 필자의 부모님을 위하여 그려 준 것이다. 이방자 여사는 생전에 기거하던 낙선재에서 국화, 매화 등 동양화를 즐겨 그리고 가까운 사람들에게 그림을 주곤 하였다. 사진 속에 각양각색의 재료로 만들어진 새우무침은 염맥이 선명한 황도(黃桃)의 푸른 잎에 둘려 싸여 조화를 이루고 있다.

사진 46

재료 및 분량

데친 새우(중하) 120g, 아스파라거스(통조림) 50g,
죽순(통조림) 30g, 오이 30g, 당근 10g, 배 50g, 잣 2큰술

육즙 재료: 쇠고기 200g

갖은 양념: 진간장 큰술, 조선간장 1작은술, 파 1/2큰술,
마늘 1/2큰술, 참기름 1작은술, 깨소금 1작은술,
설탕 1/2작은술, 후춧가루 약간, 소금 약간, 물 2/3컵

육즙 간: 육즙 1/2컵, 식초 1작은술

조리방법

① 길이 12cm 정도의 새우는 껍질을 벗기고
등 쪽의 검은 내장을 발라낸다.
끓는 물에 소금을 약간 넣고 데쳐 낸 뒤 식힌다.

② 육즙 만들기

ⓐ 다진 쇠고기에 갖은 양념하여 물을 붓고
수저로 치대면서
불 위에서 5분 정도 끓여서 육즙을 우려낸다.
즉시 체에 밭치고 다시 두 겹 거즈로 거른다.

ⓑ 육즙은 간을 보아서 필요하면 소금을 더 넣고
냉장고에 넣어 차게 한다.

③ 오이, 당근, 죽순은 각각 넓이 1-2cm, 길이4cm,
두께 0.2-0.3cm로 얇게 썰어서
소금을 넣은 끓는 물에 살짝 넣어 숨만 죽이고 꺼내어
흐르는 물에서 식힌다.

④ 배도 위와 같이 썬다.

⑤ 아스파라거스는 길이 3cm로 자른다.

⑥ 잣은 어슷어슷 썰어 놓는다.

⑦ 새우와 썰어 놓은 오이, 당근, 죽순, 아스파라가스,
배를 섞은 후 육즙과 잣을 넣어 무친다.

⑧ 차게 해서 먹는다.

어회

사진 47

재료 및 분량

저민 병어 200g, 참기름 1/2큰술
초고추장(고추장 1 1/2큰술, 식초 3큰술,
설탕 1큰술, 꿀 1작은술)

조리방법

① 병어의 뼈를 발라 두툼하게 살을 도려내고 나무젓가락 굵기로 길이가 4-5cm 되게 썬다.
② 썰어 놓은 병어에 참기름을 넣고 주무른다.
③ 접시에 상추나 쑥갓을 깔고 그 위에 놓는다.
④ 초고추장을 곁들여 내어 놓는다.

수육

사진 48

재료 및 분량

양지머리(업진 1근, 차돌박이 1근)
초간장 = 진간장 : 식초(1:3) · 잣가루

조리방법

① 양지머리는
메밀국수 장국 만드는 과정에서와 같이 삶는다.

② 고기 건더기는
젓가락이 부드럽게 들어갈 정도가 되면 꺼내
한 김 나가면 베보자기에 싸서
너무 무겁지 않은 물건으로 5분 정도 잠깐 누른다.

③ 고기는 결과 반대로 썰어
접시에 흐트러지지 않게 놓고
초간장에 잣가루를 띄워 함께 상에 놓는다.

육포

사진 49

재료 및 분량

우둔살 1근
양념: 진간장 3큰술, 꿀 $1\frac{1}{2}$큰술, 포도주 $1\frac{1}{2}$큰술,
생강즙 1큰술, 후춧가루 약간

조리방법

① 우둔살은 결대로 2-3mm 두께로 저민다.
② 저민 우둔살을 물에 1시간 정도 담가 핏물을 뺀 뒤 건져 가제수건으로 물기를 제거한다.
③ 저민 우둔살을 양념장 묻혀 차곡차곡 겹쳐 놓고 함께 주무른 다음 한두 시간 방치하여 양념이 배어들게 한다.
④ 채반 위에 하나씩 따로 놓아 햇볕에 말려 꾸덕꾸덕하게 되면 생강즙을 손에 묻힌 뒤 두드리듯 앞뒤로 발라 다시 말린다.
⑤ 어느 정도 마르면 한지에 싸서 맷돌로 눌러 놓아 판판하게 한 다음 다시 말린다.

쑥굴리

사진 5

재료 및 분량

찹쌀가루 600g, 데친 쑥 400g, 거피팥 400g, 소금
대추 200g(술 2 큰술, 설탕 1작은술), 꿀

조리방법

① 쑥은 끓는 물에 소금을 넣고 데친 다음
건져 물기를 짜고 썰어 놓는다.
② 찹쌀가루에 쑥을 넣어 섞고
절구에 넣어 찧은 다음 꺼내어 손으로 반죽한다.
조금씩 떼어서 가운데 구멍이 있는 도넛 모양을 만든다.
③ 끓는 물에 찹쌀 반죽을 넣어 익힌 다음 꺼내어
그릇에 넣고 방망이로 치대어 놓는다.
④ 거피팥은 물에 불려 건져 찐 다음
소금을 넣고 체에 내려 고물을 만든다.
⑤ 대추는 깨끗이 씻어서
술과 설탕을 넣어 하룻밤 불린다.
불린 대추의 씨를 발라내고 살을 도려낸 다음
채를 썰고 다시 잘게 썰어 놓는다.
썰어 놓은 대추에 꿀을 조금 넣고 반죽하여 찐다.
⑥ 손에 꿀을 묻히고
치댄 찹쌀 반죽을 잡아당겨 대추 속을 넣은 다음
둥글게 말아 떼어 내어 모양을 만들고
거피팥고물을 입힌다.

물호박떡

사진 51

재료 및 분량

멥쌀가루 1100g, 찹쌀가루 400g, 거피팥고물 11컵
늙은 호박 850g, 설탕 1큰술, 소금 1/4작은술
넝쿨콩 3컵, 동부 1컵, 소금 약간

조리방법

① 멥쌀은 물에 불려 물과 소금을 내려 가루를 만든다.
② 찹쌀은 물에 불린 뒤
소금만을 넣어 가루를 만든다.
③ 거피팥은 물에 불려 건져 찐 뒤
더울 때 소금을 넣어 체에 밭쳐 고물을 만든다.
④ 늙은 호박은 깨끗이 씻어 속을 파내고
4-5cm 폭으로 자른 다음 0.5cm 두께로 썰어
설탕과 소금으로 버무린다.
⑤ 넝쿨콩과 동부는
물에 불린 뒤 건져 소금을 약간 넣고 버무린다.
⑥ 멥쌀가루와 찹쌀가루를 섞고
늙은 호박, 넝쿨콩, 동부를 넣어 버무린다.
⑦ 찜통에 베보자기를 깔고
맨 밑에 거피팥고물(3컵)을 깔고
그 위에
호박에 버무린 멥쌀가루를 4cm 두께가 되도록 얹는다.
다시 거피팥(4컵), 멥쌀가루,
거피팥(4컵) 순서로 켜를 만든 뒤 베보자기로 덮은 다음
김이 오른 후 20-30분간 찐다.

주악

사진 52

재료 및 분량

찹쌀가루 15컵, 다진 대추 1/2컵, 삶은 쑥 150g, 술 약간, 설탕 약간, 콩기름
밤속: 밤가루 8큰술, 꿀 2큰술
대추속: 다진 대추 1큰술, 꿀 2큰술
깨속: 볶은 깨 60g, 꿀 1큰술, 소금 약간

조리방법

① 찹쌀은 물에 담갔다 씻어서 체에 건져 소금을 넣어 빻는다.

② 대추는 미지근한 물에 여러 번 씻어서 건져 큰 냄비에 넣고 설탕(대추 600g에 4큰술)과 술을 약간 넣어 섞는다. 미지근한 곳에 놓아 가끔 아래위로 흔들어 주면서 하루 낮을 방치한다. 불린 대추를 칼로 돌려가며 저며서 대추 살을 발라 낸 뒤 가로로 채를 썰고 다시 세로로 잘게 썬다.

③ 쑥은 깨끗이 씻어 끓는 물에 소금을 약간 넣고 데쳐서 꼭 짠 후에 다진다.

④ 밤은 삶아서 체에 내려 밤가루를 만든다.

⑤ 깨는 깨끗이 씻어서 볶은 뒤 빻아 놓는다.

⑥ 다음과 같이 세 종류의 찹쌀가루 반죽을 만든다.

· 흰주악: 찹쌀가루 5컵에 3/4컵의 끓는 물을 넣어 익반죽한다.
· 대추주악: 찹쌀가루 5컵에 대추 다진 것을 넣고 3/4컵의 끓는 물로 익반죽한다.
· 쑥주악: 찹쌀가루 5컵에 쑥 다진 것을 넣고 3/4컵의 끓는 물로 익반죽한다.

반죽이 되면 반죽이 윤기가 나고 촉촉하게 될 때까지 물을 더 넣는다.

⑦ 다음과 같이 두 종류의 속을 만든다.

· 밤속, 대추속: 밤가루와 대추 다진 것에 각각 꿀을 넣어 섞은 뒤 동그랗게 만든다.
· 깨속: 깨를 꿀과 소금으로 무쳐 만든다.

⑧ 익반죽한 찹쌀반죽을 각각 50g씩 떼어 동그랗게 만든다. 흰주악 · 쑥주악에는 밤 · 대추속을 5g씩, 대추주악에는 깨속을 1/2작은술씩 넣고 송편보다는 크고 납작하게 양귀가 나게 빚어 놓는다.

⑨ 팬에 콩기름을 두르고 주악의 양면이 눋지 않게 부친다. 접시에 놓고 설탕을 앞뒤로 돌아가며 뿌린 다음 식은 후에 겹쳐 놓는다.

단자

사진 53

재료 및 분량

찹쌀가루 30컵, 석이가루 $1\frac{1}{2}$컵, 다진 대추 3컵, 밤 8개, 대추 8개, 석이버섯 10잎, 잣 150g, 꿀

조리방법

① 석이버섯은 끓는 물에 데쳐 모래집을 따고
깨끗이 씻는다.
일부는 채를 썰고 나머지는 말려서 가루를 만든다.
② 대추는 주악에서와 같은 방법으로 불려서,
대추살을 곱게 채 썰고
대추씨는 물을 3배로 넣어 끓여서 우려낸다.
③ 밤은 껍질을 까서 얇게 저며 채 썬다.
④ 잣은 잣가루를 내어 놓는다.
⑤ 석이단자는 찹쌀가루 15컵에
석이버섯 가루를 넣어 섞은 뒤
찬물을 넣어 두 손으로 골고루 비벼서
손으로 쥐면 뭉쳐지고 도로 풀면 풀어질 정도로
섞어 놓는다.
⑥ 대추단자는 찹쌀가루 15컵에 대추 다진 것을 넣고 섞은 뒤
대추씨 우린 물을 식혀 부어 석이단자에서와 같이
물을 내린다.
⑦ 석이단자는 찜통 밑에 베보자기를 깔고
석이채, 밤채, 대추채(각 분량의 절반씩)를 뿌리고
그 위에 ⑤의 찹쌀가루를 골고루 편 다음
다시 그 위에 세 종류의 채를 골고루 뿌리고
베보자기를 마무리하여 덮은 후 20분간 찐다.
⑧ 대추단자는 ⑥의 찹쌀가루를 찜통에 골고루 펴서
석이단자에서와 같은 방법으로 찐다.
⑨ 찜통에 깐 베보자기 네 귀퉁이를 잡아서 꺼내어
도마 위에 놓는다. 한 김 나간 다음 양손에 꿀을 바르고
떡 위를 꿀로 대강 무치고 다시 손에 꿀을 무쳐서
떡을 베보자기에서 떼어낸 후 도마 위에 놓는다.
⑩ 찐 떡을 손으로 눌러서 편편하게 한 다음 두께 1cm,
가로세로 2×3cm로 자른다. 잣가루를 무친다.

창면

사진 54

재료 및 분량

오미자 1컵, 물 12컵, 통잣
녹두녹말 반죽(녹두녹말 2큰술 : 물 4큰술)

조리방법

① 오미자는 잘 씻어서 체에 건진 뒤 병에 넣고
생수를 뜨겁지 않게 데워서 붓고
뚜껑을 덮어서 놓아둔다.

② 녹두녹말을 되지 않게 반죽을 하여
스텐 국그릇 밑에 얇게 편 다음
끓는 물 위에 놓아 돌려가며 익힌다.
익기 시작하면 국그릇을 끓는 물에 담가 아주 익힌다.

③ 녹말이 투명하게 되면
꺼내어 찬물에 담갔다가
수저 끝으로 가장자리를 돌려서 꺼낸다.

④ 약 5mm 두께로 길게 썰어
꿀을 넣은 오미자국에 붓고 통잣을 띄운다.

참고문헌

1. 단행본

1) 조선시대 고 조리서·고문헌

작자미상.《주방문》[1600년대 말]. 황혜성 역.《한국요리백과사전》. 삼중당, 1976.
작자미상.《음식방문》[1800년대 중엽]. 농청진흥청장.《규곤요람·음식방문·주방문·술빚는법·감저경장설·월여농가》. 고농서국역총서 17. 농촌진흥청, 2010.
빙허각 이씨.《규합총서》[1815년경]. 정양완 역.《규합총서》. 보진재, 2008.
작자미상.《시의전서》[1800년대 말]. 이효지 외 역.《시의전서》. 신광출판사, 2004.
서유구.《임원십육지》[1827]. 이효지 외 역.《임원십육지》. 교문사, 2007.
안동 장씨.《음식디미방》[1670년경]. 한복려 외 역.《다시 보고 배우는 음식디미방》. 궁중음식연구원, 1999.
유중림.《증보산림경제》[1766]. 이강자 외 역.《증보산림경제》. 신광출판사, 2003.
허균.《도문대작》[1611]. 황혜성 역.《한국요리백과사전》. 삼중당, 1976.
홍만선.《산림경제》[1715년경]. 민족문화추진회 역.《국역 산림경제 1·2》. 민족문화문고간행회, 1986.
홍만선[1715년경].《산림경제》. 황혜성 역.《한국요리백과사전》. 삼중당, 1976.

권영국 외.《역주 고려사 식화지》. 한국정신문화연구원, 1996.
김부식.《삼국사기》[1145]. 이강래 역.《삼국사기 1》. 한길사, 1998.
김매순.《열양세시기》[1819]. 이석호 역주.《조선세시기 》. 동문선, 1991.
이행 외 편[1530].《신증 동국여지승람》. 민족문화추진회 역.《신증 동국여지승람 1》(색인). 민족문화문고간행회, 1982.
성현[1500년대].《용재총화》. 민족문화추진회 역.《용재총화》. 솔출판사, 1997.
유득공.《경도잡지》[1700년대 말]. 이석호 역주.《조선세시기》. 동문선, 1991.
이규경.《오주연문장전산고 上》. 동국문화사, 1959.
이규보.《동국이상국집》[1241]. 민족문화추진회 역.《신편 국역동국이상국집 3》. 민족문화추진위원회, 2006.
이수광.《지봉유설》[1614]. 남만성 역.《지봉유설 下》. 을유문화사, 1998.
이익.《성호사설》[1740년대]. 민족문화추진회 역.《국역 성호사설 2》. 민족문화추진회, 1976.
일연.《삼국유사》[1281]. 김원중 역.《삼국유사》. 을유문화사, 2002.

정약용. 《아언각비》[1819]. 김종권 역주. 《아언각비》. 일지사, 1979.
서긍. 《고려도경》[1123]. 김동욱 외 역. 《국역 고려도경》. 민족문화추진회, 1977.
작자미상. 《동국여지비고》[1864년 이후]. 서울특별시사편찬위원회 편. 《동국여지비고》(제2판). 서울사료총서 1. 서울특별시사편찬위원회.
정도전. 《삼봉집》[1397]. 박진훈 역. 지식을만드는지식, 2009.
정약용. 《목민심서》[1818]. 이인철 역. 《목민심서》. 고려원북스, 2006.
정약전. 《자산어보》[1814]. 정문기 역. 지식산업사, 1977.
정인지 외. 《고려사》[1396년]. 고전연구실 역. 《신편 고려사 4》. 신서원, 2008.
정인지·권제·안지. 《용비어천가》[1447]. 김성철·김기엽 역. 《역사로 읽는 용비어천가》. 들녘, 1997.
한국고전종합DB. 《조선왕조실록》. 한국고전번역원, 1993.
최남선. 《고사통》. 삼중당서고, 1943.
최남선. 《조선상식문답》. 동명사, 1947.
한산거사. 《한양가》[1844]. 이성우 역. 《한국식경대전》. 향문사, 1981.
한치윤. 《해동역사》[1814]. 정선용 역. 《국역 해동역사 3》. 민족문화추진회, 1998.
허균. 《한정록》[1618]. 김영진 역. 《한정록》. 한국농촌경제연구원, 1994.
허준. 《동의보감》[1613]. 신동원 외. 《한 권으로 읽는 동의보감》. 들녘, 1999.
허준. 《동의보감》[1613]. 윤석희 외 역. 《동의보감》. 동의보감출판사, 2005.
홍석모. 《동국세시기》[1849]. 이석호 역주. 《조선세시기》. 동문선, 1991.
홍봉한 외. 《증보문헌비고》[1770]. 세종대왕기념사업회 편역. 《국역 증보문헌비고》. 세종대왕기념사업회, 1981.

2) 1900년대 조리서

방신영. 《조선요리제법》. 신문관, 1917.
방신영. 《조선요리제법》. 한성도서주식회사, 1942.
방신영. 《우리나라 음식만드는법》. 청구문화사, 1957.
빙허각 이씨. 《부인필지》[1915]. 황혜성 역. 《한국요리백과사전》. 삼중당, 1976.
이용기. 《조선무쌍신식요리제법》[1930]. 옛음식연구회 역. 《다시 보고 배우는 조선무쌍신식요리제법》. 궁중음식연구원, 2001.
조자호. 《조선요리법》. 광한서림, 1938.
한희순·황혜성·이혜경. 《이조궁정요리통고》. 학총사, 1957.

3) 음식문화 관련 단행본

강인희.《한국식생활사》. 삼영사, 1990.

강인희.《한국의 떡과 과줄》. 대한교과서, 1997.

강인희.《한국의 맛》. 대한교과서, 1998.

강인희 등 12인.《한국의 상차림》. 효일문화사, 1999.

고려대학교 민족문화연구소.《한국민속대관—2. 일상생활·의식주》. 고려대학교 민족문화연구소, 1980.

고려대학교 민족문화연구소.《한국민속대관—4. 세시풍속·전승놀이》. 고려대학교 민족문화연구소, 1982.

김광언.《한국의 부엌》. 대원사, 2000.

김용숙.《조선조 궁중풍속 연구》. 일지사, 1987.

김정숙.《식탁 위의 보약 건강음식 200가지》. 아카데미북, 2008.

박구병.《한국어업사》. 정음사, 1979.

박용구.《한국식료품사》. 정음사, 1979.

윤서석.《한국민속종합조사보고서 제10집—서울편》. 문화공보부 문화재관리국, 1978.

윤서석.《한국의 음식용어》. 민음사, 1991.

윤서석.《개정증보 한국식품사연구》. 신광출판사, 1993.

윤서석.《우리나라 식생활문화의 역사》. 신광출판사, 1999.

이성우.《조선시대 조리서의 분석적 연구》. 한국정신문화원, 1982.

이성우.《한국식품사회사》. 교문사, 1984.

이성우.《한국요리문화사》. 교문사, 1985.

이성우.《동아시아속의 고대 한국식생활사연구》. 향문사, 1994.

이효지.《한국의 음식문화》. 신광출판사, 1998.

이해원.《중국의 음식문화》. 고려대학교출판부, 2010.

조선의 민속전통 출판위원회.《조선의 민속전통 1—식생활풍습》. 과학백과사전종합출판사, 1994.

정혜경·안정혜.《서울의 음식문화》. 서울학 교양총서 5. 서울학연구소, 1996.

조후종.《우리 음식 이야기》. 한림출판사, 2001.

조후종.《세시의례와 우리 음식》. 한림출판사, 2002.

조후종·윤숙자.《통과의례와 우리 음식》. 한림출판사, 2007.

최상수.《한국의 의식주와 민구의 연구》. 성문각, 1988.

한복려.《궁중음식과 서울음식》. 대원사, 1996.

한복려. 《한국의 떡과 과자》. 대원사, 1999.
한복려·정길자. 《한복려·정길자의 대를 이은 조선왕조궁중음식》. 궁중음식연구원, 2006.
한복진. 《우리가 정말 알아야 할 우리 음식 백가지 2》. 현암사, 1998.
한복진. 《조선왕조 궁중음식》. 화산문화, 2002.
한복진. 《조선시대 궁중의 식생활문화》. 서울대학교출판문화원, 2005.
한복진. 《우리 음식의 맛을 만나다》. 서울대학교출판문화원, 2009.
한복진. 《조선시대 궁중의 식생활문화》. 서울대학교출판문화원, 2005.
황혜성. 《한국요리백과사전》. 삼중당, 1976.
황혜성. 《한국민속종합조사보고서 제15집—향토음식편》. 문화공보부 문화재관리국, 1984.
황혜성. 《조선왕조 궁중음식》. 궁중음식연구원, 1998.
황혜성·한복려·한복진. 《한국의 전통음식》. 교문사, 1994.

C.C. Dallet(1874). *The History of the Church of Korea*. 정기수 역. 《조선교회사(서론)》. 탐구당, 1992.
W.E. Griffis(1882). *Corea, the Hermit Nation*. 신복룡 역. 《은자의 나라 한국》. 집문당, 1999.
W.E. Griffis(1882). *Corea, the Hermit Nation*. 이성우 역. 《한국식경대전—은자의 나라 한국》. 향문사, 1982.

4) 식품학 관련 단행본

강창기 외. 《축산물의 과학》. 유한문화사, 1997.
김기숙 외. 《조리과학》. 수학사, 2005.
김동훈. 《식품화학개론》. 수학사, 1996.
김은미·박문옥 외. 《식품재료학》. 광문각, 2011.
김형수. 《식품화학》. 수학사, 1985.
노봉수·이승주 외. 《생각이 필요한 식품재료학》. 수학사, 2011.
안승요. 《식품화학》. 교문사, 2005.
윤석권 외. 《식품화학》. 수학사, 2002.
정영도 외. 《식품조리재료학》. 지구문화사, 2000.
조재선. 《식품재료학》. 기전연구사, 1982.
최혜미. 《21세기 영양학》(제2개정판). 교문사, 2000.
한국식품조리과학회. 《식품조리과학용어사전》. 교문사, 2007.

5) 기타 단행본

고동환.《조선 후기 서울의 사회와 생활》. 서울학연구소, 1998.

김동욱.《종묘와 사직》. 대원사, 2002.

김명자.《동계 성병희 박사 회갑기념 민속학논총》. 형설출판사, 1990.

김병각 외.《버섯건강요법》. 가림출판사, 1995.

김용숙.《조선조 궁중풍속 연구》. 일지사, 1987.

김의숙.《한국민속제의와 음양오행》. 집문당, 1993.

김정규.《21세기 원색세계대백과 19》. 태극출판사, 1999.

김태정.《한국의 자원식물 Ⅲ》. 서울대학교출판부, 2002

백승철.《조선 후기 상업사연구—상업론·상업정책》. 혜안, 2000.

서울대학교박물관.《고구려 한강유역의 요새》. 통천문화사, 2000.

서울특별시사편찬위원회.《서울육백년사 1》. 서울특별시, 1977.

서울특별시사편찬위원회.《서울육백년사—민속편》 서울특별시, 1990.

서울특별시사편찬위원회.《시민을 위한 서울역사 2000년》. 서울특별시, 2009.

서울특별시장.《서울사람 서울생각》. 서울특별시, 2002.

서울특별시편찬위원회.《다시, 서울문화를 이야기하다》. 서울특별시, 2011.

손정목.《조선시대 도시사회연구》. 일지사, 1977.

송찬식.《조선 후기 사회경제사의 연구》. 일조각, 1996.

신계완.《인종의 계단》. 탐구당, 1982.

신영훈.《조선의 궁궐》. 조선일보사, 1998.

육창수.《약용식물학개론》. 진명출판사, 1977.

이규광.《한국전통문화의 구조적 이해》. 대학교양총서 49. 서울대학교출판부, 1993.

이상인.《본초학》. 수서원, 1981.

이춘녕.《이조농업기술사》. 한국연구원, 1964

이춘녕.《한국농학사》. 민음사, 1994.

임기홍.《약용식물학》. 동명사, 1971.

장철수·정승모·주강현·정종수·박경하 공저.《서울의 사회풍속사》. 서울학 연구총서 3. 서울학연구소, 1995.

장태동.《서울사람들》. 생각의나무, 2008.

조광.《조선 후기 사회의 이해》. 경인문화사, 2010.

최기철.〈한강의 기후와 생태〉.《한강사》. 서울특별시사편찬위원회, 1985.

최완기.《조선시대 서울의 경제생활》. 서울학 연구총서 1. 서울학연구소, 1994.

최진규·정영철·김관호. 《약도라지법》. 자연의 향기, 1998.

한국민족문화사편찬부. 《한국민족문화대백과사전》. 한국정신문화연구원, 1991.

한국고문서학회 역음. 《조선시대 생활사》. 역사비평사, 2000.

유태종. 〈게〉. 《동아일보》 1975.12.16. 4면.

이덕일. 〈이덕일의 古今通義〉. 《중앙일보》 2011.12.9. 33면.

박태균. 《중앙SUNDAY》 2011.12.4-12.5. 17쪽.

국립수산과학원 홈페이지. 〈한국수산물성분표〉. http://portal.nfrdi.re.kr

농촌자원개발연구소. 〈식품성분표〉(제7차 개정판). 농촌진흥청, 2006

식량원예정책과 채소특작과. 〈2008 특용작물 생산실적〉. 농림수산식품부, 2009.

2. 학술논문

1) 국내 학술잡지

(1) 음식문화 관련

김기숙·이미정·한복진. 〈고조리서에 수록된 만두의 종류와 조리법에 관한 고찰—1600년대부터 1950년대까지 발간된 고 조리서를 중심으로〉. 《동아시아식생활학회지》 9(1). 1999.

김신연. 〈궁중과 사대부가의 혼례풍속 비교〉. 《문명연지》 제6호. 2006.

김업식·한명주. 〈조선무쌍신식 요리제법에 수록된 부식류의 조리법에 관한 고찰—(1) 탕(국), 창국·지짐이·찌개·찜·조림·초·백숙·회·편육〉. 《한국식생활문화학회지》 23(4). 2008.

김은실·전희정·이효지. 〈찜의 문헌적 고찰—(1) 수조육류를 이용한 찜을 중심으로〉. 《한국식생활문화학회지》 5(1). 1990.

김재수. 〈한국음식의 국제화 방안〉. 《한국식생활문화학회지》 20(5). 2005.

김춘련. 〈18세기 궁중음식고—원행을묘정리의궤를 중심으로〉. 《대한가정학회지》 22(4). 1984.

김태홍. 〈우육조리법의 역사적 고찰—Ⅱ. 우육을 사용한 포(脯)류의 조리법을 중심으로〉. 《한국식생활문화학회지》 7(3). 1995.

김태홍. 〈우육조리법의 역사적 고찰—Ⅲ. 찜〉. 《한국식생활문화학회지》 9(5). 1995.

김태홍. 〈우육조리법의 역사적 고찰—Ⅳ. 숙육과 편육〉. 《한국식생활문화학회지》 9(5). 1995.

박채린. 〈초례의 변화과정과 혼례초례의 성립과정〉. 《민속학연구》 28호. 2011.

서선희·류경미. 〈반가음식에 대한 소비자 인식도〉. 《한국식생활문화학회지》 22(6). 2007.
신혜승·조은자. 〈문헌 속에 나타난 죽의 분석적 고찰〉. 《한국식생활문화학회지》 11(5). 1996.
윤서석. 〈한국 김치의 역사적 고찰〉. 《한국식문화학회지》 6(4). 1991.
의남생. 〈춘천 막국수〉. 《춘천문화》 제3호. 1988.
이광규. 〈우리나라의 혼례문화〉. 《한국식생활문화학회지》 12(2). 1997.
이귀주·정현미. 〈다식의 유래와 조리과학적 특성에 대한 문헌적 고찰〉. 《한국식생활문화학회지》 14(4). 1999.
이병훈. 〈한양성곽고〉. 《향토서울》 제29호. 1966.
이병훈. 〈서울의 도시화 과정과 사회경제적 배경〉. 《향토서울》 제40호. 1982.
이성우. 〈조선조의 궁중음식발기에 관한 연구〉. 《한국식문화학회지》 3(1). 1988.
이종수. 〈전통 음식문화 디지철스토리텔링 개발전략—서울 전통음식을 중심으로》. 한국 IT 서비스학회 2008년도 추계학술대회. 2008.
이춘녕. 〈서울의 농업지대 소고〉. 《향토서울》 제47호. 1989.
이효지·윤서석. 〈조선왕조 후기의 궁중연회음식의 분석적 고찰〉. 《대한가정학회지》 23(4). 1985
이훈석. 〈한국 음식문화의 철학과 사상〉. 한국식량영양경제 학술협의회 상반기 학술세미나. 1992.
장지연. 〈고려~조선 초 적전 선농단의 변화와 그 특징〉. 《서울학연구》 44. 2011.
정현미. 〈진달래 음식의 종류와 조리법 고찰〉. 《생활문물연구》 제20호. 2007.
정혜경·이정혜·조미숙·이종미. 〈서울 음식문화에 대한 연구—심층면접에 의한 사례연구〉. 《한국식생활문화학회지》 11(2). 1996.
조성윤. 〈정치와 종교—조선시대의 유교의례〉. 《사회와 역사》 제53집. 1998.
조흥윤. 〈한국 음식문화의 형성과 특징〉. 《한국식생활문화학회지》 13(1). 1998.
차진아 외 5인. 〈고문헌(1400년대~1800년대) 및 근대 문헌(1900년대~1960년대)에 나타난 묵의 변천과 묵 쑤는 방법에 대한 고찰〉. 《한국식생활문화학회지》 23(1). 2008.
천인석. 〈음양오행설의 기원에 관한 일고〉. 《동서의학》 12(3). 1987.
한복려. 〈조선왕조 궁중음식〉. 《민족과 문화》 제6집. 1997.
한복진. 〈조선시대 궁중의 천신 의례에 관한 고찰〉. 《동아시아 식생활학회지》 12(6). 2002.

한영우. 〈漢陽定都의 민족사적 의의〉. 《향토서울》 제45호. 1988.
한억. 〈향토음식의 개발과 보급〉. 《식품과학과 산업》 27(2). 1994.

(2) 영양성·생리활성 관련

구경형·조명희·박완수. 〈생송이 버섯과 냉동송이 버섯의 품질 및 향기성분 특성〉. 《한국식품과학회지》 34(4). 2002.
구재근 외. 〈밴댕이 및 주둥치 젓의 증미성분〉. 《한국식품과학회지》 17(4). 1985.
김민지 외. 〈늙은 호박 부위별 추출물의 항산화 효과 및 생리활성에 관한 연구〉. 《한국식품과학회지》 43(2). 2011.
김순동·김미향·김일두. 〈게껍질의 김치보존성 향상효과〉. 《한국식품영양과학회지》 25(6). 1996.
김양수 외. 〈밥의 종류에 따른 토코페롤 및 토코트리에놀 함량 분석〉. 《한국식품영양과학회지》 34(8). 2005.
김영언 외. 〈송이즙의 항산화 활성, 혈전용해 활성 및 AngiotensinⅠ Converting Enzyme의 저해활성 검색〉. 《한국식품영양과학회지》 37(5). 2008.
김은정·한영숙. 〈장김치의 제조 및 발효특성에 관한 연구〉. 《한국식품조리과학회지》 24(4). 2008.
김학렬 외. 〈전복 추출물의 혈압강하, 항산화능 및 항혈전능에 대한 *in vitro*효과〉. 《한국식품영양과학회지》 35(7). 2006.
박건영. 〈김치의 건강기능성〉. 한국식품조리과학회 학술대회. 2005.
박소희·이종호. 〈김치의 숙성지표와 신맛 및 종합적인 기호도와의 상관관계〉. 《한국식품조리과학회지》 21(1). 2005.
박정리 외. 〈쌀가루의 종류와 농도를 달리한 찐 흑임자 첨가 흑임자죽의 품질특성〉. 《한국식품조리과학회지》 23(6). 2007.
심기환 외. 〈십자화과 채소의 가공 및 저장 중 glucosinolate의 분석과 그 함량 변화〉. 《한국영양식량학회지》 21(1). 1992.
김용순·김형수. 〈메밀가루와 밀가루 복합분의 건면 제조시험〉. 《한국영양학회지》 16(3). 1983.
유수노 외. 〈참깨의 품질평가 현황과 전망〉. 《한국작물학회지》 47. 2002.
이귀주·김소정·고봉경. 〈볶음조건에 따른 멥쌀가루의 이화학적 특성 및 타락죽의 품질특성〉. 《한국식품과학회지》 35(5). 2003.
이동진·이지영. 〈화곡류 종실의 토코페롤 및 토코트리에놀의 연구현황과 전망〉.

《한국작물학회지》 48(별호). 2003.
이석원·배세경·이철. 〈잣죽의 저장에 다른 이화학적 성질변화〉. 《한국식품과학회지》 32(1). 2000
이원동. 〈한국젓갈의 현황과 현대화 과제—한국전통식품의 현대화 및 세계화〉. 《식품산업과 영양》 6(3). 2001.
이응호 외. 〈굴비 가공 중의 유리아미노산의 변화〉. 《한국식품과학회지》 8(4). 1976.
이진실. 〈자외선 B파 조사가 느타리버섯의 비타민 D2 함량, 색도 및 향 패턴에 미치는 영향〉. 《한국식품조리과학회지》 23(1). 2007.
이진실·임정미. 〈자외선 B파 조사가 느타리버섯의 이화학적 특성에 미치는 영향〉. 《한국식품조리과학회지》 27(1). 2011.
장현주·전동원·이서래. 〈게껍질 chitin 및 chitosan의 소화관내 기능성에 관한 *in vitro* 연구〉. 《한국식품과학회지》 26(4). 1994.
정지영·김창순. 〈메밀빵제조—2. 활성 글루텐과 수용성 gum 물질이 메밀장 특성에 미치는 영향〉. 《한국조리과학회지》 14(2). 1998.
조덕봉·김동필·최춘순. 〈표고버섯의 열풍건조 속도론에 관한 연구〉. 《한국식품영양과학회지》 10(1). 1981.
조용·최미용. 〈강황과 비트를 첨가한 젤리의 품질특성〉. 《한국식품조리과학회지》 26(4). 2010.
조후종. 〈채소의 전통조리법—나물·생채·쌈을 중심으로〉. 《한국조리과학회지》 14(3). 1998.
조혜정·안채경·염초애. 〈호박죽의 재료와 배합비 변화에 따른 기호도 연구〉. 《한국조리과학회지》 12(2). 1996.
차경희. 〈부재료를 첨가한 떡의 품질특성〉. 동아시아식생활학회 추계학술대회. 2008.
천석조·박영호. 〈잣기름의 Triglyceride 조성〉. 《한국식품과학회지》 16(2). 1984.
최연배·손헌수. 〈대두 가공 식품 중의 이소플라본 함량〉. 《한국식품과학회지》 30(4). 1998.
최진규. 〈먹을 수 있는 야생 약초〉. 《한국식물·인간·환경학회 춘계심포지움》 특집호 5(1). 2002.
최춘언. 〈참기름 및 들기름의 역사와 과학〉. 《한국조리과학회지》 14(3). 추계심포지움. 1998.
최혜선 외. 〈메밀을 이용한 속성장의 품질특성〉. 《한국식품과학회지》 43(1). 2011.
최희숙 외. 〈열처리가 오이지의 발효에 미치는 영향〉. 《한국식품과학회지》 21(6). 1989.

한재영·이영춘·김광옥. 〈내피제거 은행의 물리적 및 관능적 품질특성〉. 《한국식품과학회지》 35(1). 2003.

2) 학위논문

조영실. 《음양오행설을 통한 한국적 색채미감 연구—오방색을 중심으로》. 홍익대학교 대학원 석사학위논문. 2006.

3) 외국학술잡지

Adlercreutz, H., et al. *Dietary phytoestrogens and cancer: in vitro and in vivo studies*. J. Steroid Biochem. Mol. Biol.41. 1992.

Gilliland SE. *Health and nutritional benefits from lactic acid bacteria*. FEMS Microbiol. Rev.7. 1990.

Messina, M. and Messina, V. *The simple soybean and your health*. Avery Pub., Group. NY. 1994.

N R. Reddy. *Reduction in antinutritional and toxic components in plants foods by fermentation*. Food Res. Int.27. 1994.

Park WS, Kim MH, Kim YH, Kil Bl, Lee YK, park KJ. Development of quality control technology and elaboration of codex standard for high-quality exporting Kimchi. Research Report of Agriculture Deveolpment KFRI, GA0174-0002. 2000.

Ricciarelli R, et al. *Vitamin E: protective role of a Janus molecule.* FASEB, J.15. 2001.

Schaffer S et al. *Tocotrienols: constitutional effects in aging and disease.* J Nutr.135. 2005.

Taiwo, O. Osungbaro. *Effect of fermentation period on amylose content and textural charateristics of "ogi' {A fermented maize porridge*. J. Ferment. Bioeng. 70(1). 1990.

찾아보기

ㅊ

ㅋ

ㅌ

ㅍ

ㅎ

서울의 전통음식

북촌 맹현孟峴음식을 중심으로

초판발행 2012년 6월 30일
초판 1쇄 2012년 6월 30일

지은이 이귀주
펴낸곳 고려대학교출판부
www.kupress.com
kupress@korea.ac.kr
136-701 서울특별시 성북구 안암로 145
02-3290-4230, 4232
Fax 923-6311

찍은곳 (주)동화인쇄공사

ISBN 978-89-7641-781-7 93380

값 17,000원

* 잘못 만들어진 책은 바꿔드립니다.